DAVID KRAUS

UNTER MITARBEIT
VON OLIVER DOMZALSKI

DER FRÖHLICHE
RABBI

und die verschlungenen
Wege zum Glück

Besuchen Sie uns im Internet:
www.knaur.de

Aus Verantwortung für die Umwelt hat sich die Verlagsgruppe
Droemer Knaur zu einer nachhaltigen Buchproduktion verpflichtet.
Der bewusste Umgang mit unseren Ressourcen, der Schutz unseres Klimas
und der Natur gehören zu unseren obersten Unternehmenszielen.
Gemeinsam mit unseren Partnern und Lieferanten setzen wir uns für
eine klimaneutrale Buchproduktion ein, die den Erwerb von Klima-
zertifikaten zur Kompensation des CO_2-Ausstoßes einschließt.
Weitere Informationen finden Sie unter: www.klimaneutralerverlag.de

Originalausgabe November 2021
Knaur HC
© 2021 Knaur Verlag
Ein Imprint der Verlagsgruppe
Droemer Knaur GmbH & Co. KG, München
Alle Rechte vorbehalten. Das Werk darf – auch teilweise –
nur mit Genehmigung des Verlags wiedergegeben werden.
Lektorat: Jan Strümpel
Dieses Werk wurde vermittelt durch Agentur Brauer
Covergestaltung: total italic, Thierry Wijnberg
Coverabbildung: Privat
Satz: Adobe InDesign im Verlag
Druck und Bindung: CPI books GmbH, Leck
ISBN 978-3-426-28602-9

2 4 5 3 1

INHALT

Du bist etwas ganz Besonderes.
Der Tag, an dem du geboren wurdest, ist der Tag,
an dem Gott entschieden hat, dass die Welt
ohne dich nicht mehr existieren kann.
Schön, dass du mein Buch für dich entdeckt hast.
Es ist mir eine Ehre!

VORWORT

Jerusalem, im Juni 2021

Sei mir gegrüßt, liebe Leserin, lieber Leser!

Stellst du dir auch manchmal Fragen wie: »Was ist der Sinn meines Lebens?« Oder: »Wie kann ich glücklich werden?« Oder auch: »Wie komme ich bloß aus meinem seelischen Tief raus?« Wenn du offen dafür bist, dir von einem Rabbi etwas über Glück erzählen zu lassen, dann bist du hier richtig. Denn dies ist meine Geschichte – die Geschichte eines »Thoraglücklichen«. Mein Glücks-Weg, der durch viele Anstiege und Täler führte, soll dich inspirieren. Wenn du am Ende sagst: »Dieser David scheint echt ein glücklicher Mensch geworden zu sein, und vielleicht hilft mir seine Geschichte, *meinen* Weg zum Glück zu finden« – dann haben wir beide gewonnen. Und mich würde das … ja, was wohl? … glücklich machen.

Um in mein Buch hineinzufinden, brauchst du kein Vorwissen über das Judentum und die Thora, also unsere Schriften der göttlichen Lehren und Gesetze. Und du musst nichts über meinen ersten Rabbiner, Rabbi Mordechai Eliyahu, den Chassidismus und den Rabbi Nachman wissen, von dem ich so unendlich viel gelernt habe und jeden Tag weiter lerne, obwohl er im 18. Jahrhundert gelebt hat. Es genügt, wenn du offen bist für die Erkenntnis, dass im Judentum eine Menge psychologischer Weisheit steckt. Sie kann uns auch heute helfen, Antworten auf Lebensfragen zu geben. Ich habe es am eigenen Leib und der eigenen Seele erlebt.

Du bist skeptisch? Umso willkommener bist du mir! Denn dies ist kein Buch, das dich für meinen Glauben gewinnen soll. Ich will dir nicht erklären, welcher Weg der richtige ist, sondern dich einfach nur teilhaben lassen an dem, was mich glücklich macht. Mit einem Wort ist das: Lebensfreude. Hab auch du Freude am Leben – egal was es dir gerade bietet oder zumutet. Die Quelle dieser Freude ist bei mir: Emuna. So heißt auf Hebräisch die Kraft des Glaubens oder, wie manche es übersetzen: das Vertrauen in Gott.

Willst du mitkommen auf diese Reise? Dann steig ein! Aber schnall dich besser an – es wird eine schwungvolle Fahrt. Viel Spaß dabei!

Dein David

TEIL 1

MEIN VERSCHLUNGENER WEG

DER STURZ

Ich komme wieder zu mir und blinzle. In was für einen schrägen Film bin ich hier geraten? Oder ist es ein Albtraum? Ich liege auf dem Rücken und sehe, dass drei Sneakers auf mich zeigen. Dann höre ich die sich überschlagende Stimme meines Angreifers. Ich kenne ihn – er ist Muslim. Er steht über mir wie ein Gangster und schreit auf mich ein: »Das war nicht ich, der dich hier runtergeschubst hat, du Scheißjude! Das war Gott!« Dann wird er von Security-Leuten weggezogen. Zwei der Sneakers verschwinden aus meinem Blickfeld. Aber einer ist immer noch da – so als stünde ein Einbeiniger vor mir. Ich hebe meinen Kopf und sehe: Es ist mein eigener Fuß, der da merkwürdig schief in meine Richtung zeigt, weil mein Unterschenkel völlig verdreht ist und wie ein Fremdkörper an mir hängt. Der Schock und eine Welle ungeheurer Schmerzen schießen gleichzeitig durch meinen Körper – und ich verliere erneut das Bewusstsein.

Als ich erwache, haben wir den 18. März 2005. Ich bin 24 Jahre alt und war gestern wie fast jedes Wochenende unterwegs. Zu später Stunde geriet ich in einen Streit mit dem Muslim. Das Ganze artete in eine kurze Rangelei aus. Und als diese eigentlich schon vorbei war und ich mich abgewandt hatte, griff er mich von hinten an und stieß mich eine Treppe hinunter.

Und nun liege ich in einem Klinikbett und bin bereits einmal operiert worden. Man hat mir schon angedeutet, dass es keineswegs die einzige OP bleiben wird. Morgen wollen die Ärzte ausführlicher mit mir sprechen. Und ich denke derweil über den Trümmerhaufen nach, den ich bis gestern »mein Leben« nannte. Ich habe Geld und alles, was ein materialistisch eingestellter junger Mann sich wünscht. Ich studiere, habe die

13

Abschlussprüfung fest im Blick und bin im Begriff, Hotelbetriebswirt zu werden. Ich liebe schnelle Autos, Musik und Klubs, und ich habe jede Menge Freunde, mit denen ich am Wochenende auf der Piste bin. Irgendwann will ich auch mal heiraten und Kinder haben – aber ganz sicher noch nicht jetzt. Ich will … ich wollte mein Leben und meine Jugend erst mal in vollen Zügen genießen, ohne über den Ernst des Lebens nachzudenken. Und nun? Was wird jetzt aus alldem?

Inzwischen ist der Angriff zehn Tage her – und ich bin durch die Hölle gegangen. Eigentlich wollte ich die ganze Zeit nur noch sterben.

Das eine sind meine schweren Verletzungen. Aber noch schlimmer ist etwas anderes: Ich habe plötzlich keine Freunde mehr. Vor zwei Wochen waren es noch verdammt viele, aber die haben sich jetzt alle blitzschnell verpieselt. Nach dem Motto: Sollen wir jetzt etwa einen Krüppel mit zum Feiern nehmen? Ist doch viel zu anstrengend. Diese menschliche Enttäuschung hat mich emotional völlig aus der Bahn geworfen und mir das Herz gebrochen.

Dazu kommt das Medizinische. Auch wenn niemand es laut aussprach – die Botschaft der Ärzte in Mimik und Gestik lautete während der letzten Tage immer gleich: »Das war's. Sie werden Ihr Leben lang eingeschränkt bleiben und entweder im Rollstuhl sitzen oder an Krücken gehen.« Zeitweise stand sogar die Amputation meines völlig zertrümmerten Unterschenkels zur Debatte. Diagnostiziert haben sie unter anderem: einen gebrochenen Kniekopf, einen Wadenbeinbruch, gerissene Kreuz- und Seitenbänder sowie einen zertrümmerten Schulterkopf. Und – Stichwort Krücken – eine Peroneuslähmung. Solange diese Nervenschädigung anhält, kann ich sowieso nicht ohne Gehhilfen laufen.

Die Ärzte wirkten auf mich allesamt ratlos und angesichts der Röntgenbilder geradezu bedrückt. Doch seit einigen Tagen gibt es einen Lichtblick: Ein Orthopäde mit dem genial passenden Namen Dr. Schrott ist aus dem Urlaub zurück. Er ist ein toller Arzt und ein toller Mann. Und er sieht meine Verletzungen als Herausforderung. Beim Betrachten der Röntgenbilder wurde er geradezu euphorisch: »Boah, hier ist ja auch was gerissen! Und das da ist auch kaputt! So was hatten wir hier noch nie! Fantastisch!«

Mit dieser Tatkraft angesichts einer eigentlich unlösbaren Aufgabe steckt er mich an. Außerdem war er daran beteiligt, dass ich das erste Mal seit dem Angriff wieder herzhaft lachen musste. An einem Tag hatte er einen Praktikanten dabei. Er erklärte ihm, dass ich Jude sei und ein Muslim mich so zugerichtet habe, und fragte ihn dann: »Was meinen Sie: Wo ist das wohl passiert?« Die Antwort des Praktikanten kam zögernd: »Im Gazastreifen?« Worauf Dr. Schrott auf gut Bayerisch und mit seiner lustigen Mimik erwiderte: »Da doch ned – hier bei uns um die Eckn.« Meine Schulter schmerzte, weil das Lachen mich so durchschüttelte.

Jedenfalls: Ich will jetzt dabei mithelfen, dass es mir besser geht. Das erste Mal, seit ich hier liege. Aber wie? Dr. Schrott hat mir einen Rat gegeben, der andere vermutlich in noch tiefere Verzweiflung stürzen würde: »Dir bleibt eigentlich nichts anderes als Beten.« Aber ich habe inzwischen kapiert, dass ich ein Wunder brauche, um aus der Scheiße rauszukommen.

Ich will Dr. Schrotts Rat also befolgen und tatsächlich anfangen zu beten. Aber wie stellt man das an? Ich merke, dass ich keine Ahnung habe. Bisher war ich der klassische Atheist. Ach was, nicht mal das, eher bin ich mit hundertachtzig an allen wichtigen Lebensfragen vorbeigerast, oberflächlich und großmäulig. Glaube? Mein Standardspruch zum Thema lautete immer: »Ich glaube nur an das, was ich sehen kann!« Und das waren schnelle Autos, Freunde auf Partys und die Zahlen auf meinem Kontoauszug. Und vielleicht noch meine Lehrbücher – ich bin ja kein fauler Student.

Natürlich hätte ich mir von meinen Eltern mal ein Gebet abschauen können. Die sind zwar nicht superfromm, aber sie wissen immerhin, wo die Synagoge ist. Doch es hat mich nicht wirklich interessiert. Und so sprechen aus meinem ersten Gebet denn auch all die Zweifel, die ich in mir habe: »Wenn Du wirklich da oben bist – dann zeig es mir jetzt.« Es ist kein eigentliches Gebet, eher eine Mischung aus Verhandlungsangebot und Erpressung. Und wenn Er sich jetzt nicht zeigt, werde ich mich wohl bestätigt fühlen in meiner Überzeugung, dass es keinen Gott gibt. Weil ich ihn nicht sehe.

(Später, in Israel, habe ich dazu etwas Geniales gelernt. Und zwar fragte mich ein Rabbiner: Liebst du deine Mutter? Ich: Sehr! Und er: Dann zeig mir diese Liebe, hier und jetzt. Ich: Wie soll das gehen, sie ist ja nicht anwesend. Er: Also kannst du mir diese Liebe nicht zeigen – womit nicht erklären gemeint ist. Ich war irritiert. Okay, lassen wir das, meinte der Rabbi und fragte mich, ob ich ihm zeigen könne, dass ich intelligent sei, er würde es gern sehen. Auf meine ratlose Geste hin meinte der Rabbi: Siehst du, du kannst mir hier nicht deine Liebe oder deine Intelligenz zeigen, aber das bedeutet nicht, dass sie nicht existieren. Genauso ist es mit Gott.)

In den folgenden Tagen taste ich mich langsam weiter vor. Ich liege zur Passivität verdammt im Bett und suche nach der richtigen Ansprache gegenüber Dem, an Dessen Existenz ich höchstens halbherzig glaube. Weil ich nun mal keine vorgegebenen Gebete kenne. Aber allmählich komme ich auf den Trichter: Ich muss einfach als der Mensch, der ich bin, auf Gott zugehen und die Worte wählen, die mir passend erscheinen. Und was dann geschieht, überlasse ich … ja: wem? Dem Schicksal? Dem Zufall? Oder doch Hashem? Das bedeutet »der Name« und ist das Wort, das wir Juden für »Gott« verwenden. O Mann: Gott in Anführungszeichen – das ist so typisch für den David, der da in diesem Krankenhauszimmer liegt und herauszufinden versucht, wie Beten geht. Übrigens bin ich in der Sprache genauso unentschieden wie in meinem Glauben: Ich bete mal auf Hebräisch, mal auf Deutsch. Das hat mit meinem Elternhaus zu tun.

WOHER ICH KAM

Bis zum Angriff wohnte ich noch bei meinen Eltern. Da ich ein Einzelkind bin, gab es dort genügend Platz, wir verstanden uns sehr gut – warum sollte ich als Student also eine eigene Wohnung haben? Für mich war immer klar, dass ich mein Elternhaus erst verlassen würde, wenn ich heirate. Ich konnte mein Leben schließlich so leben, wie ich wollte. Meine Eltern haben mich mit viel Toleranz behandelt und erzogen. Und sie standen immer zu mir.

Kennengelernt haben sie sich Ende der 1970er-Jahre in Israel. Mein Vater ist deutscher Jude, meine Mutter stammt aus der jüdischen Gemeinschaft Marokkos, ist aber in Israel aufgewachsen. Weil mein Vater kein Hebräisch spricht und meine Mutter zu Beginn ihrer Ehe kein Deutsch, verständigten die beiden sich untereinander auf Englisch. Zu Hause sprachen wir meistens Deutsch; mit meiner Mutter sprach ich aber immer Hebräisch.

Zurück nach Israel: 1981 – mein Vater war damals Küchenchef im Hilton-Hotel in Jerusalem – erreichte ihn ein attraktives Jobangebot aus Hannover, das er gerne annehmen wollte. Allerdings war meine Mutter da gerade mit mir schwanger. Und meine Eltern setzten eine interessante Priorität: Sie wollten, dass meine Geburt und die Brit Mila, also die rituelle Beschneidung, auf jeden Fall in Israel stattfinden. Deshalb teilte mein Vater dem Hotel in Hannover mit, er würde gern kommen, aber erst 1982. Damit riskierte er natürlich eine Absage – aber seine Liebe zu Israel ging vor.

Mein Vater betet täglich das Herzstück des jüdischen Gottesdienstes, das Amida-Gebet, und legt auch täglich seine Tefillin an; er geht regelmäßig am Schabbat in die Synagoge. Seine Verbindung zum Judentum kommt aber vor allem aus seiner Liebe zu Israel. Meine Mutter dagegen ist schon durch ihre Herkunft stärker religiös geprägt und hat auch eine religiöse Erziehung genossen. In der Küche der Synagoge ist sie für die Einhaltung der Koscherregeln zuständig. Meine Eltern sind traditionsbewusste Juden, aber nicht tiefreligiös oder gar orthodox.

Bestimmte Regeln hielten und halten meine Eltern zu Hause ein, wie etwa das koschere Essen. Sie haben nie Druck auf mich ausgeübt, in die Synagoge zu gehen, zu beten oder dergleichen. Viele meiner Freunde waren nichtjüdisch, und ich führte als junger Mann ein völlig areligiöses Leben. Dennoch – weil ich meine Eltern liebe und respektiere – habe ich immer Rücksicht genommen auf die Form, in der sie ihren Glauben leben, und auf die Dinge, die ihnen wichtig sind. Unkoscheres Essen wie Cheeseburger kam nicht ins Haus; die Rinder werden ja nicht rituell geschächtet, und auch das Kombinieren von Fleisch mit einem Milchprodukt ist nicht koscher. Aber dass ich mich damals (leider) grundsätzlich nicht gemäß den Gesetzen Gottes ernährt habe, wurde mir erst in Israel bewusst.

Nur mal ein Beispiel: Ich dachte immer, alles richtig zu machen, wenn ich eine Pizza Margherita esse, ich meine im Sinne der Koscherregeln. Später begriff ich, dass diese Regeln gar nicht einfach einzuhalten sind. Zunächst müssen alle verwendeten Produkte koscher sein, weiter geht es beim Teig, da schreibt die Thora in einer Mitzwa (einem Gebot) die Besonderheit vor, einen Teil des Teiges (etwa zwei Prozent) als Opfergabe für die Cohanim (die im Tempel dienenden Priester) beiseitezulegen, bevor man ihn backt; heute, da es leider keinen Tempel mehr gibt, wird diese Gabe dennoch weiterhin abgesondert und verbrannt, das nennen wir: Hafraschat Challa. Ach ja, und das Geschirr muss zum koscheren Einsatz vor dem Gebrauch in ein spirituelles Wasserbad eingetaucht werden. Gebacken werden darf die Pizza natürlich auch nur in einem koscheren Ofen, und wenn in dem auch noch eine Salamipizza zubereitet wird, ist alles »treife«, also nicht koscher ...

Unser familiärer Umgang miteinander war für mich immer eine gute Schule der Toleranz. Sie prägt meinen Umgang mit nichtgläubigen Juden und mit Nichtjuden bis heute. Und natürlich auch den mit meinen Eltern. Hier hat sich das Verhältnis ja umgekehrt: Die religiösen Regeln halte ich heute viel konsequenter ein als sie. Aber das tolerieren sie ebenso wie ich ihre Lebensweise – selbstverständlich.

1982 war ich also im wundervollen Jerusalem geboren und beschnitten – und machte im zarten Alter von nur zwölf Tagen meine erste Flugreise. Umzug nach Hannover. Mein Vater hatte die Stelle trotz der Verzögerung bekommen. Dort blieben wir aber nur gut zwei Jahre, dann wechselten wir für zwei Jahre nach Holland, wo mein Vater eine neue Stelle in Rotterdam hatte. Ich kam in den Kindergarten und begann mich einzugewöhnen – da zogen wir nach zweieinhalb Jahren schon wieder um, nämlich nach Regensburg. So ist das, wenn der Vater ein begehrter Küchenchef ist.

Schule fürs Leben

Die häufigen Ortswechsel haben meine Kindheit geprägt, und sie hätten beinahe mein Leben in ganz andere Bahnen gelenkt. Einige Monate nach dem erneuten Umzug stand die Überprüfung meiner Schulreife an. Und vor den gestrengen Vertretern des bayerischen Schulwesens, lauter fremden und einschüchternden Menschen, saß der kleine, nicht mal sechsjährige David – und stotterte zum Steinerweichen. Im Gespräch brachte ich kein Wort heraus, ohne zu stammeln und zu stocken. Diese Beeinträchtigung bestimmte das Bild, das die Kommission sich von mir machte – und so erging der Beschluss, mich auf eine Sonderschule für Sprachbehinderte zu schicken.

Da allerdings kannte das Schulamt die Kampfbereitschaft meiner Eltern nicht. Bei der Vorstellung, ich solle eine Sonderschule besuchen, gingen sie auf die Barrikaden. Sie kannten mich ja und wussten, was los war mit mir. Aufgrund der babylonischen Sprachverwirrung, die mein junges Leben geprägt hatte, bestand schlicht ein temporäres Chaos in meinem Kopf. Man muss sich das klarmachen: Meine Eltern sprachen miteinander Englisch, mein Vater mit mir Deutsch, meine Mutter Hebräisch, und im Kindergarten hatte ich Niederländisch gehört und gesprochen. Und nun sollte ich auf Deutsch gestellte Fragen fremder Leute antworten. Dass ich da einen Knoten im Sprachzentrum hatte, ist überhaupt kein Wunder.

Meine Eltern trugen der Schulbehörde ihren Standpunkt vor: »Ihm fehlt nichts, er braucht nur Zeit, die Dinge zu sortieren. Das Stottern wird sich schnell auswachsen.« Und sie hatten Erfolg damit, ich kam auf die normale Grundschule. Binnen Kurzem hatte ich mich vom Niederländischen entwöhnt und in das Deutsche hineingefunden. Wegen des Stotterns bin ich wahrscheinlich eine Weile gehänselt worden, aber ich habe keine Erinnerungen daran. Woran ich mich entsinne, sind einige Situationen, in denen ich mich nicht artikulieren konnte. Dieses Gefühl der Hilflosigkeit und Verzweiflung, mich nicht verständlich machen zu können, obwohl es um etwas Wichtiges ging, hat vielleicht dazu beigetragen, dass die Sprache heute – neben meinem Glauben, meiner Begeisterung und meiner positiven Einstellung zum Leben – mein wichtigstes »Arbeitsmittel« ist. Und schon in der Schule war meine Devise: »Sehr geehrter Herr Lehrer, völlig egal wie oft Sie mich umsetzen: Ich rede mit jedem!« Der Satz fasst mein Wesen zusammen: frech, offen und eine Plaudertasche, aber immer mit Herz.

Unabhängig von meinem speziellen Schicksal bin ich übrigens ein Gegner der immer früheren Einschulung. Mein Sohn wurde mit sechs eingeschult – dabei hätte er ein weiteres Jahr unbeschwerten Kindseins noch gut gebrauchen können, weil er ein richtiger Spieljunge war. Die meisten unserer Kinder werden ihr Leben lang vor allem mit dem Kopf arbeiten müssen, im Sitzen. Wie wichtig wäre es, dass sie sich wenigstens die ersten sechs, sieben Lebensjahre austoben und auspowern, ihren Körper spielerisch schulen könnten, ohne alle Pflichten und Aufgaben! Ich jedenfalls war sehr unzufrieden mit dem Druck, den die Schule von Anfang an auf meinen Sohn ausübte.

Was meine eigene Schullaufbahn angeht, blieb man skeptisch, ob höhere Bildung etwas für mich sei. Am Ende der Hauptschule war zu entscheiden, ob ich freiwillig die 10. Klasse besuchen sollte, die mir den Übergang zur Realschule ermöglicht hätte. Meine Eltern wollten es, ich wollte es auch – aber es gab auch Lehrer, die sagten: »Wieso denn, David? Das hat doch keinen Sinn.« Hier zeigte sich eine Schattenseite des viel gelobten, sehr leistungsorientierten, zum Aussortieren neigenden bayerischen Schulsystems: Die gebildeten Schichten bleiben gern unter sich. Schüler aus dem Bildungsbürgertum mit redegewandten Eltern zweifeln bei gleichen Leistungen seltener an ihrer Eignung fürs Abitur als andere. Zum Glück konnte ich später auf dem zweiten Bildungsweg das Tor zu einer akademischen Laufbahn öffnen.

An unserer Schule war ich der einzige Jude – und alle wussten es, denn ich war vom Religions- und Ethikunterricht befreit; stattdessen besuchte ich einmal die Woche nachmittags die Jüdische Gemeinde und erhielt dort jüdischen Religionsunterricht. Außerdem fanden einige Lehrer mein Judentum spannend, ich sollte immer mal wieder meine Tefillin oder andere Utensilien mitbringen, damit ich sie der Klasse vorstelle und von meinem Glauben erzähle. Wo ein Jude ist, kann Antisemitismus nicht weit sein. Noch am wenigsten präsent war er in meiner Klasse – die war eine richtig tolle Einheit. Aber als wir in der 8. oder 9. Klasse gemeinsam den Film *Schindlers Liste* anschauten, fanden es einige Jungs aus den Parallelklassen furchtbar komisch, mir danach regelmäßig ein Zitat aus dem Film hinterherzurufen: »Verschwindet, ihr Juden!« Dies war also das Einzige, was sie aus diesem bedrückenden Film und den darin gezeigten schrecklichen Geschehnissen mitnahmen – einen zum »Witz« umgewandelten Satz zur Schmähung ihres einzigen Mitschülers aus der Gruppe der Opfer der Schoah. Ich finde es bis heute unbegreiflich.

Wie praktisch alle jüdischen Familien habe auch ich Opfer der Barbarei Nazideutschlands unter meinen Vorfahren. Meine Großeltern konnten Gott sei Dank rechtzeitig vor den Nazis fliehen, aber leider nicht meine ganze Familie. Großonkel Jossef beispielsweise, der Bruder meines Opas Mimoun, war in Auschwitz. Dem Teufel Mengele, dem berüchtigten Lagerarzt, musste er als menschliches Versuchskaninchen dienen. Sie trugen übrigens denselben biblisch-jüdischen Vornamen ... Jossef hat Mengeles Torturen in Auschwitz überlebt – schwer krank, völlig verstört und zerstört. Nach der Befreiung wollte er nur wissen, wo seine Frau und Tochter sind. Seine Frau hatte überlebt, aber seine Tochter Susanne war mit 18 Jahren an Typhus erkrankt und hatte so ihren Tod gefunden.

Das »Verschwindet, ihr Juden!« begleitete mich fortan tagtäglich. Viele Schüler griffen es auf und machten mich zur Zielscheibe widerlicher judenfeindlicher »Witze«. Einmal kam ich aus der Pause zurück in die Klasse und fand an meinem Platz einen Zettel vor: »Warum hat eine Gaskammer elf Löcher? Weil der Jude zehn Finger hat ...« Ich war stocksauer, und meine engen Freunde aus der Klasse auch. Immerhin fand ich heraus, wer den Zettel geschrieben hatte, ein Mädchen, dem ich ihn kommentarlos vor die Füße warf.

Natürlich lassen sich viele und sicherlich zutreffende Erklärungen für so ein Verhalten finden – aber ich messe es auch an dem der vielen Schüler, die mich nach diesem Film *nicht* ver-spotteten, auch wenn sie mich selten in Schutz nahmen und meist nur beschämt oder überfordert wegschauten. Ich denke bis heute so, auch wenn es um den ausbleibenden Widerstand der Deutschen im Dritten Reich geht, die miterlebten, wie ihre jüdischen Nachbarn abtransportiert wurden: Wenn man zu erklären versucht, warum Menschen sich in bestimmten Situ-ationen schäbig oder feige oder egoistisch verhalten, darf man nie außer Acht lassen, dass es auch Menschen gibt, die sich unter denselben Bedingungen anders verhalten. Nämlich an-ständig.

Letztlich hat mich der Satz »Verschwindet, ihr Juden!« da-mals extrem motiviert, ein LICHT zu sein, und ich bekam sehr viel Zuspruch vonseiten meiner Mitschüler und Lehrer. Diese Motivation war so stark, dass ich im Jahr darauf zum ersten Schülersprecher gewählt wurde. So war die Dummheit und Rohheit meiner anderen Mitschüler doch noch zu etwas gut.

Die antisemitischen Belästigungen hatten aber schon lange vor der Filmvorführung begonnen. In der 4. Klasse saß mir im Kunstunterricht Marcel gegenüber. Er war aus der früheren DDR nach Regensburg gezogen. An diesem Tag schaute er mich auf eine Weise an, die ich nur psychopathisch nennen kann. Dann spitzte er seelenruhig seinen Bleistift an – und rammte ihn mir mit voller Wucht in die Hand. Der Stift zer-brach, und die Spitze der Mine blieb in meiner Hand stecken. Marcel lachte nach seiner Attacke wie ein Verrückter und brüllte wirres Zeug, natürlich auch das Wort »Jude!«.

Heute weiß ich: Gewalt ist nie ein Mittel, das wirklich Be-freiung bringt, und Heilung erst recht nicht. Sie ist vielmehr eine Spirale abwärts, die nie ein Ende nimmt.

Als ich in der 5. Klasse war, nahm mich im Park vor der Schule ein Neuntklässler in den Schwitzkasten, hielt mir ein Feuerzeug unter die Nase, drückte den Hebel und sagte:

»Riech das Gas, Jude!« Die Schule reagierte auch hier sofort und sehr ernst auf diesen Vorfall. Der Rektor holte mich einige Male zu sich ins Zimmer, um mit mir zu sprechen und seine Scham auszudrücken, auch wenn sich später herausstellte, dass der Neuntklässler gar kein Schüler unserer Schule war.

Als ich in der 6. Klasse war, entbrannte der Zweite Golf-krieg, der auch dramatische Folgen für Israel hatte, denn Iraks Diktator Saddam Hussein ließ das Land mit Raketen beschie-ßen. Meine Klassenleitung wusste, dass Familie von mir in Is-rael lebt, und hatte eine wundervolle Idee. Täglich betete ein anderer Schüler darum, dass der Krieg doch rasch enden und den Menschen und insbesondere meiner Familie dort nichts passieren möge. Eines Tages wurde dann ich vom Lehrer auf-gefordert, ein Gebet zu sprechen. Dazu sollte ich mich dem Kreuz zuwenden, so wie alle anderen Schüler auch. In Bayern hängen ja in allen Klassenzimmern Kreuze. Das aber tat ich nicht. »Juden glauben nicht an Jesus und werden es auch nie tun«, sagte ich zur Begründung. Dem Lehrer schien diese Ant-wort nicht zu gefallen. Ich könne beten, zu wem ich wolle, meinte er, aber halt in die in der Klasse bestimmten Gebets-richtung, zum Kreuz hin. Ich erwiderte, dass dies meinen Glauben verletze, ich müsse mich zum Beten Jerusalem zu-wenden, dem Tempelberg. Der Lehrer hat mich danach in Ruhe gelassen. Meine Eltern aber suchten das Gespräch mit ihm; sie wollten verstehen, wieso er das von mir verlangt hatte, und machten ihm deutlich, dass dies absolut unerwünscht und unangebracht war, sie hätten ihm richtig Ärger deswegen machen können. Der Lehrer hat seinen Fehler eingesehen und war danach sehr vorsichtig im Umgang mit mir.

Zwei Jahre später verfolgten mein Vater und ich mit, wie sich Israels Oberrabbiner Israel Meir Lau über solche Angriffe auf Juden äußerte. Dieser Rabbiner, ein bewundernswerter Mann, den ich heute mit Stolz zu meinen Lehrern zählen darf, ist Holocaustüberlebender. Die Jahre der Schoah verbrachte er im Ghetto von Pietrokow, dann im Arbeitslager von Schenestoschow und schließlich im Konzentrationslager Buchenwald, aus dem er am 11. April 1945 durch die US Army befreit wurde; seinen Vater, Rabbi Mosche Chaim Lau, ermordeten die Nazis mitsamt seiner Gemeinde in Treblinka. Der Rabbiner stellte fest, wie sehr das Judentum zur Toleranz bereit sei und Respekt im Umgang miteinander einfordere. In diesem Interview zitierte der Rabbiner einen hebräischen Vers aus dem Prophetenbuch Micha, dem zufolge alle Völker ihren eigenen Wegen folgten und jedes dabei den Namen seines Gottes anrufen solle – wir jedoch, wir Juden, wollten unserem Gott, dem einen und einzigen Gott, für immer und ewig nachfolgen.

Ein sehr bedrohliches und deprimierendes Erlebnis hatte ich mit dreizehn Jahren. Mit einem Freund war ich auf dem Fahrrad an einem Sportplatz vorbeigefahren, auf dem eine gemischte Gruppe deutscher und arabischer Jugendlicher Fußball spielte. Wir riefen ihnen ein paar freche Sprüche zu – und plötzlich stürzten sich die Fußballer gezielt auf mich. Während mein Freund die Flucht ergriff, zerrten sie mich vom Fahrrad und sagten: »Wir machen jetzt ein Konzentrationslager, du Judensau.« Sie begannen mich zu verprügeln, zwangen mich zu Läufen und so weiter. Zum Glück hatte mein Freund sofort meine Mutter alarmiert, die bald herangestürzt kam, da hauten die Jungs feige ab.

Der Schock saß tief – die Gefahr, in der ich gewesen war, und der Hass auf mich, weil ich Jude bin, hatten mich schwer getroffen. Zugleich war ich entschlossen, mich von so etwas niemals unterkriegen zu lassen. Ich würde immer meinen Mund aufmachen – egal wer mich bedrohte.

Auf der Überholspur

Im Jahr 2000 wurde ich volljährig und machte meinen Führerschein. Und weil ich materiell gesehen ein ziemlich verwöhnter Bengel war, schenkten meine Eltern mir einen Mercedes-AMG C-Klasse. Er hielt genau eine Woche.

Bei dem Auto handelte es sich um eine Sportversion. Beim Gasgeben hatte man das Gefühl, als würde sich die Karosserie absenken, damit das Auto weniger Luftwiderstand bietet, sodass eine (noch) höhere Geschwindigkeit möglich ist. Ich wollte das spüren, ebenso wie den Heckantrieb, die PS unter dem Hintern. Und so raste ich bei Regen wie der Regengott Michael Schumacher mit 180 über die Autobahn. Nicht angeschnallt, die Musik bis zum Anschlag aufgedreht und vor Euphorie laut lachend und singend. Es war ein Rausch – bis ich die Kontrolle verlor. An einer Ausfahrt knallte ich in die Leitplanke, die ich samt einigen Schildern wegrasierte. Ich schlug mit dem Kopf irgendwo an – Schlimmeres verhinderte zum Glück der Airbag, der sich beim ersten Aufprall geöffnet hatte. Ich weiß noch, dass ich völlig unverletzt aus dem total demolierten Auto stieg und mich in einem (damals ziemlich seltenen) Moment der Klarheit laut fragte: »David, was ist eigentlich los mit dir?!« Eine des Weges kommende Dame hielt an, stieg aus, notierte mein Nummernschild und fuhr dann einfach weiter.

Als ich meinen Vater anrief und ihm berichtete, was passiert war und dass er mich abholen müsse, war er natürlich stinksauer. Aber als er dann den Trümmerhaufen sah, der am Morgen noch mein Auto gewesen war, wurde er ganz ruhig. Und blass. Er sah, was ich nicht sah und erst heute weiß: Gott hatte mich am Leben gelassen. Und auf diese Weise zu mir gesprochen. Aber ich konnte Ihn damals noch nicht verstehen. Im Gegenteil: Schon wenige Stunden nach dem Unfall haderte ich damit, dass das Schicksal mich so schlecht behandelte und nicht einfach ungestört weiterrasen ließ. Dabei habe nicht nur ich damals ungeheures Glück gehabt, denn mit mir waren viele weitere Menschen auf dieser Autobahn unterwegs gewesen. Auch mit deren Leben hatte ich gespielt.

Übrigens war es nicht das erste Mal, dass ich wie durch ein Wunder mit dem Leben davonkam. Als ich zwölf war, hatte ich einen Freund, der neben einer Zuckerfabrik wohnte. Wir kannten ein Loch im Zaun und schlichen uns sonntags immer da rein, zum Versteckenspielen. An einem Tag hatte ich ein super Versteck – ich war überzeugt, dass der Freund mich dort niemals finden würde. Aber zu meiner Verblüffung rief er: »Hey, du bist da hinten, unter der Rampe und dem Waggon. Kannst rauskommen.« Ich krabbelte hervor – und eine Sekunde später knallte ein Güterwaggon runter. Genau dahin, wo ich gekauert hatte. Wir wurden kreideweiß im Gesicht, und mein Freund stammelte schockiert: »Dein Opa hat dir das Leben gerettet.« Ich verstand nicht, was er meinte, da wies er auf das goldene Medaillon, das ich um den Hals trug. Es zeigte einen älteren Mann, aber das war nicht mein Opa, sondern der Baba Sali (Mann des Gebets), ein jüdischer Gelehrter und Weiser (Zaddik) aus Marokko, den meine Mutter sehr verehrte. Sie hatte mir das Kettchen mit seinem Bild geschenkt – und mein Freund hatte es in der Sonne glitzern sehen und mich nur deshalb entdeckt. Ohne den Baba Sali wäre ich wohl heute nicht mehr am Leben. Es war unser letztes Mal in der Zuckerfabrik.

Was ich nach meinem Autounfall immerhin verstand: Du kannst im Leben nicht einfach machen, was du willst. Jede Aktion hat Folgen. Und das gilt nicht nur in der Physik. Das hinderte mich allerdings nicht an der für mich und mein damaliges Alter so typischen Selbstüberschätzung. Im Gegenteil: Nachdem ich dem Mercedes unversehrt entstiegen war, fühlte ich mich möglicherweise erst recht unverwundbar. Und entsprechend machte ich weiter.

Am wenigsten kümmerte mich damals der materielle Verlust. Es war beinahe ein Totalschaden – aber die Versicherung sprang ja ein. Dass der Beitrag danach erhöht wurde, bekam ich gar nicht mit – den zahlte ja mein Vater. Ich erzähle das, weil es illustriert, wie wenig ich vorbereitet war auf die Phase echter Armut, die ich einige Jahre später in Israel erleben sollte.

Mein Fehler diente mir jedenfalls nicht wirklich zur Lehre. Nach der Reparatur habe ich ein Fahrverbot nach dem anderen eingesammelt. Zuerst wurde ich in einer 50er-Zone mit 101 km/h geblitzt – ich musste für einen Monat den Führerschein abgeben und eine Nachschulung machen. Bald danach wurde ich in einer 30er-Zone mit 64 km/h geblitzt – wieder war der Lappen einen Monat lang weg. Der nächste Verstoß war der harmloseste: 67 km/h in einer 50er-Zone. Aber jetzt brach mir meine Vorgeschichte endgültig das Genick: Der Führerschein wurde mir erst für drei Monate entzogen und dann ganz weggenommen. Um ihn wiederzubekommen, musste ich zur MPU, der Medizinisch-Psychologischen Untersuchung. Wenn ich daran denke, was für Typen dort saßen (einschließlich David Kraus selbst), dann ist der übliche Ausdruck »Idiotentest« für die MPU vollkommen passend. Wir waren ausschließlich angeberische junge Männer mit zu viel Testosteron und zu wenig Hirn. Oder zumindest zu wenig Verantwortungsbewusstsein.

Die MPU mit ihren Gruppen- und Einzelsitzungen war eine Erfahrung, die mich im Nachhinein geprägt hat. Es hat schon eine besondere Ironie, dass ich als späterer psychologischer Berater damals einem Psychologen gegenübersaß und weder ihn noch die Situation richtig ernst nahm. In der ersten Sitzung sollte jeder von uns erklären, warum er so oft so schnell fährt. Ich wusste, welche Reaktion taktisch richtig und erwünscht war: »Rasen ist verantwortungslos und gefährdet nicht nur mich, sondern auch andere.« Mein Denken war aber immer noch: »Mir passiert doch nichts.« Dabei war mir ja bereits etwas passiert, aber das blendete ich großmäuliger Schlaumeier schön aus.

Dasselbe ohne den Schlaumeier verkörperte ein Kroate, der dem Psychologen antwortete: »Wissen Sie, was 360 PS unterm Arsch sind? Man tritt aufs Gas – und man fliegt. Was willst du machen?« Ich musste dermaßen lachen, dass die gesamte Gruppe mit einstimmte und jede Chance auf eine pädagogisch wertvolle Nutzanwendung dieser Äußerung futsch war. Der Psychologe war extrem angefressen und fragte mich: »Finden Sie das jetzt lustig, Herr Kraus?« Damit war der taktische Vorteil, den ich mir durch meine brave Antwort verschafft hatte, gleich wieder dahin.

Und ich sammelte weiter fleißig Minuspunkte. Im Theorieteil hatte ich grundsätzlich abgeschaltet. Als dann überraschend ein Multiple-Choice-Test angekündigt wurde, stand ich ziemlich auf dem Schlauch. Zumal es hieß: »Wer nicht besteht, ist raus aus dem Kurs.« Zum Glück saß ich direkt neben dem Streber unserer Gruppe. Bei allen Fragen, deren Antwort ich nicht wusste, linste ich zu ihm hinüber und setzte mein Kreuz genau da, wo er sie hatte. Der Kursleiter kam einmal her, schaute mir über die Schulter und fragte: »Schreiben Sie etwa ab, Herr Kraus?« Er wirkte dabei tiefenentspannt und keineswegs sauer. Merkwürdig.

Meine Antwort natürlich: »Ich? Niemals!«

Darauf er: »Sie können von mir aus ruhig abschreiben.«

Die ganze Gruppe war ein einziges Fragezeichen.

»Aber Sie sollten wissen, dass Ihr Nachbar einen anderen Prüfungsbogen hat als Sie.«

Es war eine dieser Situationen, in denen man sich ein tiefes Loch im Boden wünscht, in das man vor Scham versinken kann. Und es war reines Glück, dass ich trotzdem genügend

Kreuze richtig gesetzt hatte. Aber ich habe in diesem Moment eine Lektion fürs Leben gelernt: Nie wieder abschreiben! Nicht blind an anderen orientieren! Mach dein eigenes Ding.

Irgendwann hatte ich meinen Führerschein zurück und konnte endlich wieder Auto fahren. In den Kreisen, in denen ich mich bewegte, war man nichts ohne ein schnelles Auto. Und wie sollte man sonst auch punkten außer, indem man cool und schnittig überall vorfuhr und Aufmerksamkeit erregte? Denn darum ging es in meinem Leben, wenn ich nicht gerade studierte: Autos, Partys, Musik, Tanzen und Feiern. Das Studium nahm ich ernst – ich wollte ja schnell auf eigenen Beinen stehen und gutes Geld verdienen, damit ich mir Dinge leisten konnte. Anderes nahm ich damals nicht ernst.

Was der Ernst des Lebens tatsächlich bedeutet, erfuhr ich 2002 bei einem Verwandtenbesuch im Land meiner Geburt.

Während meiner Ferien in Israel war ich eines Morgens unterwegs zu Onkel und Tante. Ich wollte meinen Cousin Yuval abholen, um mit ihm auszugehen. Wir waren jung, es war warm wie immer in Israel, und wir kannten tolle Klubs. Unterwegs klingelte mein Handy. Mein Cousin war dran, mit tränenerstickter Stimme. Es habe wieder eines dieser furchtbaren Busattentate gegeben, sagte er – und dass seine Mutter in dem Bus gesessen hatte. Sie war tot. Später stellte sich heraus, dass der teuflische palästinensische Selbstmordattentäter direkt neben ihr gesessen hatte. Es war praktisch nichts von ihr übrig, das man hätte identifizieren und beerdigen können.

Der Tod meiner Tante war eine Katastrophe für die ganze Familie. Und ich, ein unbekümmerter junger Mann aus dem sicheren Deutschland, bekam den Umgang mit dieser Katastrophe hautnah mit. Ich war dabei, als die engere Familie sieben Tage Schiva saß, also um die Tante trauerte. Dieses Erlebnis hat mich tief beeindruckt und berührt, und zwar beides: die Trauer und Verzweiflung einerseits – und der Trost durch den Glauben, den mein Onkel und meine Cousins erhielten, andererseits. Es kamen Rabbiner ins Haus, die aus der Thora lasen und mit uns sprachen. Ich fragte sie nach dem Warum. Und ich kam erstmals mit der Schönheit der Religion in Kontakt.

Diese Erfahrung hinterließ ohne Zweifel Spuren in mir. Aber wie tief waren diese Spuren? Welches Gewicht hatte das in Israel Erlebte gegenüber meinem feierfreudigen Leben in Deutschland? Nicht genug, muss ich heute sagen. Nach meiner Rückkehr hatte ich jedenfalls schnell wieder anderes im Kopf.

Sprit und Spirit

Aber Gott wollte offenbar wirklich gern mit mir ins Gespräch kommen. Er blieb hartnäckig – und wurde einfallsreicher. Nachdem es mit der »Schreck«-Methode nicht funktioniert hatte, versuchte Er es mit Begeisterung.

Im Juni 2004, ich war 22, fuhr ich eines schönen Sommertages an einen Baggersee bei Regensburg. Dort ging ich zweimal in der Woche sechs Kilometer joggen. Ich wollte schließlich gut aussehen. Alle Blicke sollten auf mir ruhen, das fühlte sich gut an. Und genauso gut fühlten sich die neidischen Blicke der Wettbewerber an, die weniger gut ankamen als der schöne, charmante David.

Als ich vom Baggersee nach Hause kam, sah ich vor unserer Haustür einen alten Renault Kangoo stehen. Und ich traute meinen Augen kaum: Er hatte ein israelisches Nummernschild! Wer sich ein bisschen auskennt, weiß, wie selten das ist. Kein Israeli fährt auf dem Landweg nach Europa. Dafür müsste man ja durch die Türkei und vorher durch den feindseligen Libanon und das durch und durch feindselige Syrien. Also vollkommen ausgeschlossen. Als Israeli kommt man aus dem Libanon und Syrien nicht lebend raus – es sei denn nach Geiselnahme und Gefangenenaustausch. Wie also hatte es der Renault vor unser jüdisches Haus geschafft? Auf Hebräisch sprach ich den etwa vierzigjährigen Mann an, der in dem Auto saß: »Achi (das heißt »Mein Bruder«), wie kommst du denn hierher? Was machst du hier?« Er überwand seine Verblüffung schnell und antwortete schlagfertig: »Was ich hier mache? Das erzähl ich dir, wenn du mir erklärt hast, wo ich eine Tankstelle finde. Ich fahre mit dem letzten Tropfen Sprit.«

»Folge mir«, gab ich zurück und schwang mich in mein Auto.

An der Tankstelle erzählte Yaakov mir dann seine Geschichte. Er war im April vom israelischen Hafen Ashdod mit der Fähre über das Mittelmeer nach Portugal gelangt. Von dort aus fuhr er seitdem die Grabmäler der größten unter den jüdischen Gelehrten ab, in Portugal, Spanien, Frankreich, Deutschland … Und zum jüdischen Neujahrsfest (Rosch Haschana), das 2004 in den September fiel, wollte er in Uman in der heutigen Ukraine sein: am Grab eines gewissen Rabbi Nachman. Den Namen hatte ich noch nie gehört. Aber die Begeisterung, mit der Yaakov von ihm sprach, hatte etwas Mitreißendes.

Enthusiastisch beschwor er mich: »Du musst auch nach Uman! Willst du nicht gleich mitkommen? Oder komm hin, wenn ich da bin! Lass uns Telefonnummern tauschen! Wir sehen uns dann dort!«

Im September rief er mich wirklich an. Er war in Uman, und, ja, er war sehr euphorisch: »David! Komm nach Uman! Komm zu Rabbi Nachman! Es ist großartig!« Aber ich bin nicht geflogen. Ich konnte keine Begleitung finden. Und mein Antrieb war nicht stark genug. Vielleicht spürte ich damals auch, dass ich nicht unter Kontrolle haben würde, was dort mit mir passiert. Dass das eine Lebenswende bedeuten könnte, nach der nichts mehr so sein würde wie zuvor.

Diese Lebenswende bekam ich im folgenden Jahr dann trotzdem serviert, durch den Treppensturz. Bei David ging es also doch nur auf die harte Tour.

Heute weiß ich: Rabbi Nachman wollte mich damals retten. Vor dem Angriff, der mich beinahe zum Krüppel gemacht hätte. Die jüdische Vorstellung geht ja so: An Rosch Haschana richtet der Schöpfer alle Menschen – egal ob Juden oder nicht. Es ist kein jüngstes Gericht, sondern eher eine echte Verhandlung. Der Richter, also Gott, legt dort fest, wie viele Tage im neuen Jahr man krank sein wird, wie viel Geld man verdient, ob man verletzt wird oder stirbt. Und Rabbi Nachman hatte sich als mein Rechtsanwalt angeboten für diese Verhandlung. Deshalb hätte ich nach Uman fahren sollen, um zu bereuen. Er wollte mich retten und möglichst viel für mich dummen Sünder rausholen. Aber ich habe seine Dienste ausgeschlagen. Und als ich am Boden lag und mein eigener Sneaker auf mich zeigte, fiel mir die ganze Geschichte wieder ein.

Yaakov, von dem ich den Namen »Rabbi Nachman« zum ersten Mal gehört habe, suche ich bis heute. Aber die Begegnung damals erscheint mir fast unwirklich: ein Auto aus Israel, schon selten genug in Deutschland. Und dann genau vor unserem Haus! War das ein Engel?

Vermutlich hat es mit der Begegnung mit Yaakov zu tun, dass ich mich in diesem Sommer zu fragen begann: David, wie willst du eigentlich mit 35 oder 45 leben? Willst du dann immer noch der Sonnyboy sein, aka »You can find me in the club«? Und sonst nichts? Wenn Feiern das Wichtigste in deinem Leben ist, gibt es ja auch diese miesen Momente – wenn du mal keine Verabredung hast oder du am Sonntagmorgen verkatert aufwachst. In solchen Momenten kam bei mir immer häufiger die Frage nach dem Sinn hoch, und ich rutschte oft in eine Art Minidepression, weil ich spürte, wie unerfüllt mein Leben war. Ich sehnte mich nach etwas mit Substanz – ohne dass ich hätte sagen können, was genau das wäre.

Als ich meine Zweifel einem Freund gegenüber andeutete, hat er mir sofort geholfen. Und zwar dabei, diese Zweifel wieder zu verdrängen. Schließlich wollte er weiter mit mir feiern gehen und Spaß haben. Also sagte er: »Ach, es gibt doch auch Klubs für über Dreißig- und Vierzigjährige.« Wir haben dann tatsächlich aus Neugier mal eine solche Ü-30-Party besucht. Mein Freund war ganz begeistert: »Schau mal, wie die alten Knacker abgehen!« Für mich jedoch war dieses Erlebnis kein Trost. Jedenfalls konnte ich mir nicht vorstellen, dass ich mit vierzig noch so würde herumhüpfen wollen. Damals habe ich wohl zum ersten Mal gespürt, dass ich dem Sinn des Lebens woanders auf die Spur kommen musste. Diesen Sinn suchte ich offenbar – auch wenn die Antwort noch nicht »Gott« hieß.

Dass mir das Partyleben trotz der gelegentlichen Zweifel noch immer genügte, lag sicher an meiner fehlenden Reife. Um seinen eigenen Weg zu finden, muss man reif sein. Das Wort »erwachsen« kommt zwar von »wachsen«, aber es steckt auch »erwachen« darin. Du musst aufwachen, um zu erkennen, welche Möglichkeiten das Leben dir bietet und welcher Reichtum in dir selbst schlummert. Erst dann kannst du dich auf die Reise zu dir selbst machen.

Manchmal werde ich gefragt, ob ich bereue, dieser oberflächliche und oft auch egoistische junge Mann gewesen zu sein. Nun, als gläubiger Jude bereue ich, dass ich damals gesündigt habe und nicht im Einklang war mit meinem Schöpfer. Und ich habe Menschen enttäuscht und verletzt, das tut mir sehr leid. Im Judentum heißt es, dass ehrliche Reue, die aus der Liebe zu deinem Schöpfer kommt, dazu führt, dass all deine Sünden dir als gute Taten zugeschrieben werden. Die ehrliche Umkehr wird also belohnt, und mancher wirklich reumütige Sünder findet sogar mehr Gnade vor Gott als der, der nie in Versuchung war, zu sündigen. Gott mag Menschen, die etwas riskieren. Insofern bin ich auch dankbar dafür, dass ich diese Lebensphase hatte. Mir kann keiner mehr was vormachen. Aber um ehrlich zu sein, schäme ich mich heute dafür, so blind fürs Wesentliche gewesen zu sein.

EIN SAMENKORN GLAUBE

Eine kleine Ewigkeit ist vergangen. Während ich nach dem Angriff auf mich – gut fünf Monate ist das schon her – im Krankenhaus und dann in dieser Rehaklinik hier war, zogen draußen der Frühling und der Sommer vorbei. Wir haben schon fast Ende August, und der Sommer des Jahres 2005 verabschiedet sich allmählich. Und ich war kein einziges Mal baden, bin nicht im offenen Cabrio gefahren, habe keine Nacht durchgetanzt ... Überhaupt: Tanzen – was war das noch mal?

Bis zum Treppensturz war ich ein topfitter junger Mann, für den Lebensfreude sich vor allem in Form körperlicher Aktivität ausdrückte. Und auch mein Lebensgefühl – »Die Welt steht mir offen« – hatte etwas mit meinem Körper zu tun. Wenn man viele offene Türen sieht, braucht man ja nur schwungvoll hindurchzugehen. Aber dafür muss man eben Schwung und Energie haben. Wenn ich heute an mir runtersehe, könnte ich verzweifeln: Ich habe ordentlich zugenommen, natürlich an den falschen Stellen. Weniger Muskeln – mehr Bauch. Meine Beinmuskeln sind trotz der anstrengenden Rehaübungen noch längst nicht wieder die alten – im Krankenhaus waren sie völlig erschlafft.

Medizinisch geht es nur gaaanz allmählich voran – im wahrsten Sinne des Wortes in winzigen Schritten. Auf den Rollstuhl bin ich nicht mehr angewiesen, aber mir stehen noch viele Untersuchungen und vielleicht auch noch weitere Operationen bevor. In meiner linken Schulter sitzt eine Metallplatte; meinen Arm kann ich nicht über Schulterhöhe heben. Tolle Physiotherapeuten haben dafür gesorgt, dass meine Muskeln nicht komplett verkümmert sind. Aber von dem dynamischen 24-Jährigen, der bis zum Angriff das Gefühl hatte, mühelos die Welt aus den Angeln heben zu können, ist körperlich gesehen wenig übrig geblieben. Die Peroneuslähmung ist noch nicht weg, sodass an normales Laufen nicht zu denken ist. Ich bin auf Krücken angewiesen. An guten Tagen brauche ich nur eine.

Und wie geht es mir seelisch? Gehe ich auch da am Stock? Ich bin praktisch abgeschnitten von allen Menschen, die ich kenne und liebe. Natürlich bin ich nicht allein in der Reha. Und weil man hier auf das Auskurieren von Sportverletzungen spezialisiert ist, gibt es zum Glück jede Menge Leute meines Alters. Die Klinik liegt allerdings in einem Dorf, das man ganz einfach erreicht: Man fährt bis ans Ende der Welt und biegt dann rechts ab. Eine Bahnanbindung gibt es nicht, deshalb können meine Eltern mich nur besuchen, wenn mein Vater freihat – meine Mutter fährt nicht Auto. Auf Krücken und fast immer allein: perfekte Bedingungen für Niedergeschlagenheit, für schiere Verzweiflung. Aber das Gegenteil ist der Fall. Ich fühle mich erstmals mitten im Leben angekommen. Ich bin im Reinen mit mir. Und ich weiß inzwischen, dass genau das Alleinsein wichtig war für meinen Weg. Ich musste wohl mal für einige Zeit ein Eremit sein. Jedenfalls fühle ich mich auf eine ganz ungekannte Art glücklich. Das liegt sicher nicht an dieser Klinik aus den Siebzigern mit ihren langen Gängen, ihrem Kantinenessen und den orangefarbenen Dekoelementen. Sondern an meinem zum Leben erwachten Glauben, dem ich jeden Tag staunend beim Wachsen zuschaue. Wenn hier etwas keine Krücke mehr braucht, ist es dieser Glaube. In den Wochen zuvor habe ich verstanden, dass Gott bereits meinen ganzen Lebensweg begleitet hat. Und als das Ausmaß meiner Verletzungen und die Dauer ihrer Behandlung nach und nach sichtbar wurden, habe ich für mich eine Wahrheit erkannt: Wenn gar nichts mehr geht, dann gibt es etwas, das dich retten kann, und das ist der Glaube.

So merkwürdig es klingen mag: Mit dem Angriff des Muslims und die dadurch ausgelöste Lebens- und Sinnkrise hat

Gott mir ein Geschenk angeboten. Und weil ich nicht blöd bin und die Zeit endlich reif war, habe ich das Geschenk gesehen und angenommen. Wer weiß, wie die Sache gelaufen wäre, wenn ich mit zwanzig ins Krankenhaus gekommen wäre. Hätte ich das Angebot da überhaupt bemerkt? Wenn ich an meinen schweren Autounfall vor ein paar Jahren denke, nach dem ich zwar unverletzt, aber doch ziemlich geschockt war ... An Gott habe ich damals nicht gedacht. Der war mir zu fordernd und zu streng, mit den Schabbatregeln und so weiter. Aber Er hat damals an mich gedacht, dessen bin ich gewiss. Und mein Vater hat es ja auch gewusst.

Meine Erlebnisse rund um den Mord an meiner Tante waren nicht nur der Beginn meiner Sinnsuche und meiner Fragen, sondern auch ein erster Hinweis auf die Antwort, die ich finden sollte: die Thora und der jüdische Glaube. Auch das verstand ich nun. Der Engelsbote im israelischen Auto war ebenfalls so ein Hinweis gewesen. Aber damals war ich noch nicht so weit, es zu sehen. Während meiner Zeit hier habe ich begriffen, dass der Sinn meines Lebens (oder des Lebens generell) darin besteht, eine Beziehung mit dem Schöpfer zu knüpfen.

Das Verblüffendste für mich ist: Hier gibt es keinen Rabbi. Und auch sonst niemanden, der mich angeleitet hat in religiösen Dingen. Ich war wieder mal der einzige Jude an Ort und Stelle. Ich habe ein bisschen gelesen, klar. Aber vor allem habe ich nachgedacht und in mich hineingehorcht. Ich erinnere mich an die Tage zurück, an denen ich früher gerne auf den Keilberg nahe Regensburg fuhr, ganz allein. Die Aussicht dort war unglaublich inspirierend. Und was tat ich dort? Als Ungläubiger nannte ich es »auftanken«. Heute weiß ich, dass ich schon da mit Gott sprach. In meinem Herzen wandte ich mich an Ihn.

Die Reha war ein Achtsamkeitsseminar, bevor dieser Begriff in Mode kam. Aber was ich tat, war mehr als das, was man heute Meditieren nennt. Ich stand in einem lebendigen Dialog mit Gott. Niemals hätte ich gedacht, was da in mir schlummert. Es ist, als hätte da schon immer ein Samenkorn in mir gelegen – und als die Bedingungen stimmten, begann es zu keimen und zu sprießen. Eine wunderschöne Pflanze des Glaubens ist dabei entstanden. Noch ist sie zart und dünn, und ich vergleiche sie mit einer Topfpflanze, die in der geschützten Umwelt einer Wohnung gedeiht. Ich weiß nicht, wie sie in freier Wildbahn klarkommen wird – etwa wenn ein Sturm aufkäme, der sie bedroht. Oder bei Frost. Aber mein Vertrauen in diese Pflanze, die mein Glaube ist, wird jeden Tag größer.

Den Kontakt zu meinem Schöpfer habe ich hergestellt. Ich bin sozusagen endlich ans Telefon gegangen, das schon öfters geklingelt hat.

Aber wie geht es jetzt weiter? Wie funktioniert so eine Beziehung eigentlich? Welches Leben soll und will ich führen, um den Sinn zu erfüllen? Und wo ist mein Ort dafür? Ich werde es herausfinden müssen. Erst einmal habe ich für den 31. August einen Flug nach Israel gebucht. Ich will meinem Schöpfer für seine Liebe danken, und zwar an der Kotel, der Klagemauer in Jerusalem.

Ein deutscher Freund, dem ich viel von meinem Leben erzählt habe, fragte mich eines Tages mit einer gewissen Ungeduld: »Sag mal, wieso sprichst du eigentlich immer von einem ›Unfall‹? Das war doch ein glasklarer Angriff auf dich.«

Erst war ich verblüfft. Er hatte recht: Ich hatte mir angewöhnt, immer »Unfall« zu sagen, wenn ich von dem Zwischenfall im Klub erzählte. Mein Freund war auch deswegen irritiert, weil er anfangs nicht wusste, ob ich vielleicht den Autounfall meinte, und ziemlich durcheinanderkam in meiner wilden Lebensgeschichte.

Nachdem ich eine Minute nachgedacht hatte, konnte ich es

ihm erklären. Der Grund für meine Wortwahl ist, dass ich dem Typen keine Bühne geben will. Sobald ich von einem Angriff spreche, interessieren sich alle für den Angreifer. Eine merkwürdige Sache. Dann sagte ich zu meinem Freund: »Trotzdem hast du recht: ›Unfall‹ ist Quatsch und irreführend. Es war ein Angriff. Aber der Typ hat nur eine winzige Nebenrolle in diesem Geschehen gespielt, und dabei soll es bleiben: Wir haben gestritten und gerangelt, ich drehte mich weg, er stieß mich – und während ich noch flog, stand für ihn bereits ›Abgang‹ im Drehbuch. Von meinem Aufprall an ist es nur noch die Geschichte von David. Und von Gott.«

MIRIYAM

Mensch, Mensch, Mensch! Heute ist der 15. September, und es kommt mir schon wieder so vor, als sei mein Leben gerade auf den Kopf gestellt worden. Dabei steht es jetzt wohl erstmals auf den Füßen.

Ich bin seit drei Tagen in Israel.

Ich habe mich verlobt.

Ich habe in den letzten 72 Stunden fast nicht geschlafen.

Ich werde demnächst nach Israel ziehen und heiraten.

Es geht mir gesundheitlich schlagartig besser.

Meinen Eltern schwirrt der Kopf im Moment ebenso wie mir.

Ich fühle mich Gott so nah wie noch nie.

Puh! Aber der Reihe nach: Den Flug Ende August musste ich cancseln – und verlor eine Stange Geld dabei. Mein Vater hatte Bedenken, was meinen Versicherungsschutz anging, und mich gebeten, die Reise unbedingt von meinen Ärzten absegnen zu lassen. Und tatsächlich verboten die mir das Fliegen, denn neben dem orthopädischen Totalschaden hatte ich bei dem Treppensturz auch mehrere innere Blutungen erlitten. Das Risiko, dass sich aufgrund des Drucks in der Flugzeugkabine ein Blutgerinnsel löst und mich im schlimmsten Fall umbringen würde, schien ihnen immer noch zu hoch. Diese endlose Krankengeschichte machte mich ziemlich verzweifelt, und ich fragte mich, was mein neuer Bekannter, was Gott damit wohl bezweckte. Aber natürlich fügte ich mich ins Schicksal. Was sollte ich auch tun? Das Wort »Patient« kommt schließlich vom lateinischen »patientia« – Geduld.

Aber zum Dank für mein Warten geschah dies: Nach etwa zwei Wochen durchfuhr ein starker Schmerz mein verletztes

Knie. So hatte es seit kurz nach dem Angriff nicht mehr wehgetan. Was war das jetzt? Die Ärzte waren sehr besorgt und untersuchten mich auf Herz und Nieren. Aber sie fanden: nichts. Sie hatten keinerlei Erklärung für diese Knieschmerzen. Also flüchteten sie sich in die Vermutung, es handle sich um eine Überbelastung, und verschrieben mir Ruhe. Ruhe?! Davon hatte ich seit fünf Monaten nun wirklich mehr als genug gehabt. Irgendetwas in mir sträubte sich – und zum ersten Mal seit meiner Einlieferung begehrte ich auf. Ich passte den Arzt ab, dem ich am meisten vertraute, und sagte ihm: »Ich glaube, ich brauche keine Ruhe, sondern eine andere Umgebung. Ich möchte gern nach Israel fliegen. Habe ich Ihr Okay?« Der Arzt muss gespürt haben, dass es hier um mein Schicksal ging – und dass mein Wunsch mehr war als nur die Schnapsidee eines entnervten Patienten. Und so bekam ich wirklich sein Okay! Unglaublich. Noch aus dem Untersuchungszimmer rief ich meine Mutter an und bat sie, mir sofort ein Ticket nach Israel zu buchen, bevor die Ärzte es sich vielleicht wieder anders überlegten. Gott sei Dank verlief alles glatt, und so flog ich am 12. September 2005 nach Tel Aviv.

Obwohl es ziemlich holterdiepolter ging, hatte ich mich natürlich bei der Verwandtschaft angekündigt. Und sie freute sich auf mich – ich habe in Israel eine sehr herzliche und gastfreundliche Familie. Am Flughafen Ben Gurion erwarteten mich meine Cousinen Dorit und Liset. Nach der langen Reha im bayerischen Nirgendwo hatte mich das Getümmel so vieler Menschen am Flughafen und im Flugzeug ziemlich gestresst. Ich war deshalb innerlich sehr mit mir selbst beschäftigt, als ich aus dem Terminal gehumpelt kam. Trotzdem spürte ich schon bei der Begrüßung, dass die beiden etwas ausheckten. Ihre Fragen nach meinem Befinden und ihre Kommentare über die Krücken ihres früher so agilen Cousins waren merkwürdig kurz, und die beiden jungen Frauen wirkten irgendwie zerstreut.

Schließlich platzte Dorit heraus: »Hast du heute Abend Lust auf ein Schidduch mit unserer Freundin Miriyam? Ihr versteht euch bestimmt großartig!«

Ich war völlig überrumpelt. Was ein Schidduch ist, wusste ich immerhin: Die Partnervermittlung in der jüdisch-ultra-orthodoxen Szene ist eine Art Blind Date. Aber wer war diese Miriyam? Und wieso gleich heute Abend? Ich war erschöpft vom Flug, mir steckten fünf Monate Krankenhaus und Reha in den Knochen, und jetzt wurde ich so überfallen.

Skeptisch, aber schon auch neugierig fragte ich zurück: »Wer ist das?« Ihre Freundin sei ein richtig liebes und tolles Mädchen, das beteuerten die Cousinen so lange, bis ich schließlich zustimmte.

Ich erfuhr, dass Miriyam ebenfalls erst heute am Flughafen angekommen war, sie sei gerade für zwei Wochen bei Verwandten in Belgien gewesen.

Meine Cousinen freuten sich wie Bolle, dass sie mich überredet hatten. Aber dann fing Liset plötzlich an, ganz wirres Zeug zu reden: »Eins musst du bitte beachten: Du darfst sie auf keinen Fall berühren! Nicht mal die Hand darfst du ihr geben!«

Ich dachte kurz, dass diese Miriyam vielleicht einen an der Klatsche habe, aber dann wurde mir erklärt, dass gläubige Juden besonderen Wert auf das Shmirat Negia legen, wie es in der Halacha, dem jüdischen Gesetz, heißt: Mann und Frau dürfen sich vor der Ehe nicht berühren. Ich nahm es hin – was hatte ich schon zu verlieren? Es klang für mich nach einem spannenden Kontrast zu dem, was ich bislang über das Kennenlernen von Frauen wusste.

Natürlich wollte ich wissen, was meine Cousinen ihrer Freundin über mich erzählt hatten, und kam ein wenig ins Schwitzen, als ich es hörte: »Unser Cousin in Deutschland ist ein richtiger Zaddik, ein weiser und gerechter Mann. Er empfindet eine unglaubliche Liebe zu Israel und zur Menschheit, und er hat ein so großes und warmes Herz!« Miriyam sei begeistert gewesen.

Ich hakte nach: »Habt ihr ihr denn auch erzählt, dass dieser weise und gerechte David keine Kippa trägt? Dass er Hebräisch spricht und versteht, es aber weder lesen noch schreiben kann? Dass er bis vor einem halben Jahr fast nur Partys im Kopf hatte? Dass er es mit dem Einhalten der Ge- und Verbote unserer Religion nicht so genau nimmt – schon weil er gar nicht alle kennt?«

Die beiden jungen Frauen sahen sich etwas verlegen an und meinten dann: »Sie soll dich doch erst mal unvoreingenommen kennenlernen. Also: Heute Abend um neunzehn Uhr dreißig trefft ihr euch am Cats Square in Jerusalem. Auf Hebräisch heißt das übrigens Kikar Hachatulot.«

Aus der Nummer kam ich nicht mehr raus. Immerhin war ich neugierig auf die Location, und auf das Blind Date auch. Und so fand ich mich pünktlich auf dem Platz ein und wartete auf ein liebes orthodoxes Mädchen – ohne mir etwas Genaues darunter vorstellen zu können. Und meine Miriyam wartete gleichzeitig auf diesen Zaddik – den weisen Thoraschüler mit Kippa, schwarzer Hose und weißem Hemd.

Doch ich war David Kraus. Und stand in meiner ausgewaschenen Diesel-Jeans und einem rosa Ralph-Lauren-Shirt am Cats Square herum. Ohne Kippa, dafür mit zwei Ohrringen. Nichts tat sich. Nun wusste ich ja, dass das mit der Pünktlichkeit in Israel lockerer gehandhabt wird als in Deutschland. Aber nach einer halben Stunde rief ich dann doch mal bei Liset an:

»Wo bleibt diese Miriyam denn? Also ich war pünktlich und stehe hier jetzt schon eine halbe Stunde rum.«

»Aber Miriyam ist doch schon seit einer Dreiviertelstunde da!«

»Oh, Mist! Und wo versteckt sie sich?« Ich war etwas frustriert, aber auch motiviert.

»Such sie einfach!«

Eine ganz clevere Idee … Und so schaute ich mich erneut gründlich um, fasste diesmal auch die Mädchen näher ins Auge, die ich bisher ausgeblendet hatte. Und plötzlich entdeckte ich eine junge Frau, die mit einem etwas frustrierten, aber doch auch motivierten Gesichtsausdruck in ihr Telefon sprach und sich dabei suchend umsah. Mit Liset am Ohr humpelte ich auf sie zu und fragte sie: »Sprichst du gerade mit Dorit?« Miriyam sah mich völlig überrascht an und sagte: »Ja.« Ich sprach in mein Handy: »Super, Liset, hab sie gefunden«, legte auf und stellte mich ihr vor: »Hey, ich bin David. Ich finde es wundervoll, dich kennenzulernen!«

Aber Miriyam sah nicht aus, als fände sie irgendetwas wundervoll. Sie war schockiert, und zwar nicht von meiner Krücke. Ihr Gesicht verriet überdeutlich, was sie gerade dachte: Was macht dieser ungläubige Junge hier in meiner Nähe? Und sie ergriff ohne zu zögern die Flucht. Der peinlichste Moment aller Zeiten für mich! Ich hatte das Gefühl, dass die ganze Welt mich ansah – mich, das Monster, das junge Frauen erschreckte.

Die Leute um uns herum sollten nicht merken, dass ich gerade den Korb meines Lebens bekommen hatte, deshalb humpelte ich so dezent wie möglich hinter ihr her: »Sorry, aber du kannst doch jetzt nicht einfach abhauen! Schließlich kommt alles von oben. Das weiß sogar ich!«

Ich dachte, das müsse sie als gläubige Jüdin doch überzeugen, aber sie meinte schlagfertig: »Stimmt, alles kommt von oben, aber es gibt auch ein Unten …«

Ich blieb dran: »Wie, unten? Willst du mir erzählen, dass ich der Teufel bin? Ich will doch nur einen Kaffee mit dir trinken, der so süß ist wie du.«

Spätestens jetzt hätte sie doch weich werden müssen, aber weit gefehlt: »Natürlich bist du nicht der Teufel! Aber im Leben stehen wir ständig vor Prüfungen – und du bist gerade meine! Es tut mir leid, nimm's nicht persönlich, aber hier gibt es gerade ein riesiges Missverständnis.« Und sie begann immer schneller zu gehen.

Ihr weiter zu folgen wäre erstens zu auffällig und zweitens wegen der Krücke unmöglich gewesen. Aber in diesem Moment sprangen uns wie aus dem Nichts meine Cousinen Liset und Dorit entgegen. Mir klappte die Kinnlade runter. Ich fühlte mich ziemlich verarscht und suchte nach der versteckten Kamera. Und es wurde immer schlimmer: »Hab doch Mitleid mit ihm!«, beschwor Liset ihre Freundin. Ich dachte: »Hä? Mitleid!? Was labert die da?« Aber es kam noch besser. Dorit setzte nach: »Er ist so ein herzlicher Mensch. Was kann er dafür, dass er weniger weiß als ein Baby?«

Na wunderbar! Ich war also kein Mann, sondern ein Säugling, den man bemitleiden sollte. Doch nach dem Motto »Reden ist Silber, Schweigen ist Gold« hielt ich meinen Mund und hörte mir weiter diese tollen Superlative über mich an. Und am Ende hatten Liset und Dorit es tatsächlich geschafft. Sie brachten Miriyam dazu, dass wir zu viert etwas trinken gingen. Ich war glücklich, denn Miriyam hatte in meinem Herzen bereits etwas berührt. Und es wurde ein traumhaft schöner Abend.

Das Ganze ist gerade mal 72 Stunden her – aber ich habe begriffen, was da abgelaufen ist. Da war *die eine* Frau in mein Leben getreten, bei der ich sofort wusste: Hier bin ich richtig. Diesen sensationellen Mix von Empfindungen konnte ich gleich Liebe nennen. Und Liebe bedeutet: Fortan werden meine Gedanken immer nur bei diesem Menschen sein. Bei Miriyam.

Miriyam konnte ich übrigens nur kennenlernen, weil Gott es so gefügt hat. Denn wäre ich, wie ursprünglich geplant, Ende August in Israel angekommen, wäre sie bis zu meiner Abreise in Belgien gewesen. Und wir hätten uns möglicherweise nie getroffen.

Schwer von Begriff

Am Ende unseres Dates sagte ich in meiner gewohnten Art zu Miriyam: »Und was ist jetzt? Los, Telefonnummern tauschen!« Obwohl sie mich offensichtlich ebenfalls mochte, biss ich mit diesem Ansinnen auf Granit. Ihre trockene Antwort lautete: »Ich habe heute schon genug Tabus gebrochen. Bevor du meine Nummer bekommst, musst du mit meinem Rabbiner reden. Morgen früh.«

Mein Gesichtsausdruck war ein einziges Fragezeichen, also erklärte sie mir, dass der offenbar sehr berühmte Rabbiner Mordechai Eliyahu ihr Mentor war; in Deutschland würde man es vielleicht Seelsorger nennen. Sein Urteil schien ihr so wichtig zu sein, dass sie davon abhängig machte, ob sie weitere Schritte riskierte. Seine Einschätzung war wichtiger als die ihrer Eltern – die sollten nur belästigt werden, wenn der Rabbi zuraten würde.

Ich war verknallt und ja ohnehin ein Draufgängertyp, der nicht lange überlegte, also sagte ich: »Okay, kein Problem, ich rede mit ihm. Wo finde ich ihn?«

»Mein Bruder nimmt dich mit. Ruf ihn an.« Das wirkte jetzt irgendwie durchdacht und geplant. Also doch versteckte Kamera?

Ich rief den Bruder an, und er sagte: »Meinetwegen. Sei morgen um halb fünf bei mir.«

Und ich so: »Okay, sechzehn Uhr dreißig.«

Und er: »Nein, nein! Früh um halb fünf.«

Ich schnappte nach Luft und stammelte dann mit geheuchelter Sorge: »Ist das nicht ein bisschen früh für den Herrn Rabbiner?« Natürlich war jedem klar, dass es mir eher um meinen eigenen Schlaf ging.

Der Bruder lachte leicht verächtlich auf und hielt mir einen Kurzvortrag: »Der Rabbiner betet nur zur Zeit des Sonnenaufgangs. Das ist die heiligste Zeit des Tages. Das Gebet heißt Nez, und die Amida, das Herzstück des Gottesdienstes, beginnt genau in dem Augenblick, wenn die Sonne aufgeht. Also dann, vier Uhr dreißig bei mir.«

Ich schaute auf die Uhr und rechnete. Viel mehr als vier, fünf Stunden Schlaf würde ich nicht bekommen. Aber obwohl ich als Rehapatient eine Flugreise hinter mir hatte und es überhaupt nicht mehr gewohnt war, so lange wach und unter vielen Menschen zu sein, war ich geradezu durchglüht von Energie. Und die sollte ich auch brauchen. Denn der nächste Hammer kam sofort. Miriyam sagte, der Rabbiner würde jeden Tag nach dem Morgengebet Briefe der Ratsuchenden entgegennehmen, sie sofort lesen und direkt beantworten. Ich musste also einen Brief verfassen. Und zwar per Hand, weil der Rabbi nur so in meine Seele schauen konnte.

Vor Miriyam wollte ich nicht zugeben, dass ich im Hebräischen ein Analphabet war. Für mich war jeder Buchstabe nur eine fremdartige Zeichnung. Also rief ich direkt nach der Verabschiedung Dorit an und flehte sie an, mir zu helfen. Das lief dann so: Ich ging zu ihr und sagte ihr, was in dem Brief stehen sollte. Sie schrieb das in Schönschrift auf – und dann setzte ich mich hin und malte diese Schriftzeichen ab. Für die drei Seiten brauchte ich dreieinhalb Stunden. An Schlaf war in dieser Nacht also gar nicht zu denken. Aber dies hier war wichtiger, das spürte ich sehr intensiv.

Ich war in einem merkwürdigen Zustand, euphorisch und ruhig zugleich. Zum ersten Mal in meinem Leben fühlte ich mich völlig aufgehoben und getragen von einer unsichtbaren Kraft. Ich konnte mich fallen lassen und wusste: Mir würde nichts passieren. Und ich war entschlossen, dem Rat des Rabbis zu folgen, egal was er sagen würde. Denn er verkörperte diese unsichtbare Macht, die mich durch die Nacht trug. Das Ganze war für mich schon jetzt ein Zeichen: Mein Weg war gefunden. Der Abend mit Miriyam war toll, die Frau war toll –

alles fühlte sich richtig an. Ich vertraute auf den weiteren Gang der Dinge. Der David, der ich noch vor einem halben Jahr gewesen war, hätte nur noch den Kopf geschüttelt, wenn er mich gesehen hätte.

Miriyams Bruder mochte mich nicht, das spürte ich von der ersten Sekunde an. Ich war pünktlich um halb fünf Uhr früh bei ihm erschienen, aber in seinen Augen sah ich ganz sicher nicht wie jemand aus, der würdig war, dem verehrten Rabbi zu begegnen. Und für ihn gab es keinen Zweifel, wie diese Geschichte ausginge: Der Rabbi würde klarmachen, dass ich nicht der Richtige sei für seine Schwester, und damit wäre diese Episode erledigt.

Auf dem Weg zur Synagoge tastete ich immer wieder nervös nach meinem Brief. Ich hatte darin vor allem von mir selbst erzählt: Wer ich bin, was ich mache; von dem Angriff auf mich und den Folgen; davon, dass ich bisher ungläubig war, jetzt aber zu glauben beginne, und dass ich jetzt zwar weiß, dass es Gott gibt, aber nicht, wie ich die Beziehung mit Ihm richtig leben soll. Erst danach kam, dass ich gestern ein tolles Mädchen kennengelernt habe, aber nicht weiß, ob ich sie heiraten soll. Dass ich aber weiß, dass ich jüdisch heiraten will. Und ganz am Ende stand: »Ich bin auf der Suche. Bitte gib mir einen Rat und einen Anker. Wie soll es weitergehen bei mir? Heirat, Studium, Beruf … alles.«

Ich wurde immer nervöser. Um diese Uhrzeit würde die Synagoge sicher gähnend leer sein, sodass alle Aufmerksamkeit des Rabbis auf den ahnungslosen David aus Deutschland gerichtet wäre. Aber das Gegenteil war der Fall. Als wir ankamen, war die Synagoge rappelvoll. Alle 350 Sitzplätze waren besetzt, fast noch einmal so viele Leute standen in den Gängen. Ich war geschockt. Hier offenbarte sich mir eine Welt, von der ich keine Ahnung gehabt hatte. Hunderte Menschen versammelten sich offenbar regelmäßig und völlig selbstverständlich um diese Uhrzeit, um gemeinsam mit dem Rabbi die Nez, das Sonnenaufgangsgebet, zu beten und danach seinen Rat zu suchen.

Während des Gebets kam ich mir vor wie auf dem Raumschiff Enterprise. Ich hatte von nichts eine Ahnung. Synagogen kannte ich vom Wochenende oder von hohen Feiertagen, ein Morgengebet hatte ich noch nie erlebt. Beim Priestersegen, dem Birkat HaCohanim, dürfen die Gläubigen nicht hinsehen, aber ich war so fasziniert von dieser unglaublichen, göttlichen Stimmung, dass ich meinen Blick nicht davon abwenden konnte. Mich traf in diesem Moment wirklich ein göttlicher Blitz.

Zum Glück hatte ich wenigstens die Tefillin dabei, die Lederriemen mit den Gebetskapseln von meiner Bar-Mizwa. Nach jüdischem Glauben helfen diese Kapseln, die Gedanken vom Kopf ins Herz zu leiten. Denn rein kognitive Gedanken bringen einen nicht weiter, solange sie nicht mit einem Gefühl verbunden sind. Der Kabbala zufolge sitzt jedoch im Nacken eines jeden Menschen der Pharao und versucht, die Gedanken auf ihrem Weg zum Herzen abzufangen. Deshalb baut man sich einen »Bypass«, indem man eine der beiden Kapseln auf den Kopf legt und die andere in die Armbeuge. Ich mochte diese Geschichte schon immer.

Nach dem Gebet stand ich mit vielen anderen Gläubigen in einer Traube um den Rabbiner herum und gab ihm schließlich meinen Brief. Mir war schon beim Warten das Herz in die Hose gerutscht, weil ich gesehen hatte, dass die meisten lediglich ein Zettelchen dabeihatten, auf dem ihre Frage in wenigen Worten stand. Es war ein reines Wunder, dass der Rabbiner meine drei A4-Blätter überhaupt annahm, statt zu verlangen, dass ich nach Hause gehe, mich kürzer fasse und dann wiederkomme.

Nachdem er meinen Brief studiert hatte, kritzelte er einige

Worte darauf und gab ihn mir zurück. Verlegen starrte ich darauf. Da ich nicht zugeben wollte, dass ich kein Hebräisch lesen konnte, bat ich den Gehilfen des Rabbis um Unterstützung – ich könne die Handschrift leider nicht lesen. Der Gehilfe wirkte etwas genervt, warf mir aber nach einem Blick auf den Brief den Satz hin, der darauf stand. Er lautete: »Beeile dich, und zwar schnell.«

Ich war wie vom Donner gerührt. Wie sehr hatte ich all meine Hoffnung in diesen Moment gesetzt. Mein gesamter, noch recht frischer und zerbrechlicher Glaube war auf diesen Rat konzentriert gewesen. Und nun fühlte ich mich regelrecht verschaukelt. Das war doch keine Antwort – und zwar auf keine meiner ganz konkreten Fragen. Ich sollte mich beeilen, und zwar schnell? Womit denn? Und warum diese komische Doppelung? Wenn man sich beeilt, macht man das doch immer schnell. Und dafür hatte ich mir mit dem Brief die ganze Nacht um die Ohren geschlagen?

Jetzt kam der alte David durch. Der, der sich in Discos auf Schlägereien einlässt. Ich humpelte auf den Rabbi zu, patschte ihm auf die Hand und schnauzte ihn an: »Was ist denn das für eine Antwort hier? Das ist doch keine Antwort!« Ich benahm mich wie ein Proll am Beschwerdeschalter der Münchner Verkehrsbetriebe. Seine Begleiter und die Sicherheitsleute dachten natürlich sofort: Dschihad!, und kamen angestürmt. Sie sahen aus, als wollten sie mich töten – wegen meiner polterigen Ausstrahlung und der verdächtigen Krücke, und auch wegen meines respektlosen Umgangs mit dem verehrten Rabbi.

Und was tat Mordechai Eliyahu? Er stand ganz ruhig von seinem Sitz auf … und begann laut zu lachen. Alle hatten erwartet, dass er mich anherrschen würde, »Was willst du von mir?« oder einfach »Hau ab!«. Aber er lachte nur. Und dann nahm er mich in den Arm und sagte: »Auf dich hab ich schon so lange gewartet. Schön, dass du da bist!« Er hatte sofort verstanden, dass ich direkt vom Mond in seine Synagoge runtergeknallt war. Und irgendwas nicht kapiert hatte.

Miriyams Bruder und alle anderen, die dabeistanden, waren sprachlos und geschockt. Sie verhielten sich dem Rabbi gegenüber stets voller Ehrfurcht – und dann nahm dieser ausgerechnet den in den Arm, der ahnungslos hereingepoltert war und ihn regelrecht angepöbelt hatte. Lächelnd fragte Rabbiner Mordechai Eliyahu mich nun auf Hebräisch: »Weißt du, was eine Hochzeit ist?«

»Ja, natürlich.«

»Und weißt du, was man vor einer Hochzeit machen muss?«

»Ja, natürlich.«

»Und wie heißt das auf Deutsch?«

»Verlobung.«

»Siehst du? Und genau das sollst du tun, und zwar so schnell wie möglich.«

In diesem Moment fiel es mir wie Schuppen von den Augen: Ich Depp hatte etwas falsch verstanden! Der Gehilfe des Rabbis hatte mir nicht etwa vorgelesen: »*Beeile* dich, und zwar schnell«, sondern das, was der Rabbi geschrieben hatte: »*Verlobe* dich, und zwar schnell.« Auf Hebräisch klingen »Beeile dich« und »Verlobe dich« sehr ähnlich (Tizdares – Titares).

Was mich bis heute fertigmacht: Der Rabbi hatte mein Missverständnis erkannt, ohne dass ich es erklären musste. Um ihn herum standen hundert Leute und warteten ungeduldig auf Antwort – und er begriff in einer Sekunde mehr von mir als ich selbst. Für mich war in diesem Moment klar: Das ist ein Mann Gottes, mit einem göttlichen Geist und einer unbeschreiblichen Menschenliebe.

Ich wusste um das Phänomen göttlicher Weisheit, weil meine Mutter schon immer diese große Liebe zu den Weisen Israels hatte. Wenn wir ins Land kamen, besuchten wir jedes Mal die Gräber von drei großen Zaddikim: Baba Sali, der Rabbi Israel Abuchazeira (mein Retter aus der Zuckerfabrik), Rabbi

Shimon Bar Jochai und Rabbi Meir Baal HaNes. (Und meine Mutter wird vor Begeisterung durchdrehen, wenn sie hört, dass Mordechai Eliyahu ein Schüler von Baba Sali ist.) Diese Besuche waren Pflichtprogramm. Und der am Grab König Davids ebenfalls, was mir natürlich immer am besten gefiel. Aber erst jetzt verstand ich, was meine Mutter dabei so bewegte: Die heiligen Bücher des Judentums offenbaren, dass die Gegenwart Gottes heute, nach der Zerstörung des Tempels, vor allem an Kivrei Zaddikim zu erleben ist, also bei den Grabmonumenten der Zaddikim.

Nachdem ich die Peinlichkeit der ganzen Situation ein wenig verdaut hatte, fragte ich: »Verloben? Jetzt sofort? Ich kenne die Frau seit gestern. Wie geht denn das, mit ihrem Vater und so? Und mit meinem Vater?« Der Rabbi wies mich mit erhobenem Zeigefinger darauf hin, dass wir eigentlich bereits gestern hätten heiraten müssen, und bot mir dann unglaublicherweise an, mich mit zu sich nach Hause zu nehmen und mich zu beraten, wie ich das alles machen solle.

Dabei trug Miriyams Bruder dem Rabbi noch seine Bedenken vor: »Verehrter Rabbi, der kann nicht lesen und schreiben, der hält sich nicht an die Gesetze, der weiß gar nichts.«

Darauf der Rabbi: »Er weiß alles.«

Mordechai Eliyahu hat etwas in mir gesehen – und mein Leben verändert. Ich habe mich ihm völlig anvertraut und alles so gemacht, wie er es mir geraten hat. Und ich habe gewonnen. Ich bin mit Miriyam verlobt! Sie hat Ja gesagt, ihr Vater hat Ja gesagt, und auch meine Eltern haben kein Veto eingelegt – vielleicht weil sie einfach zu überrumpelt waren. Aber sie kennen mich. Sie haben miterlebt, wie ich in den letzten Monaten zu Gott gefunden hatte. Und sie spürten wohl selbst am Telefon: Das hier meint unser David ernst.

Verliebt, verlobt ...

Nun bin ich also verlobt. Und wie geht es jetzt weiter? Heiraten, zusammenziehen, eine Familie gründen, »und zwar schnell«, wenn es nach Miriyams Rabbiner geht. Diese Erwartung schlägt mir auch von Miriyam entgegen. Ginge es nach ihr und ihrer Familie, würde ich gleich hierbleiben. Und wenn ich auf meinen Bauch höre ... der sagt dasselbe: David, mach aus deinem Besuch doch direkt die Übersiedlung! Hier wirst du dein Glück finden, einen Zipfel davon hältst du ja schon in der Hand.

Auch mein Gesundheitszustand spricht dafür, nicht wieder ins kalte, dunkle Deutschland und in mein altes Leben zurückzukehren. Als schwer beeinträchtigter, eigentlich nicht reisefähiger Mann kam ich hier an, aber es ging mir sofort besser. Meine Erklärung dafür: Glückshormone durchströmen mich. Das hat in erster Linie natürlich mit Miriyam zu tun, aber auch mit den heilenden Kräften, die dieses Land hat. Weil Gott seinen Blick nie von Israel wegnimmt. Das gilt nur hier. Und wer hier nur ein paar Schritte tut, ist wie ein neuer Mensch. Als seien ihm alle seine Sünden vergeben worden.

Ich spüre, dass ich auf der Suche nach Sinn und Spiritualität bin – und dass am Ende der Suche die Thora und das Heilige Land liegen. Der Geist des Judentums, unser Schöpfer ist hier in Israel ganz unmittelbar anwesend. Der Ort hat große Bedeutung für mich. Ich spüre: Ich brauche nicht nur die Thora, sondern auch das Land.

Ein ganz im Verborgenen glimmender Grund, aus dem ich am liebsten gar nicht wieder wegmöchte, ist die Angst vor mir selbst. Beziehungsweise vor der Kraft, mit der mein altes Leben mich erneut zu Boden ziehen könnte. Ich habe in Israel eine bessere Version meiner selbst kennengelernt. Aber was ist, wenn das alles nur ein Urlaubstraum war? Würde vielleicht alles, was ich in den letzten Tagen erlebt habe, wie eine Seifenblase zerplatzen, sobald ich im Flugzeug sitze? Warum also bleibe ich nicht gleich hier?

Dem stehen rationale Gründe entgegen. Obwohl ich neben der deutschen schon immer auch die israelische Staatsbürgerschaft habe, wollte ich bisher nie nach Israel übersiedeln. Die Sprache war eine zu große Barriere. Ich bin, wie gesagt, Hebräisch-Analphabet. Meine Eltern haben mir das hebräische Alphabet leider nicht beigebracht – verständlich nach dem Sprachenchaos, das bei der Einschulung in meinem Kopf herrschte.

Doch das stärkste Argument dafür, erst einmal nach Deutschland zurückzukehren, ist ein handfest materielles: Wovon sollte ich denn hier leben? Ich habe keine abgeschlossene Berufsausbildung und keine Kenntnis des israelischen Arbeitsmarktes, bin zudem noch rekonvaleszent und gehandicapt. Auch wenn ich mich besser fühle, leide ich weiterhin unter der Peroneuslähmung und brauche eine Krücke. Meine erste Priorität sollte also sein, die Behandlung in Deutschland fortzusetzen und gesund zu werden.

Und das Vernünftigste wäre, wenn meine künftige Frau mich dazu für anderthalb Jahre nach Deutschland begleiten würde. Mir fehlen nur noch drei Semester, dann wäre ich Hotelbetriebswirt und könnte in Israel sofort einen guten Job bekommen – erst recht, weil mein Vater gute Verbindungen zum israelischen Hotelbetrieb hat: das Hilton, das Sheraton ... Für die Fortsetzung meines Studiums an der privaten Fachschule spräche auch, dass ich nach dem Angriff auf mich auf Staatskosten fertig studieren könnte und dazu noch BAföG bekäme. Und nebenher würde ich Hebräisch schreiben und lesen lernen.

Wie sehr ich den Beruf des Hotelbetriebswirts will, zeigt sich daran, dass ich mich drei Jahre lang mit der Ausbildung zum Koch geplagt habe. Denn eine praktische Ausbildung – entweder als Koch oder im Restaurant oder zum Hotelkaufmann – war Voraussetzung für das Studium. Mit einem Satz: Es wäre dumm, die Zelte in Deutschland sofort abzubrechen.

Aber ich bin so glücklich hier in Israel.

Bis Ende Oktober 2005 blieb ich, dann flog ich wieder nach Deutschland. Dieser Flug fühlte sich an wie eine gewaltsame Verbannung. Ich musste mich beherrschen, um nicht die ganze Zeit zu heulen. Aber ich hatte bewusst entschieden, noch einmal voll in mein altes Leben zurückzukehren, um sicher zu wissen, was ich will.

Die Option, vorübergehend gemeinsam in Deutschland zu leben, war inzwischen vom Tisch. Miriyam hatte mir kategorisch erklärt, dass sie Israel nicht verlassen und vor allem nicht nach Deutschland gehen werde. Das lag nicht nur an der fremden Sprache, sondern auch an ihrer Angst um unsere Sicherheit. Und ich mit meinem kaputten Bein war sicher nicht das überzeugendste Argument für die Aussage, Juden hätten in Deutschland sechzig Jahre nach der Schoah nichts zu befürchten.

Dass ich Deutschland verlassen wollte, hatte tatsächlich auch mit der Sorge um meine Gesundheit zu tun. Ein Angriff dieser Art genügte mir vollkommen – gegen einen weiteren hätte ich mich weder durch Flucht noch durch Kampf schützen können. Aber dieses Gefühl »Ich muss hier weg« war grundsätzlicher. Ich wollte mein altes Leben und die Komfortzone auch räumlich hinter mir lassen. Dass ich damit meine Eltern verließ, schmerzte mich sehr. Am liebsten hätte ich sie mitgenommen, aber mein rasendes Tempo konnten sie nicht mitgehen.

Natürlich unterhielt ich mich ausführlich über meine Zukunft – mit meinen Eltern, mit Freunden und mit dem Regensburger Rabbiner. Ich stellte klar, dass ich lieber heute als morgen nach Israel ziehen würde. Meine Beteuerung, dass es mir in Israel gesundheitlich sofort besser gegangen war, ließ niemand gelten, weil es sich nicht rational erklären ließ. Allerdings bestätigte mich die Reaktion meiner Physiotherapeuten, die verblüfft waren angesichts der Verbesserung meines Zustands. Dennoch: Alle Ratgeber meinten, es wäre ein Riesenfehler, schwer verletzt und mit abgebrochenem Studium in ein Land umzuziehen, in dem ich keine Stellenanzeige lesen und kein Bewerbungsformular ausfüllen konnte.

Es gibt eine Geschichte über den Rabbi von Tschernobyl. Der bekam einmal eine große Spende – und kurz danach kam ein armer Mann zu ihm, der zufällig genau diese große Summe erbat. Er wollte für seine Tochter eine Traumhochzeit ausrichten. Der Rabbi sah sich in argen Gewissensnöten: Gebe ich ihm nichts? Gebe ich ihm ein wenig? Wie verteile ich den unverhofften Schatz gerecht? In seinem Inneren kämpften laute Stimmen dagegen, dem armen Mann aus purer Sympathie einen zu großzügigen Betrag zu geben. Aber da war auch eine ganz leise Stimme, die flüsterte: »Gib ihm alles.« Die lauten Stimmen hatten es leicht, sich in seinem Kopf breitzumachen, denn sie kamen ja von dort. Die leise Stimme hatte einen weiteren Weg: Sie kam aus dem Herzen.

Am Ende gab der Rabbi dem armen Mann die gesamte Spende. Als ihn jemand fragte, warum er so etwas Unvernünftiges getan habe, sagte er: »Hör immer darauf, wie laut die Stimmen sind. Und folge der leisen.«

Die inneren und äußeren Stimmen, die sagten, ich solle nach Deutschland zurückkehren und fertig studieren, waren sehr laut und dominant. Es waren die Vernunftstimmen. Die Stimme, die sagte: »Du gehörst nach Israel. Hier wirst du gesund und glücklich«, war leise. Sie kam aus dem Herzen.

Im Dezember 2005 bin ich nach Israel gezogen. Der Auswanderungsflug bescherte mir ein reines Glücksgefühl. Ich lachte die ganze Zeit und hätte am liebsten laut durch die Kabine gerufen: »I can fly!«

Und im Januar 2006 habe ich meine Miriyam geheiratet.

MEIN NEUER WEG

Der Sinn meines Lebens ist es, eine Beziehung mit dem Schöpfer zu haben. Das hatte ich während meiner langen Zeit im Krankenhaus und in der Reha verstanden. Aber wie funktioniert so eine Beziehung? Wie baut man sie auf? Und wie führt man sie? Wo würde die gemeinsame Wohnung von Gott und mir sein?

Meinen bisherigen Lebensplan hatte ich durch den Umzug über Bord geworfen. Eine Karriere als Hotelmanager, verbunden mit einem Lebensstandard, der mir ein schönes Haus, ein schnelles Auto und interessante Reisen ermöglicht hätte – all das war mir nicht mehr wichtig. Klar, ich wollte Kinder haben mit Miriyam, und diese Familie auch ernähren können. Aber vor allem suchte ich nach einer »Laufbahn«, die mich näher zu Gott brachte. Ich wollte mich meiner persönlichen Weiterentwicklung widmen. Körperlich, indem meine Genesung vorankam, und vor allem spirituell. Ich wollte mein Ich entdecken und zugleich die jüdische Religion – denn seit der Begegnung mit Miriyam kam ich mir, was das betraf, vor wie ein kleines Kind in einer Welt von Erwachsenen. Ich wusste nichts, aber mich interessierte alles: koscheres Leben, Gebete, meine jüdische Geschichte.

Ich hatte also meinen Sinn gefunden – jetzt brauchte ich noch das dazu passende Leben.

Hätte mein Freund Ruben – du lernst ihn bald kennen – mich damals schon gekannt, hätte er mir wohl mit leisem Spott das »Jerusalem-Syndrom« angedichtet. Dieses Phänomen gibt es wirklich. Es bezeichnet die Neurose von Leuten, die nach Jerusalem reisen und hier irgendwann dem Wahn verfallen, sie seien der Messias oder eine andere biblische Person. Es ist vergleichbar mit dem von manchen Hawaii-Reisenden geschilderten »Paradies-Syndrom« – dem High-Gefühl, im Paradies gelandet zu sein. Tatsächlich ist das »Paradies-Syndrom« eine psychosoziale Lifestylekrankheit, bei der im Betroffenen trotz vermeintlich perfekter äußerer Umstände keine Glücksgefühle mehr aufkommen. Das sind beides ernsthafte Störungen und kein Gegenstand für Scherze.

Wie dem auch sei: Spirituell fühlte ich mich im Paradies. Aber ich hatte noch nicht vom Baum der Erkenntnis genascht. Und da ich die Landessprache weder lesen noch schreiben konnte, waren meinem Lerneifer enge Grenzen gesetzt. Ich wusste ja nicht mal, wie herum man ein hebräisches Buch hält und öffnet, also war ein reines Selbststudium aller Motivation zum Trotz sinnlos. Andere Deutschsprachige, die einen ähnlichen Weg gingen und mit denen ich mich hätte zusammentun können, gab es nicht. Ohne bessere Hebräischkenntnisse würde ich also niemanden finden, von dem und mit dem ich lernen konnte.

Zu meinem Glück hatte ich einen von Gott gesandten Wegbegleiter: den Rabbiner Mordechai Eliyahu. Er vermittelte mir den Kontakt zu einer Art Privatlehrer, Rabbiner Avner Jossef. Der brachte mir nicht nur Hebräisch als Schriftsprache bei, sondern zugleich die elementaren Grundlagen der jüdischen Religion. Ich wusste ja damals nicht einmal die Dinge, die mein Sohn später schon mit drei Jahren tief verinnerlicht hatte. Das betraf insbesondere die Halacha, also die Ge- und Verbote, die Bräuche und Traditionen, die das gesamte Leben gläubiger Juden regeln.

Die Halacha beschränkt sich keineswegs auf die Zehn Gebote (nicht mal die hätte ich damals fehlerlos zusammenbekommen): Sie umfasst nicht weniger als 613 Gebote und Verbote (Tariag Mitzwot), wobei die 248 (Ramach) Gebote der Anzahl der Glieder (Evarim) des menschlichen Körpers und die 365 (Schesa) Verbote der Anzahl der Sehnen (Gidim) entsprechen. Am bekanntesten sind sicher die Regeln zum Schabbat und die Vorschriften für koscheres Essen, aber die Halacha geht weit darüber hinaus. Sie ist auch eine Art Zivil- und Strafrecht, sie regelt das Familienrecht, sie nennt Vorschriften für die Landwirtschaft, für religiöse Feste und für das Geschehen im Tempel. Doch in erster Linie ist die Halacha ein Kodex, der Juden auf eine ganz besondere und exklusive Art die Beziehung mit Gott ermöglicht, und zwar in jedem Moment, und sei er noch so alltäglich.

Ein simples Beispiel: Dass eine Mizwa vorschreibt, wie man sich die Schuhe anzuziehen und zu schnüren hat, dient dazu, sich auch bei dieser eigentlich banalen Tätigkeit mit Gott zu verbinden, indem man an Ihn denkt. Nach dem Kodex des jüdischen Gesetzes (dem Shulchan Aruch) wird der rechte Schuh zuerst angezogen und der linke Schuh zuerst gebunden. Der linke Schuh wird auch zuerst ausgezogen. Dieser Brauch gründet auf der Überzeugung, dass der rechte Fuß wichtiger ist als der linke. Der rechte Fuß soll nicht unbedeckt bleiben, während der linke bedeckt ist. Die Schuhe sollen von links gebunden werden, da der geknotete Tefillinriemen am linken Arm getragen wird. Da das Binden der Schuhe an das Binden der Tefillin erinnert, sollen diejenigen, die so wie ich Linkshänder sind und die Tefillin auf ihren rechten Arm legen, zuerst den rechten Schuh binden und nicht den linken, sodass auch hier das Binden der Schuhe mit dem Binden der Tefillin übereinstimmt.

Erwachsenenbildung

Natürlich studierte ich auch die Thora, also das, was viele als die »Fünf Bücher Mose« kennen. Ich durfte eine Welt neu entdecken. Wie es sich gehört: beim Urvater Abraham angefangen. Vorher hatte ich zwar einige Namen gekannt, aber nichts verstanden. Danach konnte ich voller Stolz sagen: »Ich bin der Sohn Abrahams!« Die Geschichte Abrahams, der auf Gottes Geheiß sein Haus, seine Heimat, sein Land verlassen musste, um zu sich und zu Gott zu finden, passte besonders gut zu meinem Weg als Einwanderer und »Rückkehrer«. So nennen wir die »Spätberufenen«, also die Menschen, die erst als Erwachsene zum Glauben gefunden haben. Und Rabbi Eliyahu hatte Rabbi Jossef gebeten, die Geschichte Abrahams mit mir besonders intensiv zu besprechen.

Mein Privatstudium dauerte zwei Jahre. Täglich (außer am Schabbat) war ich drei bis sechs Stunden lang mit meinem Lehrer zusammen. Anfangs war es exklusiver Einzelunterricht; nach ein paar Monaten kamen zwei weitere Schüler dazu. Unter ihnen war ein Israeli, der erst als Erwachsener zum Glauben gefunden hatte und nun, so wie ich, alles lernen musste wie ein Erstklässler. Er heißt übrigens auch David. Von da an kam ich mir nicht mehr ganz so blöd vor. Wir sind bis heute Freunde.

Ich weiß noch, wie verdattert ich war, als ich meine erste Autopanne in Jerusalem hatte – einen Platten auf einer Schnellstraße. Ich hatte keinen Ersatz dabei und wäre körperlich auch gar nicht in der Lage gewesen, ein Rad zu wechseln. In meiner Ratlosigkeit rief ich David an. Der ließ alles stehen und liegen, organisierte ein Ersatzrad und kam kurz darauf angefahren, um es an meinem Auto anzuschrauben. Ich kann mir nicht vorstellen, dass meine »Freunde« in Deutschland so etwas für mich getan hätten.

Unser besonderer Weg zum Glauben verbindet uns zwei Davids. Wir sind ihn nicht intuitiv gegangen, wie Kinder, sondern bewusster. Es war auch mühsamer, die Dinge im Erwachsenenalter zu lernen. Aber wir haben jede einzelne Stunde genossen, weil wir alles kennenlernen wollten, mit glühender Begeisterung. Wir fühlten uns privilegiert. Andererseits haben wir uns auch besonders reingehängt.

Wie sehr habe ich schon immer Menschen bewundert, die im Erwachsenenalter auf dem zweiten Bildungsweg nachholen, was sie als Jugendliche nicht zu Ende geführt haben, warum auch immer. Es kostet Energie und Überwindung, sich mit Mitte zwanzig oder älter nach einem anstrengenden Arbeitstag abends noch auf die Schulbank zu setzen und zu pauken, während die Altersgenossen den Feierabend und ihr Dasein genießen. Aber ich hatte bei solchen Menschen immer den Eindruck, dass sie ganz genau wussten, wofür sie das taten, und dass sie das »Lernendürfen« als absolutes Privileg empfanden. Deshalb ging es ihnen auch leichter von der Hand als bockigen, pubertierenden Jugendlichen, die Schule als lästige, von Eltern und Lehrern ersonnene Schikane empfinden.

Aber Privileg hin oder her: Es gab auch Momente des Zweifels, der Renitenz und des Trotzes. Schließlich hatte ich mich in eine Gedanken- und Gefühlswelt begeben, für die ich noch ein Jahr zuvor kaum mehr als Desinteresse übrig gehabt hätte. Praktisch alles war mir am Anfang neu und fremd und stellte den David, der ich bisher gewesen war, brutal infrage. Da kam ich schon manchmal ins Grübeln: Mache ich hier gerade einen Riesenfehler? Schließlich war ich nicht einfach in einen Topf mit Zaubertrank gefallen und fortan gegen alle Widrigkeiten gerüstet. Ich musste mich öffnen, musste um das Verständnis der vielen neuen Dinge ringen. Ich vergleiche meine Ausbildung mit dem Besteigen eines hohen Berges. Stundenlang geht es steil bergauf, es ist tierisch anstrengend, und du denkst immer wieder ans Aufgeben und Umkehren. Aber all diese Anstrengungen und Zweifel sind vergessen, wenn du oben stehst und die eindrucksvolle Aussicht genießt. Auf einem Berggipfel zu stehen, den man mühsam erklommen hat, ist ja oft auch eine spirituelle Erfahrung. Als ich die Schönheit der Thora zu verstehen begann und mich sicherer unter anderen gläubigen Juden bewegte, war das wie die süße Rast auf dem erklommenen Gipfel. Die jüdische Religion, die die reine

Liebe ist, machte und macht mich jeden Tag glücklich, und ich pflege stets den in den Psalmen König Davids verewigten Liebesbeweis in Richtung Himmel zu sagen: »Wie sehr liebe ich Deine Thora, den ganzen Tag spreche ich nur von ihr.«

Das Hebräisch-Studium war ganz schön mühsam. Egal ob Chinesisch, Russisch, Arabisch oder eben Hebräisch – beim Lernen einer fremden Sprache auch noch eine neue Schrift zu brauchen ist natürlich anspruchsvoller, als wenn man sich in der vertrauten Buchstabenwelt bewegen kann. Bis zu einem bestimmten Moment quälte ich mich damit echt ab, plötzlich aber flutschte es, als hätte ich nie etwas anderes getan als Hebräisch sprechen, lesen und schreiben. Es war unglaublich. Man nennt so etwas ein Wunder. Was es damit auf sich hat, erzähle ich aber erst im letzten Kapitel dieses Buchs.

Obwohl Rabbiner Eliyahu ein viel beschäftigter Mann war, empfing er mich während meiner Lehrzeit immer wieder bereitwillig und beantwortete meine Fragen. Er leitete auch Rabbi Jossef an und sagte ihm, was er mir beibringen solle. Und ich besuchte natürlich seine Vorträge, die er zweimal in der Woche hielt. Er war mein erster großer Lehrer und geistlicher Wegbegleiter. Leider zwang ihn ab 2008 eine Krankheit, im Krankenhaus zu liegen. Aber auch dort half er bis zu seinem Tod 2010 allen Menschen, die ihm ihre Fragen in Zettelform zukommen ließen – so wie ich beim Sonnenaufgangsgebet.

Während meines Jahres in der »Erwachsenenbildung« verstand ich mehr und mehr vom Wesen des Bundes zwischen dem jüdischen Volk und seinem Gott. Dabei trug ich das Zeichen dieses Bundes bereits, seit ich wenige Tage alt gewesen war: seit meiner Beschneidung. Gott sprach: »Dies ist Mein Bund, den du halten sollst, zwischen Mir und dir und deinen Nachkommen: Alles Männliche soll beschnitten werden.« Rebbe Nachman sagt: »Alle Juden heißen Zaddikim, da sie beschnitten sind.« Durch die Beschneidung entstehe eine so große Verbindung, dass sie einem Juden die Auszeichnung der Heiligkeit und den Titel eines Zaddik einbringe.

Heiligkeit? Rebbe Nachman erklärt, dass es drei Ebenen des Daseins gibt: Heiligkeit, Reinheit und Unreinheit. Wir leben in einer unreinen Welt, von allen möglichen Lüsten umgeben. Wir können ihnen entweder nachgeben und unrein werden, wie unsere Umgebung, oder wir können dem Geheiligten nachstreben. Aber es gibt auch einen Weg, der sehr nahe an der Heiligkeit verläuft und es dir dennoch erlaubt, dein Stück Kuchen zu bekommen und zu essen. Das ist die Ebene der Reinheit. Solange wir unsere Gelüste kontrollieren, erfüllen wir diesen Lehrsatz: »Heilige dich mit dem, was erlaubt ist.«

Dazu ein jüdischer Witz: Als die sieben Zwerge heimkehren, liegt Schneewittchen in einem tiefen, lang anhaltenden Schlaf. Sie machen sich Sorgen, und einer fragt: »Was ist ihr passiert?« Ein anderer antwortet: »Ich glaube, sie hat einen Apfel gegessen, ohne dafür den Segensspruch zu beten.«

Wo steckt da der Witz? Das hätte ich im Herbst 2005 bei meiner Israel-Reise auch nicht sagen können. Denn ich wusste nicht, dass gläubige Juden vor dem Genuss einer Speise und eines Getränks jeweils einen speziellen, genau dafür bestimmten Segensspruch sprechen. Beim allerersten Treffen mit Miriyam, dem legendären Schidduch am Jerusalemer Cats Square, wäre es mir beinahe so ergangen wie Schneewittchen. Wir saßen in einem Café. Ich bestellte einen Wodka Red Bull, und als der Kellner ihn mir servierte, wollte ich natürlich gleich einen Schluck trinken. Miriyam aber sagte lautstark: »Bete den Segensspruch!« Sie war völlig entgeistert, dass ich nicht daran gedacht hatte. Das war natürlich eine superpeinliche Situation für mich. Ich hatte nicht gewusst, dass man das tut – und noch dazu keine Ahnung, wie der Segensspruch für dieses Getränk lautete. Und so sagte sie ihn mir vor, und ich sprach ihn nach. Es war das erste Mal in meinem Leben, dass ich den Segensspruch für Getränke sprach. Und wisst ihr was? Danach nahm ich den besten Schluck meines Lebens. Kein Getränk hat mir je besser geschmeckt als bei diesem ersten Mal.

Unterdessen musste ich mich weiter um meine Gesundheit kümmern – und muss es bis heute, weil die Folgen des Angriffs mich mein Leben lang begleiten werden. Als ich nach Israel zog, hatte ich einen Arztbrief aus Deutschland in der Tasche, der besagte, dass ich mich wegen eines geschädigten Nervs noch einer Operation unterziehen müsse. Als ich dem Rabbi Eliyahu davon erzählte, sah er mich an und sagte seelenruhig: »Du wirst keine OP haben. Der Nerv wird von selbst wiederkommen.« Und er hatte recht.

Später geschah etwas Ähnliches. Mein israelischer Arzt stellte fest, dass die Knochen in meiner verletzten Schulter schlecht zusammengewachsen waren, und empfahl eine baldige Operation – sonst würden mir die Knochen dort regelrecht wegbröseln. Rabbi Eliyahu sagte erneut: »Du brauchst keine OP.« Sosehr mich das gefreut hätte, verließ ich mich doch nicht blind darauf. Ich konsultierte einen zweiten Arzt, eine Kapazität in Israel. Er sah das mit der Operation genau wie der erste Arzt. Als ich nun verzweifelt vor dem Rabbi saß, schmunzelte er und sagte: »Schick die Befunde an deinen Arzt in Deutschland – er wird dir bestätigen, dass du keine OP brauchst.« Das tat ich – und mein Retter, Dr. Schrott, bestätigte den Rabbi: Die Knochen seien zwar wirklich schlecht zusammengewachsen, aber zerbröseln werde da nichts. Er empfehle ausdrücklich, nicht zu operieren!

Meine Frau hatte ebenfalls ein »übersinnliches« Erlebnis mit Rabbiner Mordechai Eliyahu. Einmal saß sie beim Morgengebet in der Frauenabteilung der Synagoge (Esrat Naschim) und betete mit. Sie trug eine dringende Frage an den Rabbi im Herzen und hoffte sehr, ihn im Trubel nach dem Gebet sprechen zu können. Direkt nach dem Ende des Gebets kam auf einmal die Frau des Rabbiners auf sie zu und sagte: »Du wolltest doch den Rabbi um etwas bitten. Hier, schreib es auf, und er ruft dich an.« Meine Frau war völlig von den Socken. Sie hatte niemandem davon erzählt, dass sie etwas fragen wollte. Aber er hatte es gespürt. Oder gewusst.

Ich frage mich bis heute, woher der Rabbi all das wusste. Und verneige mich vor dem göttlichen Geist, der aus ihm sprach.

Armer Schlucker

Ich beginne wieder mit einem jüdischen Witz: Ein Bettler sieht einen Leidensgenossen auf der Straße stehen und mit beiden ausgestreckten Händen betteln. Er fragt ihn: »Was machst du denn da? Man bettelt doch nur mit einer Hand!« – »Sag mal, lebst du hinter dem Mond? Was muss man tun, wenn man merkt, dass ein Geschäft gut läuft? Ist doch klar: Man eröffnet eine Filiale.«

Wovon lebte ich damals? Als Sprach- und Halacha-Schüler hatte ich ja kein Einkommen. Zu meinem großen Glück unterrichtete mich Rabbiner Jossef ohne jegliche Gegenleistung – er sah diesen Dienst als große Mizwa an, also als Pflicht gegenüber Gott. Ich durfte erleben, dass das Versprechen König Davids sich erfüllte: Wer auf Hashem vertraut, wird mit Gnade und Liebe umgeben sein. Mein Job war es, Ihm zu dienen, und Er würde sich um mich kümmern, also auch für meinen Lebensunterhalt sorgen.

Unsere täglichen Ausgaben und die Miete für unsere kleine Wohnung bestritten Miriyam und ich zunächst aus den monatlichen Zahlungen meiner Unfallversicherung. Meine Mutter hatte nach meinem Autounfall die segensreiche Idee gehabt, so eine Versicherung für mich abzuschließen, damit ich eine materielle Mindestversorgung hätte, sollte mir so etwas noch mal passieren. Leider war sie beim Ausfüllen des Antrags zu optimistisch gewesen und hatte bei »Beruf« nicht »Student« eingetragen, sondern »Hotelbetriebswirt«. Aus mütterlichem Stolz halt. Und als die Versicherung herausbekam, dass ich das Studium gar nicht abgeschlossen hatte und nicht in diesem Beruf tätig war, nahm sie diese (für mein Schicksal völlig irrelevante) »Falschangabe« zum Anlass, die Zahlungen einzustellen.

Wäre es nur um wirtschaftliche Vernunft gegangen, hätte ich mir sofort einen Vollzeitjob suchen müssen. Vor allem weil wir ja Kinder wollten. Aber ich war auf einem anderen Pfad unterwegs. Um im vorhin benutzten Bild zu bleiben: Als ich den ersten Gipfel erklommen hatte, erblickte ich in der Ferne einen weiteren, noch höheren. Den »Mount Talmud«. Und dieser zog mich magisch an. Ich beschloss, auf eine Jeschiwa, eine Talmudschule, zu gehen. Ich wollte mehr wissen, wollte meinen Glauben und meine Religion besser verstehen. Hatte ich bisher die Gesetze selbst studiert, sollte es nun um deren Auslegung gehen. Darüber, was die Regeln zu den verschiedenen Lebensbereichen genau bedeuten und wie man sie auf Situationen anwenden soll, die nicht ausdrücklich geregelt sind, haben Gelehrte in der Geschichte des Judentums immer wieder diskutiert. Diese Diskussionen vollzieht man im Talmudstudium nach.

Vergleiche hinken immer, aber für die Leserinnen und Leser, die sich im Judentum nicht so gut auskennen, versuche ich trotzdem einmal mit einem Vergleich zu erklären, wie man sich meinen Ausbildungsgang vorstellen muss. Die erste Phase, das Hebräisch-Lernen und die Halacha-Unterweisung, waren so etwas wie ein nachgeholter Bar-Mizwa-Unterricht: Basiswissen für heranwachsende Gläubige. Die Talmudschule hingegen kann man mit einem Studium vergleichen. Hier geht es um das vertiefte Durchdringen und Erfühlen der religiösen

Schriften. Aber mit welchem Studiengang ließe sich das vergleichen? Nun, die jüdische Religion hat zwei wichtige Facetten. Zum einen gründet sie stark auf Gesetzen. Rabbiner waren und sind nicht zuletzt Rechtsgelehrte, die über Richtig und Falsch, über Erlaubt und Verboten urteilen. Insofern war es durchaus eine Art Jurastudium: Was besagen die Gesetze, wie sind sie gemeint, wie kann man sie auslegen, und auf welche Fälle lassen sie sich wie anwenden? Aber natürlich bedeutet jüdische Religion mehr als das Befolgen von Gesetzen – weil diese von Gott kommen. Ohne Glauben durchdringt man da gar nichts. Die Talmudschule war also zugleich mit einem Theologiestudium zu vergleichen. Allerdings nicht mit einer »historisch-kritischen« Methode, die die Bedingungen erforschen will, unter denen die Schriften und Gesetze von Menschen aufgeschrieben wurden. Ich studierte den Talmud mit der Gewissheit, dass es sich bei der Thora und dem Tanach um Gottes Wort handelt, das Er für mich aufgeschrieben hat, und dass es nun meine Aufgabe ist, mich in Seinen für mich niedergeschriebenen Worten wiederzufinden mit dem Willen, das Gelernte umzusetzen.

Wie die meisten wissen, gibt es im Judentum verschiedene Richtungen und Traditionen. Viele orientieren sich an chassidischen, also mittel- und osteuropäischen Strömungen früherer Jahrhunderte. Die Eltern meiner Frau waren zwar keine Chassiden, sondern fühlten sich bei Rabbi Eliyahu zu Hause, aber dass ich mich der chassidischen Tradition anschloss, war dennoch in gewisser Weise vorgegeben durch die Familie meiner Frau. Ihr Bruder, mein Schwager, hatte bereits an der Schule studiert, die ich nun ebenfalls besuchte: die Thora we Emuna. Sie stand unter der Leitung des Oberrabbiners Yissachar Dov Rokeach, fünfter Rebbe der chassidischen Dynastie von Belz. Man spricht im Judentum meist kurz von der »Belzer Richtung«. Einen der Rabbiner dort, David Jitzhak Stein, hatte ich schon bald nach meiner Übersiedlung kennengelernt. Es war also klar, dass ich mein Talmudstudium bei ihm aufnehmen würde.

Den Rabbiner Rokeach nannte man den Admor – das ist, wie Zaddik, ein Ehrentitel für leitende Rabbiner, denen die Gabe zugesprochen wird, Wunder zu vollbringen. Es war für mich immer eine unglaubliche Ehre, mit dem Belzer Ruv in der Großen Synagoge von Belz zu beten, eine der größten Synagogen in Israel und der ganzen Welt. Der Admor hat ein ganz besonderes Verhältnis zu Rückkehrern, so wie ich einer bin. Ich beriet mich damals sehr oft mit ihm und besuchte ihn auch mit meiner Frau, um seinen Segen zu erhalten.

Im Chassidismus gibt es verschiedene Richtungen oder Dynastien. Es sind Gemeinschaften, die – meist im 18. Jahrhundert – um einen chassidischen Rebbe in Städten mit diesen Namen entstanden sind, wie etwa Gur, Satmar, Bobov, Belz, Vishnitz und Breslev. All diese osteuropäischen Orte verbindet, dass das reiche jüdische Leben dort von den Deutschen zerstört und ausgerottet worden ist. Nur wenige haben diese Barbarei überlebt und die Dynastien dann in Israel oder in den USA fortgeführt oder neu gegründet.

Jede Dynastie hat ihre eigene Geschichte und ihre Bräuche. Alle teilen die Betonung der Frömmigkeit, die Bedeutung des Thorastudiums und den Wert, den sie auf das gemeinschaftliche Erleben spiritueller Momente legen. Oft ist die zentrale Autoritätsperson, der Rebbe, auch heute noch ein Nachkomme eines ursprünglichen Mitglieds dieser Gemeinschaft. Wenn ihr Rebbe stirbt, wählen chassidische Gruppen häufig seinen Sohn oder einen anderen nahen Verwandten zum Nachfolger. Eine Ausnahme sind die Breslever, denen ich mich (was noch zu berichten ist) später zuwandte. Die Thora hat bekanntlich siebzig Gesichter, was heißt, jeder findet darin seine Lieblingsfarbe.

Recht viele gläubige Juden besuchen eine Jeschiwa, aber mit unterschiedlicher Intensität. Die meisten tun es berufsbegleitend, als »Abendschule«. Aber ich wollte es intensiver. Und ich bekam schnell das Gefühl, noch einmal bei null anzufangen. Das Phänomen ist bekannt: Je mehr du weißt, desto klarer erkennst du, was du alles noch nicht weißt. Wer nie eine Bibliothek betreten hat, kann mit einem sehr begrenzten Wissensschatz durchs Leben gehen – zufrieden und ohne quälende Neugier. Aber wer einmal vom Nektar des Wissens gekostet hat, der entdeckt schnell, dass auf jedes gelesene Buch zehn oder hundert oder tausend ungelesene kommen, die allesamt rufen: »Komm hierher! Lies mich auch!«

So fühlte ich mich in der Talmudschule. Ich hatte die Gesetze kennengelernt – aber nun begann ich, geistig mit ihnen zu arbeiten. Wie studiert man den Talmud? Wie ist er strukturiert? Das Material zerfloss mir unter den Fingern und ließ sich manchmal kaum noch greifen. Bis ich es neu und auf meine Weise zu formen verstand. Die Jahre des Talmudstudiums waren eine ungeheuer intensive Zeit für mich. Ich spürte, wie meine Verbindung zu Gott immer stabiler wurde, weil immer mehr Brücken entstanden. In meinem Herzen war der Schöpfer schon immer mit Seiner Liebe zu Hause gewesen – selbst als ich es noch nicht wusste. Aber nun kam ihm auch mein Geist immer näher.

Damals lernte ich sehr viel Neues kennen. Unter anderem echte Armut. Meine Eltern wollte ich nicht um Geld anhauen, sie hatten bereits viel in mein Studium investiert und sollten nicht das Gefühl haben, dass sie da erneut welches in den Sand setzen würden.

Nebenberuflich konnte ich mein Talmudstudium nicht absolvieren. Zum Arbeiten hatte ich erstens gar keine Zeit; zweitens war ich nicht gesund, sondern weiterhin stark eingeschränkt; und drittens fehlte mir für eine Arbeit, die mich körperlich nicht zu sehr forderte, jegliche Qualifikation. Die Folge: buchstäblich keine Kohle. Wir lebten extrem bescheiden und von der Hand in den Mund. Die Folgen der Armut waren teilweise dramatisch. Einmal hatte ich extreme, kaum zu ertragende Fußschmerzen und wollte damit zum Orthopäden. Aber die Praxisgebühr betrug 12 Schekel, also etwa 3 Euro – und die hatte ich schlichtweg nicht. Ich flehte den arabischen Arzt an, mich auch ohne die Gebühr zu behandeln, aber er hat mich weggeschickt, ohne diese Zahlung hatte er keinen Zugriff auf meine Akte.

Als der Geburtstag meiner Frau näher rückte, wollte ich ihr unbedingt etwas kaufen. Ein Freund erzählte mir dazu die berühmte, traurige Geschichte des amerikanischen Schriftstellers O. Henry. Sie handelt von einem jungen, bettelarmen Paar, das sich unendlich liebt. Beide besitzen jeweils nur eine Kostbarkeit: die Frau prachtvolle lange Haare, der Mann eine Taschenuhr, die sein Vater ihm vermacht hat. Zu einem Fest betritt die Frau die ärmliche Einzimmerwohnung – und ihr Mann starrt sie entgeistert an. Sie hatte sich ihr Haar abschneiden lassen und es verkauft, um ihm eine Kette für seine kostbare Uhr zu kaufen. In derselben Zeit war der Mann losgegangen und hatte seine Uhr versetzt, um ihr einen Satz Kämme zur Pflege ihres kostbaren Haars zu kaufen. Aus Liebe waren beide bereit gewesen, ihr Teuerstes zu opfern. Und weil es aus Liebe geschah, waren die beiden Törichten die weisesten aller Schenkenden, so die Moral der Geschichte.

Eine solche Tragödie musste ich nicht erleben. Aber um meine Frau beschenken zu können, habe ich damals – was tut man nicht alles aus Liebe – das erste und einzige Mal in meinem Leben gebettelt. Ich stellte mich zu anderen Bettlern vor eine »Stiblach« (ein Wort aus dem Jiddischen, das auf das deutsche »Stube/Stübchen« zurückgeht), praktisch eine »Synagoge to go« für Leute, die unterwegs sind und spontan beten wollen. Gebete gibt es dort also nicht nur zu bestimmten Zeiten, sondern rund um die Uhr, weshalb immer Menschen dort sind, und deren Bereitschaft zur Barmherzigkeit ist durch das Gebet gerade besonders angeregt worden.

Wie viel ich damals erbettelt habe und was ich meiner Miriyam davon kaufte, weiß ich gar nicht mehr. Aber ich habe ganz sicher nur einen Arm ausgestreckt.

Tief geprägt haben mich besondere Erlebnisse, wenn ich für den Schabbat Lebensmittel einkaufen wollte, obwohl das Geld nicht reichte. Ich ging dennoch mit dem bisschen Geld, das ich hatte (und dankbar dafür, dass ich es hatte), in den Supermarkt oder auf den Markt, lief von Regal zu Regal oder von Stand zu Stand und überlegte fünfzig Mal hin und her, was drin war und was nicht – und betete, dass Hashem mir helfe. Schließlich wollte ich ja Seinen Schabbat ehren und auch Seine Tochter, also meine Frau.

Und dann passierten manchmal ganz verrückte Dinge. Einmal kam ein fremder Mann mit einem Umschlag auf mich zu, sagte »Schabbat Schalom« und verschwand wieder. Im Umschlag steckten 120 Schekel. Ein anderes Mal war ich bereits auf dem Heimweg, traurig darüber, wie wenig Lebensmittel ich zu Schabbat mit nach Hause brachte, als mir plötzlich jemand von hinten etwas in die Hand drückte. Ich drehte mich um und sah, wie der Mann schnell wegrannte, er wollte nicht erkannt werden. Erst dachte ich, dass da jemand Drogen oder so etwas hatte loswerden wollen. Dann schaute ich hin und war verblüfft – ich hielt ein paar Hundert Schekel in der Hand.

Durch solche Situationen habe ich erfahren dürfen, dass ich nie allein bin. Hashem sieht meine Not und erhört das Gebet der Armen, sogar speziell diese Gebete, wie König David in den Psalmen sagt. Zudem hat es mich gelehrt, dass Hashem uns Menschen für das Gute einsetzen will. Da wir mit unserem Verstand und unserem Gewissen zwischen Gut und Böse unterscheiden können, sind wir auch gefordert, uns dieser Gaben im Dienst der guten Tat zu bedienen.

Oft haben Menschen das Gefühl, Gott wende seinen Blick

ab vom Leid und der Not der Menschen, aber das tut Er keineswegs! Er schickt dich und mich und auch die beiden Menschen, die mir zu Hilfe kamen. Gott hat sie zu mir geschickt, und Er schickt mich zu anderen, denen ich eine Hilfe sein kann.

Die Geschichte vom Weisen Hillel, die wir im Talmud nachlesen können, hat mich motiviert, diese Phase der Armut durchzuhalten. Rabban Gamaliel wollte damals sicherstellen, dass die Leute, die zum Thorastudium kamen, dies aus den richtigen Gründen taten. Um zu überprüfen, dass der Antrieb der Kandidaten echt und stark war, verlangten die Leiter Shemaya und Avtalyon Geld für das Betreten ihrer Jeschiwa. Hillel jedoch war vollständig verarmt. Er hatte dieses Geld nicht, wollte dennoch unbedingt studieren. Und so stieg er eines kalten Wintertages auf das Dach und vertiefte sich so in seine Studien, dass er nicht merkte, wie er mehr und mehr gefror und schließlich in der eisigen Nacht erstarrte. Als die Schüler am nächsten Morgen den Studiensaal betraten, war es auffallend dunkel. Sie schauten nach oben und sahen den Körper von Hillel, der steif gefroren auf dem Oberlicht lag. Eiligst brachten sie ihn herunter und tauten ihn auf.

Im Talmud steht: »Hillel verpflichtet die Armen.« Wenn einer im Leben nicht das erreicht hat, was er erreichen sollte, und dies damit begründet, dass er kein Geld hatte, sagt Hillels Beispiel: Das ist nur eine Ausrede, auch in Armut kannst du noch der Größte der Großen werden. War Hillels Armut somit eine Strafe, oder war sie seine Chance, über sich selbst und seine Möglichkeiten hinauszuwachsen? Der Talmud jedenfalls erklärt diese Chance als den Grund seines Daseins.

Ich wollte damals auch gern so ein Hillel auf dem Dach sein …

Nach drei Jahren wechselte ich an eine andere, ebenfalls chassidische Talmudschule, die Chut shel chessed. Mein Lehrer wurde Rabbiner Shalom Arush, einer der weltweit führenden Geistlichen der Breslev-Dynastie, die auf den Lehren des Rabbi Nachman gründet. Hier sollte ich endgültig meine geistige und geistliche Heimat finden.

Zugehörigkeit

Mir ist bewusst, dass die Lebensweise und die Ansichten der (ultra)orthodoxen Juden vielen Menschen fremd sind. In der medialen Öffentlichkeit kursiert ein Bild von ihnen, das von komischer Kleidung, archaischen Ritualen und rigoroser Strenge geprägt ist. Wie kann man denn so leben wollen? Wenn du dieses Buch gelesen hast, wirst du das vielleicht ein Stück weit besser verstehen.

Die Bezeichnungen »liberal«, »orthodox« und »ultraorthodox« verwenden wir in Israel auch. Jedes Land und jede Sitte hat ihre »Schubladenbegriffe«. Ich mag das Denken in Schubladen nicht, aber ich sehe, dass vermeintlich klar voneinander abgrenzbare Kategorien dabei helfen können, sich selbst darüber klar zu werden, welcher Gruppe man sich zugehörig fühlt. Wobei natürlich jeder Mensch mehreren Gruppen angehört und dauernd versucht, diese Zugehörigkeiten miteinander ins Gleichgewicht zu bringen. Ich zum Beispiel gehöre der Gruppe »Väter« an, der Gruppe »Autofahrer«, der Gruppe »israelische Patrioten« und manches mehr.

Und religiös gesehen gehöre ich zur Gruppe der Haredim. Das sind wörtlich übersetzt die »Erzitternden«, also die »Ängstlichen« oder »Fürchtigen«. Sie sind gemeint, wenn von »Ultraorthodoxen« die Rede ist. Wir Haredim wollen um jeden Preis vermeiden, gegen Gottes Gebote zu verstoßen und so eine Sünde zu begehen. Ich halte uns nicht direkt für »ängstlich« oder »furchtsam«, wohl aber sind wir »ehrfürchtig«: Wir wollen Gott ehren, indem wir Seine Ge- und Verbote achten und die Strafe für deren Übertretung fürchten. So sind wir sicher vor jeder anderen Furcht. Im schönen alten Wort »gottesfürchtig« steckt derselbe Gedanke: Wer Gott respektiert, muss vor nichts Angst haben im Leben.

Man kann die Beziehung zu Gott verschieden beschreiben: Wir können an Ihn glauben, Ihn lieben, Ihm dienen. Es gibt die Arbeit, Gott als Sohn zu dienen, aber es gibt auch die Arbeit, Gott als Knecht zu dienen. Und manchmal sagt man eben auch, dass man Gott »fürchtet«.

Eine für mich sensationelle Einsicht des Baal HaTanja ist, dass das Hebräische Wort für Liebe – *ahava* – dem Wort *ava* = Sehnsucht entspringt, also dem starken Willen, mit jemandem zusammen zu sein. Jemanden zu lieben bedeutet also, mit ihm zusammen sein zu wollen. Wir müssen mit Gott zusammen sein wollen. Die Weisen sprechen von drei Stufen der Gottesfurcht:

- *Irat haOnesch* bedeutet, Angst vor der Strafe zu haben. Das wäre die »kindlichste« Variante.
- *Irat haChet* bedeutet Angst vor der Sünde. Der reifere Mensch versteht, dass es die Sünde selbst ist, die ihm nicht guttut, ihm schadet. Und nicht die Strafe für die Sünde.
- *Irat haRomemut* schließlich ist die hocherhabene Gottesehrfurcht: Man hat Angst, von Gott abgetrennt zu sein, indem man sich durch eine Sünde »ausgeloggt« hat.

Für die Haredim, zu denen sich etwa acht Prozent der in Israel lebenden Juden zählen, bestimmt das Judentum jeden Aspekt des Lebens. Bei großen Lebensentscheidungen wie der Wahl des Ehepartners, der Ausbildung, des Berufs und des Wohnortes suchen und befolgen sie den Rat ihres Rabbis. Religiöse Studien stehen bei ihnen höher im Ansehen als eine Karriere mit Macht und hohem Einkommen. Viele Haredim leben in größtmöglichem Abstand zur säkularen Welt: Sie schauen grundsätzlich kein Fernsehen, nutzen das Internet nicht oder, wenn doch, dann nur im Koscherangebot, also mit einem erweiterten Inhaltsfilter, und Mobiltelefone dienen nur zum Kontakt untereinander. Ihre Partner suchen sie fast immer in der eigenen Gemeinschaft. Sie haben ihre eigenen Synagogen und Jeschiwas und kleiden sich traditionell. Bekannt ist ihr erfolgreicher politischer Einsatz zur Einhaltung der Schabbatruhe für alle Israelis.

Auch die Dati'im sind mehr oder weniger strenggläubig und befolgen die Regeln aus echter, religiös begründeter Überzeugung. Aber sie stehen dem Gedanken einer Integration in die moderne, säkulare Gesellschaft offener gegenüber und bejahen den jüdischen Staat in allen Aspekten wie etwa der Wehrpflicht. Zu den Dati'im rechnen sich etwa zehn Prozent der Juden in Israel.

Die meisten gläubigen Israelis, ein knappes Drittel unserer jüdischen Bevölkerung, ordnen sich selbst den Masortiim zu, den »Traditionsgebundenen«. Sie befolgen religiöse Regeln wie das koschere Essen und die Arbeitsruhe am Schabbat, und sie begehen die jüdischen Feiertage. Aber sie tun das vor allem aus Tradition – weil man es eben so macht. Ihre innere, spirituelle Verbindung zur Religion ist dagegen eher schwach ausgeprägt. Die Masortiim verstehen sich auch nicht als abgeschlossene Gruppe – ihre Freunde und auch ihre Partner können durchaus anderen Bevölkerungsgruppen entstammen als der eigenen.

Etwa die Hälfte der israelischen Juden sind Säkulare (Hilonim), also nicht oder nur schwach religiös. Viele von ihnen sehen sich in erster Linie als Israelis und erst in zweiter Linie als Juden. Man spricht im Spaß auch von »Drei-Tage-Juden«, da sie nur an den hohen Feiertagen in die Synagoge kommen, auch eher aus kultureller Gewohnheit. Interessanterweise bleiben sie ebenso wie die Orthodoxen gerne unter sich, was

Freunde und Partner betrifft, haben also eher wenig Kontakt zu religiösen Juden.

So weit die in Israel gebräuchliche Kategorisierung. Wie gesagt: Ich mag das Schubladendenken nicht. Ich denke lieber an die Esterrolle, die zum Purimfest gelesen wird. In dieser Geschichte wird die Erlösung des ganzen jüdischen Volkes vor der Vernichtung durch den Perser Haman gefeiert. Und der Held Mordechai wird dort nicht als »Mordechai HaCharedi« bezeichnet (Mordechai der Strenggläubige), sondern als »Mordechai HaJehudi« (Mordechai der Jude). Schon weil es die heutige Differenzierung damals noch nicht gab. Aber mir gibt »Mordechai HaJehudi« bis heute ein stärkeres Gemeinschaftsgefühl, als »Mordechai HaCharedi« es je könnte. Ich bin dafür, dass wir Juden und wir Israelis uns vor allem auf unsere Gemeinsamkeiten besinnen und nicht so sehr das betonen, was uns trennt. Ganz allgemein liegt der Fokus viel zu oft auf den Dingen, die uns unterscheiden. Es würde so viel mehr Liebe, Vertrauen, so viel mehr Toleranz und Respekt zwischen uns Menschen geben, wenn wir zu sehen begännen, was uns alle miteinander verbindet.

RABBINER? ICH?!

Auch während meines Talmudstudiums gab es Momente, in denen ich aufhören wollte. Der Aufstieg, den ich mir vorgenommen hatte, war steil und lang, manchmal erschien er mir endlos. Und unser Leben in bescheidenen Verhältnissen forderte mir und Miriyam viel ab. Aber am Ende siegte das Gefühl: Ich will bis auf den Gipfel!

Damals las ich immer mehr über den Rabbi Nachman – und lernte Shalom Arush kennen. Eines Tages stand für mich fest: Ich wollte der Breslev-Gemeinschaft angehören, ein Rabbi-Nachman-Anhänger werden. Wichtig dabei: Mein Wechsel zu den Breslevern bedeutete keinen Bruch mit den Belzern. Bis heute berate ich mich gerne mit Rabbi Stein und dem Admor. Ich fühle mich den Belzern weiterhin sehr verbunden und bereise auch öfters die Stadt Belz in der heutigen Ukraine, wo der Begründer der Belz-Dynastie begraben liegt, der große Zaddik Sar Shalom von Belz. Viele Belzer schauen mich mit leuchtenden Augen an, wenn ich erzähle, dass ich nach Belz fahre, um dort zu beten. Und oft geben sie mir dann einen Kvitel mit.

Kvitel? Viele kennen das Phänomen, dass Menschen an der Kotel, der Klagemauer, stehen, also an der westlichen Mauer des zerstörten Tempels in Jerusalem, und dort nicht nur beten, sondern auch einen kleinen Zettel zwischen die uralten Steine schieben. Die Zettel nennt man Kvitelach. Diese Tradition gründet in einer vom chassidischen Judentum entwickelten Praxis, dem Rebbe einen Kvitel mit einem Bittgebet zu geben, um auch dessen Segen zu erhalten. Der Wunsch kann sich auf Allgemeines beziehen wie etwa bleibende Gesundheit, ausreichend Lebensunterhalt oder Erfolg, aber auch eine spezifische Bitte sein wie die Genesung von einer Krankheit, die Erfüllung eines Kinderwunschs oder eine geglückte Ehevermittlung. Gläubige und Rebbes nehmen die Kvitelach sehr ernst. Häufig legen Gläubige ihre Kvitelach auch auf die Gräber von Rebbes und Zaddikim, weil sie hoffen, dass die Seele des Verstorbenen im Himmel für sie eintritt. Den Kvitel-Brauch an der Klagemauer haben mittlerweile auch nicht-jüdische Besucher Jerusalems übernommen. Jedes Jahr werden über eine Million Gebetszettel dort platziert und regelmäßig an einem dafür bestimmten Ort auf dem Jerusalemer Hauptfriedhof vergraben.

Für gläubige Juden ist die Kotel ein sehr starker Beweis dafür, dass es Gott gibt. Denn diese Mauer hat es in sich. Sie ist heute der heiligste Ort für Juden nach dem Tempelberg, den man nicht betreten darf, weil dort ja der Tempel stand. Was also hat diese Mauer gehalten, nachdem alle anderen Mauern des Tempels zerstört wurden? König Salomon sagte: »WeHu Omed acharey kotleynu« – Er steht hinter der Mauer. Der Schöpfer steht hinter der Mauer und stützt sie, weshalb niemand sie jemals einreißen kann. Nebukadnezar , der babylonische König, hat es versucht, und sie blieb stehen. Dasselbe geschah den Römern, und ebenso Kalif Omar, der jedes jüdische Symbol am Tempelberg vernichtete. Aber diese eine Mauer ließ er stehen. Warum wohl? Weil sie eben nicht zu zerstören ist. Die heiligen Bücher erzählen, dass König David Gott einst um die Erlaubnis bat, den Tempel zu bauen. Gott aber schlug ihm die Bitte ab; David habe durch die vielen Kriege Blut an den Händen – so ein Mann dürfe den Tempel nicht erbauen. David war erstaunt, schließlich war er doch nur in diese Kriege gezogen, weil der Schöpfer es ihm so aufgetragen hatte. Und nun wurde ihm dieser Gehorsam zum Verhängnis? Gott gab ihm recht, dass dies nicht ganz fair sei, nannte aber noch einen anderen Grund: Wenn David den Tempel erbaue, könne selbst Gott ihn nicht zerstören, weil alles, was König David mache, für die Ewigkeit geschaffen sei. Tatsächlich hat David dann die Kotel erbaut – und sie steht für die Ewigkeit.

Und mögen unsere Augen schon sehr bald sehen, wie Hashem in Barmherzigkeit nach Zion zurückkehrt!

Apropos Tempel: Mir wird vorgeworfen, dass ich mich, indem ich mir das Entstehen des dritten Tempels in Jerusalem wünsche und dafür bete, für die Zerstörung der dort auf dem Tempelberg befindlichen Moschee einsetze. Das ist natürlich völliger Quatsch. Was tatsächlich passiert, wenn der Schöpfer Seinen Tempel der Welt offenbaren wird, weiß ich nicht; was ich aber weiß, ist, dass der Tempel »ein Gebetshaus für alle Völker« sein wird, so offenbart es uns ja der Prophet Jesaja. Dieser Gedanke eines Ortes, von dem Liebe ausstrahlt und nicht Hass und Gewalt, wo alle Völker und Nationen dasselbe Tor in den Himmel haben, diese Harmonie des Miteinanders ist jede Sehnsucht wert.

Rabbiner Shalom Arush eröffnete mir neue Möglichkeiten. Als wir uns begegnet waren, nahm ein Gedanke Gestalt an, der schon länger in ihm geschlummert hatte: Er wollte seine Lehre auch deutschsprachigen Lesern zugänglich machen, damit diese die Breslev-Gemeinschaft und die Weisheit des Rabbi Nachman besser kennenlernen konnten. Und so wurde ich zu »seinem Mund auf Deutsch«, wie er liebevoll zu sagen pflegt. Seine Idee war ein genialer didaktischer Kniff, um mich als seinen Schüler voranzubringen. Wer schon einmal einen komplizierten Sachverhalt zu vermitteln hatte, wird meine Beobachtung bestätigen: Ob man etwas wirklich verstanden und durchdrungen hat, merkt man, wenn man es anderen nahebringen will.

Shalom Arush ist ein großer Rabbi – nur die angesehensten haben eine eigene Talmudschule –, dabei aber sehr locker und zugänglich. Er öffnete mir die Augen für die Schönheit des Denkens von Rabbi Nachman. Dessen universelle Lehre berührt das Herz bis auf den Grund. Die Botschaft von Rabbi Nachman ist die der Liebe, der Freude und der Hoffnung, kurz: des Glücks. Was den Menschen im Leben fest verankert, sind der Glaube, die Freude durch Gesang und Tanz sowie Unterhaltungen mit dem Rebbe und der unmittelbare Kontakt mit dem Schöpfer. Den letzten Punkt finde ich besonders wichtig. Judentum ist »not a religion, but a relationship«: wenn ein Mensch in lebendige Beziehung mit seinem Schöpfer tritt.

Die Betonung der Freude und die euphorische Liebe zur Welt und den Menschen, aber auch der Rückzug in die Natur zum Dialog mit Gott kamen meinem Wesen sehr entgegen. Und ebenso die Überzeugung, dass Offenheit und Unvoreingenommenheit erst die Voraussetzungen dafür schaffen, dass wir Gottes Wirksamkeit ganz und gar erfahren. Im unbefangenen Zugehen auf alles, was mir im Leben begegnet, erkenne ich täglich die Vielfalt Gottes und Seiner Schöpfung. Göttlichkeit ist überall, selbst im Bösen. Und deshalb kann auch ein Mensch, der im Bösen versinkt, durch Reue zum Schöpfer zurückfinden. Einen Satz von Rabbi Nachman liebe ich besonders: »Wer heute kein perfektes Leben führt, dem gelingt es vielleicht morgen.«

Rabbi Nachman zeigt uns, dass wir an die liebevolle Güte glauben und nach ihr streben sollen. Und er motiviert uns, zu glauben, dass diese Welt voller kleiner und großer Wunder steckt, die jederzeit und für jeden von uns wahr werden können. Er lehrt uns, dass wir uns völlig verändern und wirklich neue Wesen werden können, wenn wir danach streben. Jeder Mensch kann zum »Experten seiner selbst« werden. Dieses Vertrauen in die individuelle Kraft, die zusammen mit der Liebe Gottes und dem Glauben Berge versetzen kann, hat mich von Anfang an begeistert. Die chassidische Bewegung verwandelte das Judentum in ein kontinuierliches Abenteuer und gab jedem Juden eine Leiter, mit der er sich über sich selbst erheben konnte.

Der chassidische Zaddik Rabbi Simcha Bunem von Przysucha pflegte seinen Schülern zu sagen: »Ein Mensch sollte immer zwei Zettel bei sich tragen. Auf einem Zettel muss stehen: Für *mich* wurde die Welt geschaffen.« (Dabei bezieht er sich auf eine Stelle aus dem Talmud.) »Und auf dem anderen

Zettel muss stehen: Ich bin Staub und Asche (ein sterblicher Mensch).« Die spektakuläre Aussage im Talmud, wonach jeder davon ausgehen soll, die Welt sei nur für ihn erschaffen worden, funktioniert aber nur, wenn man auch Teil 2 mitdenkt: dass jeder Verantwortung hat für diese Welt und in jedem Moment versuchen muss, sie zu reparieren. Sonst hätte man es gründlich missverstanden.

Mich fasziniert, wie sehr Rabbi Nachman uns Gläubigen »riskantes Denken« zutraut und zumutet. Die Frage nach den letzten Dingen ist ein wichtiges Element – obwohl sie den Menschen tief in die Fänge des Zweifels führen kann. Aber der letzte Zweck seines Falls liegt in seinem Aufstieg: »Und das Sinken geschieht um des Steigens willen«, sagt der Rebbe. Mein Kollege Ruben würde sagen: »Sieh an! Dialektisches Denken!« Meinen Kindern würde ich es eher so erklären: Wenn du im Swimmingpool unter Wasser treibst und plötzlich merkst, dass die Luft knapp wird, was machst du da? Du lässt dich weiter hinuntersinken, damit du dich vom Boden abstoßen kannst. So kommst du am schnellsten wieder nach oben ans Licht und an die Luft.

Klingt gut für mich

Rabbi Nathan aus Breslev, ein Schüler Rabbi Nachmans, hat einmal kurz und knapp verkündet, dass vollkommener Glaube den Glauben an vier Dinge umfasst:

1. daran, dass alles von Gott erschaffen ist, und zwar zum Guten,
2. an die Gebote und Verbote der Thora,
3. an die Zaddikim, die Gerechten Israels,
4. an sich selbst.

Punkt 4 ist für mich revolutionär. Viele Religionen, und auch viele andere Richtungen, wollen keine selbstbewussten Gläubigen, sondern Lämmer, die ihren Hirten folgen. Aber für Rabbi Nachman war Religion keine hierarchische Veranstaltung, sie soll vielmehr das Ich stärken. Er war davon überzeugt, dass jeder Mensch eine reine Seele hat und dass diese ein echtes Unikat ist: einzigartig und unendlich. Man muss nur an sich selbst und die Kraft seiner Seele glauben, um ein Zaddik werden zu können – selbst als größter Sünder. Was du wirklich glaubst, das bist du, zumindest in dem Moment. Wobei ständige Selbstkritik bei Rabbi Nachman immer dazugehört.

Das war meine Stimmung, meine innere Haltung zu mir selbst, als ich mal gefragt wurde: »Rabbiner David Kraus – wie klingt das für dich?«

Man könnte meinen, dass ich den Gedanken erschrocken abgewehrt hätte und etwas gestammelt hätte von wegen »Das kann ich doch gar nicht«, »Ich bin nicht würdig« und so weiter. Aber zu meiner eigenen Überraschung dachte ich einfach nur: »Gut klingt das für mich.« Ich hatte mittlerweile eine Vorstellung davon, was es bedeutet, Rabbiner zu sein. Und ich hatte schon lange gewusst, dass ich Leute erreichen, motivieren und überzeugen kann. Ich konnte Menschen eine Hilfe sein – selbst als ich noch nicht so schicke Löckchen hatte wie heute. Ich war immer ein fröhlicher, positiver Mensch – aber mir hatte lange der Werkzeugkoffer gefehlt, um mit diesen Eigenschaften überlegt Gutes zu tun. Dabei hatte ich schon selbst darüber nachgedacht, dass ich nach der Talmudschule weitergehen wollte auf meinem spirituellen Weg – auf die Suche nach dem nächsten Gipfel.

Als Schüler Rabbi Nachmans hatte ich keine übertriebene Ehrfurcht vor dem Titel. Denn was heißt schon Rabbi? Ich war David Kraus. Ich wusste nicht viel, aber das, was ich wusste, wollte ich mit Menschen teilen. Ich hatte ohnehin schon damit begonnen, selbst Vorträge zu halten und mein Wissen weiterzugeben. Und wenn ich dadurch jemandem helfen konnte, hätte ich schon gewonnen.

Wie wird man überhaupt Rabbiner, so rein formal? Es geht dabei um eine spirituelle und eine fachliche Qualifikation. Ein Rabbiner ist sowohl Seelsorger als auch Rechtsgelehrter. Die Befähigung zum Seelsorger kann der Mentor beurteilen. Für die Kenntnis der jüdischen Gesetze legt man eine Prüfung ab und wird dann vom Rabbinatsgericht, der Beth Din, ernannt. Ich erhielt meine Rabbinerordination in Jerusalem.

Die meisten Rabbiner haben eine Gemeinde und leiten in einer bestimmten Synagoge zum Gebet an. Das ist kein Muss – man kann auch ohne Gemeinde Rabbiner sein. Bei mir ist das der Fall, damit bin ich allerdings eher eine Ausnahme. Aber wer weiß, vielleicht habe ich ja auch einmal die Ehre, eine Gemeinde führen zu dürfen auf dem Weg in den Himmel und auch wieder zurück, um den entdeckten Himmel auf die Erde zu holen.

Und was muss ein Rabbiner so »draufhaben«? Für uns gilt das Gebot der Gottesliebe: Er soll Seine Gebote mit Herz und Lust und Freude erfüllen. Und bei den Menschen für Gott und die Werte der Thora werben durch sein zwischenmenschliches Verhalten und anständiges Wesen. Liebevoll sein, aufmerksam sein, herzlich sein: Darum geht es. Ich soll nicht »ein Rabbi« sein und die Würde dieses Titels auskosten, sondern: ein guter Mensch sein. Für mich heißt die Aufgabe: mit Menschen arbeiten, sie begeistern und ihnen helfen. Ihnen zeigen, dass sich Spiritualität, Optimismus und Lebensfreude am besten dazu eignen, sein Leben auf gute Art zu bewältigen und Erfolg und Glück im Eheleben, in der Kindererziehung und im Job zu haben.

Natürlich hatte ich Vorbilder, an denen ich mich orientieren konnte. Eines war selbstverständlich der Rabbiner Mordechai Eliyahu. Zu seiner Zeit am Rabbinatsgericht hieß er frühmorgens, vor der Arbeit im Gericht, bei sich daheim Menschen willkommen, die seinen Rat suchten. Einmal kam eine Frau mit einer Katze im Arm, aber es war eigentlich zu spät, der Rabbi saß schon am Frühstückstisch, um schnell etwas zu essen, bevor er losmusste. Sein persönlicher Assistent versuchte die Frau abzuwimmeln, sie solle morgen wiederkommen. Aber sie rief mit verzweifelter Stimme, es gehe um Leben und Tod, sie könne nicht warten und müsse sofort mit dem Rabbi reden. Und so ließ er sich erweichen, verzichtete auf sein Frühstück und hörte sie an. Am Ende stellte sich heraus, dass es keineswegs um Leben und Tod ging. Die Katze der Frau hatte einfach seit ein paar Tagen nicht genug gefressen, und das machte ihr Sorgen. Der persönliche Assistent war nach der Konsultation entsetzt: »Was denkt sich diese Frau bloß? Wegen ihrer Katze gehst du jetzt ohne Frühstück los und kommst zu spät ins Gericht!« Aber der Rabbi sagte nur: »Die Katze ist für diese Frau die ganze Welt. Wenn es dem Tier nicht gut geht, geht es auch der Frau nicht gut.« Und fügte hinzu: »Ich habe ihr ein paar Tipps gegeben und ihr gesagt, wenn das nicht hilft, soll sie mich in ein paar Tagen erneut aufsuchen. Denk daran: Wir sind auf der Welt, um anderen zu helfen. Um das Leid anderer zu lindern.«

Warum ich diese Geschichte erzähle? Nun, viele Jahre später hielt ich einen Vortrag – und danach stand eine Frau vor mir, die eine Katze dabeihatte. Ich musste dringend weiter, zum nächsten Vortrag, und mein Fahrer sagte gerade zu der Frau, sie könne mich anrufen, aber jetzt müssten wir leider sofort los. Da erinnerte ich mich an die Geschichte des Rabbiners Eliyahu. Ich konnte dieser Frau, für die die Katze ihr Leben war, ein Licht sein. Und so hörte ich sie an, gab ihr meinen Rat und kam zu spät zu meinem Vortrag. Das Publikum war schon etwas ungehalten, als ich außer Atem ans Pult trat. Aber dann begann ich mit einem Dank: »Ihr alle habt heute einer Frau sehr geholfen.« Ich erzählte, was passiert war, und sagte, ich sei überzeugt, dass mein Rat und mein Segen für die Frau und ihre Katze heute noch stärker wirken würden als sonst, weil alle, die hier vor mir saßen, durch ihr Warten auf mich mitgeholfen hätten.

Sehr stark geprägt hat mich auch der Rabbiner Ovadia Yosef. In jeder Generation gibt es Gdoley Hador, die ganz Großen. Rabbi Ovadia Yosef war so ein Gigant. Er war nie mein persönlicher Lehrer, aber ich fühlte mich immer sehr zu ihm hingezogen, studierte alle seine Bücher über die Halacha und besuchte seine Vorträge. Und so war er auch »mein« Rabbiner.

Ein anderer Gigant, ein Gdol Hador, ist Rabbiner Chaim Kanievsky, eine der führenden Autoritäten in der jüdischen Gesellschaft. Ich durfte ihm begegnen, als ich ihn zusammen mit meinem Schwager Itzik besuchte. Itzik ist Polizist, und er war zugegen, als erstmals eine Synagoge in Jerusalem Ziel eines tödlichen Anschlags wurde. Die Juden waren gerade beim Morgengebet in der Kehilat-Bnai-Thora-Synagoge, als zwei schwer bewaffnete Attentäter in das Gotteshaus in Har Nof am Westrand Jerusalems eindrangen. Die beiden Palästinenser griffen die Gläubigen mit Messern und Äxten an. Vier jüdische Männer starben, acht weitere wurden verletzt. Mein Schwager war einer der mutigen Polizisten, die noch Schlimmeres verhinderten, er wurde bei dem Einsatz schwer verletzt. Als es ihm wieder besser ging, nach den OPs, gingen wir zu Reb Chaim und erhielten seinen Segen (was ein sehr beeindruckendes Erlebnis war).

Ich habe keine Scheu, Alltagsthemen zu wählen, wenn ich mit Menschen über den Glauben ins Gespräch kommen will. So gibt es nicht wenige Menschen, für die Fußball etwas sehr, sehr Wichtiges ist. Eine Leidenschaft, für manche fast sogar ein Religionsersatz. Manche meiner Kritiker finden, dass ein Rabbiner sich nicht mit allen Narrheiten dieser Welt gemeinmachen sollte. Das mag richtig sein, aber ich gebe zu bedenken, dass das Judentum eine Religion ist, die mitten im Leben steht. Und ein wichtiger jüdischer Grundsatz lautet, dass wir aus allem etwas lernen können. Vom Fußball zum Beispiel Teamgeist, so sagte mal Rabbiner Appel aus Frankfurt. Was Rabbiner Appel noch so alles vom Fußball lernte, hat mich begeistert, deshalb griff ich vor einiger Zeit in einem Post für meine deutschen »Fans« mal den ganzen Gedanken des Rabbiners Appel auf:

Ich bin davon überzeugt, dass wir von Borussia Dortmund so einiges lernen können. Wie im Fußball, so ist auch im Judentum jeder Einzelne wichtig, aber erst die Mannschaft (der Minjan, die Mindestanzahl von zehn Männern, die eine für liturgische Zwecke repräsentative »Gemeinde Israels« bilden) kann gemeinsam wirklich etwas bewirken. Wie auf dem Spielfeld müssen wir Regeln (die Mizwot und die Halacha, die Religionsgesetze) einhalten, Sportsgeist bewahren (Thora und Emuna achten), auf den Kapitän (den Rabbiner oder Chasan, also den Vorbeter) hören und uns vom Trainer (Zaddik) anleiten lassen. Und die unglaublich begeisterten Fans des BVB machen uns vor, dass wir nicht zu verzagen brauchen, wenn es mal nicht so läuft. Wir sollten immer unserem Team treu bleiben und das Ziel nie aus den Augen verlieren. Ich wünsche der Borussia aus Dortmund viel Erfolg und eine tolle Saison – tut mir leid, liebe Schalker!

Rabbi Nachman aus Breslev

Aber wer war denn nun dieser Rabbi Nachman, von dem in diesem Buch ständig die Rede ist wie von einem guten Freund und Wegbegleiter? Dabei ist er schon 1810 gestorben, mit nur 38 Jahren.

Rabbi Nachman, 1772 im damals polnischen (heute ukrainischen) Medschybisch geboren, war mütterlicherseits ein direkter Nachkomme des Baal Schem Tov und somit von König David. Dieser, sein Urgroßvater, hatte in der ersten Hälfte des 18. Jahrhunderts dort den Chassidismus begründet. Und auch durch die väterlichen Vorfahren war vorgezeichnet, dass Nachman ein Rabbiner werden würde. In dem kleinen Ort Medwediwka weiter östlich versammelte er eine kleine Gemeinde um sich. Eine Art Pilgerreise führte ihn 1798 für einige Monate ins Heilige Land. Aufgrund seiner teilweise neuartigen Ansichten war Rabbi Nachman nicht unumstritten. Von 1802 bis kurz vor seinem Tod lebte er in dem Städtchen Breslev. Gestorben ist er am 16. Oktober 1810 in Uman, an Tuberkulose. Und schon 1811 versammelten sich erstmals Mitglieder seiner Gemeinschaft an seinem Grab, um ihm spirituell nahe zu sein und Heilung zu erfahren. Er war also schon zu Lebzeiten eine Legende.

Dennoch wüssten wir heute wenig oder nichts von seinen Gedanken, hätte es seinen Schüler Rabbi Nathan (auch Reb Noson genannt) nicht gegeben. Denn Rabbi Nachman selbst hinterließ praktisch keine schriftlichen Zeugnisse. Aber der treue Nathan hat sehr viel von dem aufgeschrieben, was Rabbi Nachman in Vorträgen und in seinen »Sprechstunden« für Ratsuchende sagte. Wenn Worte am Schabbat gesprochen wurden, rekonstruierte er sie im Nachhinein – schreiben war am heiligen Ruhetag ja nicht erlaubt. Rabbi Nathan gab Rabbi Nachmans Werke heraus, viele Bücher wurden von diesem noch autorisiert. Festgehalten hat Rabbi Nathan übrigens alles auf Hebräisch, nicht auf Jiddisch – obwohl Rabbi Nachman gesagt hat, man solle mit seinem Schöpfer immer in seiner eigenen Sprache sprechen. Zum Glück ähnelt das damalige Hebräisch dem heutigen sehr, sodass Rabbi Nachmans Worte vielfach so zeitlos wirken, als wäre er noch unter uns.

Wenn ich auf den folgenden Seiten immer mal wieder Zitate von ihm bringe, steht da »Rabbi Nachman sagt ...« und nicht »Rabbi Nachman sagte …«. Und das erklärt sich so: Anders als in allen anderen chassidischen Gruppen haben die Breslever niemals einen Nachfolger für ihn bestimmt. Rabbi Nachman hat also keine Dynastie begründet. Das hatte zum einen damit zu tun, dass seine beiden Söhne bereits in jungen Jahren starben, es fehlte somit ein natürlicher Nachfolger. Und zum anderen befand seine Gefolgschaft nach seinem Tod, dass niemand würdig sei, ihm nachzufolgen. Vielmehr betrachtete sie ihn weiter als ihren geistigen Anführer – gemäß der Aussage im Talmud, wonach »die Zaddikim nach ihrem Tod größer sind als zu ihren Lebzeiten«. Seine Lehren und Schriften genügten ihnen, um seine fortdauernde Gegenwart zu empfinden. Und so ist es bis heute geblieben. Es gab zwar wichtige Rebbes unter den Breslevern, die für die Weitergabe der Traditionen sorgten – aber niemanden, der je den Platz von Rabbi Nachman einnahm. Insofern ist er bis heute der Anführer der Breslever. Und wir sind freier als die Mitglieder anderer Dynastien bei der Frage, wen wir um Rat fragen. Es gibt keine zentrale Instanz, die für alle Breslever spricht und anderen übergeordnet ist.

Weiter oben habe ich schon zu skizzieren versucht, was Rabbi Nachmans Lehre auszeichnet und einzigartig macht. Eine seiner wichtigsten Botschaften könnte man mit modernen Worten als »Die Kraft des positiven Denkens« beschreiben. Wobei er den Menschen dabei einige Anstrengung abverlangt, etwa wenn er uns die Pflicht auferlegt, sich gegen negative Situationen zu stemmen: »Zwinge dich, fröhlich zu sein, auch wenn dir gerade nicht danach ist.« Rabbi Nachman ruft ganz laut in die Welt: »So etwas wie Verzweiflung gibt es nicht!« Und das tut er nicht etwa in einem glücklichen Moment seines Lebens, sondern ganz im Gegenteil, als ihn die Tuberkulose, an der er sterben sollte, bereits seit drei Jahren zermartert hat und er kraftlos auf dem Krankenbett liegt. Aber Rabbi Nachman weiß selbst, dass diese Pflicht manchmal schwer zu erfüllen ist: »Es ist ein so großes Gebot – immer nur glücklich sein!« Er führt auch Krankheiten darauf zurück, dass an »deiner Freude und an deinem Glück etwas kaputt ist«.

Nur weil ich Rabbiner bin, bin ich selbst keineswegs frei von Momenten der Düsternis und des Verzagens. Aber immer wenn ich extrem unter Druck stehe, wenn das Leben mich wegknallt und ich völlig in den Seilen hänge, denke ich: Es gibt Momente, die wir nicht erfassen oder durchschauen können. Manchmal tappen wir völlig im Dunkeln. Aber Rabbi Nachman lässt uns nicht in den Seilen hängen. Er ruft uns wie ein Trainer beim Boxen aus der Ecke zu, dass auch in einer unerklärlichen und enorm stressigen Situation immer ein Sinn zu entdecken ist. Nichts schlägt härter zu als das Leben. Aber es kommt nicht darauf an, wie hart du zurückschlagen kannst. Es kommt darauf an, dass du auch mal viel einstecken kannst, in schwieriger Lage durchhältst und wieder aufstehst, wenn du zu Boden gegangen bist. Dann hast du gewonnen. Wenn du nicht aufgibst, weiter dranbleibst und an dich glaubst! An dich selbst und an Hashem.

Rabbi Nachman sagt: »Ihr sollt nie vergessen, dass sich alles zum Guten wendet.« Seine Botschaft: Druck ist ausgesprochen unangenehm, aber ohne extremen Druck entstehen keine Diamanten. Du musst lernen, mit Druck richtig umzugehen – im Vertrauen darauf, dass die Achterbahn deines Lebens irgendwann aus dem Looping rauskommt und du wieder mit erhobenem Kopf auf dein Ziel zusteuerst.

Rabbi Nachman schenkt uns also Hoffnung – aber er fordert von uns auch eine klare Bereitschaft. Vergiss in solchen Momenten deine Intelligenz, sagt er, und beginne, ein Künstler zu sein. Und die Kunst, für die Rabbi Nachman uns begeistern will, ist: Musik! Mit anderen Worten: Wenn das Leben dich sprachlos macht – dann sing!

Was der Rebbe meint, ist der Niggun, das gesungene Gebet.

Dessen Bedeutung kann man ihm zufolge gar nicht überschätzen. Es gibt ein vollständiges System von Niggunim, das dem Aufbau des Universums entspricht. Wer sich in Melodie und Rhythmus einzufühlen vermag, zieht großes Vergnügen daraus und erreicht einen Zustand zeitweiliger »Auslöschung des Selbst«. In diesem Moment offenbart sich der Schöpfer demjenigen, der sich nach ihm sehnt.

Wenn ich höre, dass jemand reine Behauptungen zum Judentum oder den Chassiden äußert, greife ich gern auf eine Geschichte zurück, die man bei Rabbi Nachman findet. Ein Mann kam zu einem Fest und sagte: »Ich habe den berühmten ungarischen Wein! Wer will probieren? Es gibt nichts Besseres!« Alle wussten um den legendären ungarischen Wein, auch wenn ihn niemand je gekostet hatte. Alle wollten nun einen Probeschluck von dem Mann, und alle lobten den unerreichten Geschmack. Dies sei ohne Zweifel der einzig wahre Wein. Bis einer an der Reihe war, der den ungarischen Wein kannte. Und der sagte: »Der Kerl beschwindelt uns. Das ist überhaupt kein ungarischer Wein!«

Ich sage: Wer einmal vom wahren Judentum gekostet hat, wird es immer erkennen und nie wieder darauf verzichten wollen. Es ist etwas für Feinschmecker. Wer es kennt, verlässt das Judentum nie wieder. Wer es doch verlässt, hat das wahre Judentum wohl nie gekostet.

Um zu zeigen, was für ein Typ Rabbi Nachman war, hier noch eine kleine Geschichte:

Es trafen sich drei Chassiden, die ein bisschen angeben wollten. Jeder schwärmte von seinem Rebbe. Der eine meinte, sein Rebbe könne Kranke heilen. Der nächste wollte ihn übertrumpfen und prahlte, sein Rebbe könne Tote wieder zum Leben erwecken. Der Breslever schmunzelte nur und sagte: Mein Rebbe kann etwas noch viel Besseres: Er kann Lebende lebendig machen.

Diese Antwort hat es in sich. Denn wie viele der Milliarden auf der Erde lebenden Menschen sind wirklich lebendig? Wie viele haben ein gutes, erfülltes Leben? Dazu passt die Antwort, die Rabbi Nachmans Schüler, der Rabbi Nachman von Tulschin, gab, als ihn jemand fragte, warum sein Rebbe keine Wunder vollbringe, so wie sein Urgroßvater, der Baal Schem Tov, es getan habe und manch anderer Zaddik auch. Der Rabbi sagte: »Er ist ein wandelndes Wunder, denn er macht aus einem Tier auf zwei Beinen einen Menschen mit Herz und Geistigkeit. Seine Leute sind seine Wunder!« Womit er sagen wollte, dass die wertvollen Ratschläge, die Rabbi Nachman einem Menschen aus der Thora an die Hand gibt, direkt zur erfüllten und lebendigen Beziehung mit Gott führen.

Keine reine Freud

Je länger ich mich mit dem Wirken Rabbi Nachmans beschäftigte, desto klarer wurde mir: Der Mann war ein erstklassiger Psychologe und Therapeut. Und auch in dieser Hinsicht erwählte ich ihn mir zum Vorbild. Ich wollte Menschen helfen, die in seelischer Not waren, und das zu meinem Beruf machen. Der Begriff »Seelsorge«, den man für das Zuhören und den Rat religiös ausgebildeter Menschen benutzt, zeigt ja schon die Nähe zu psychologisch ausgebildeten Therapeuten: Auch sie sorgen und kümmern sich um verletzte Seelen.

Ich konnte mich schon immer gut in andere Menschen einfühlen und im richtigen Moment im richtigen Ton die richtigen Fragen stellen. Für Freunde mit Liebeskummer, Menschen in Sorge um ein krankes Haustier oder andere »alltägliche« Nöte genügte mein Talent dafür auch. Aber als angehender Rabbiner war ich häufiger mit wirklich ernsten psychischen

Problemen konfrontiert. Und ich stellte fest: Bei einer ausgewachsenen Depression braucht man mehr als Lächeln und Herzlichkeit. In solchen Fällen war ich keine Hilfe, weil mir die fachliche Kompetenz dazu fehlte.

Nach der Ernennung zum Rabbiner nahm ich daher das Studium der Psychologie auf und ließ mich zum Paar- und Familienberater ausbilden. Ich wusste, dass der Glaube an Gott unter wissenschaftlichen Psychologen nicht allzu hoch im Kurs steht, aber ich wollte meinen Glauben nicht verleugnen, deshalb studierte ich an der privaten Lehranstalt YNR – Israeli Association for Marriage & Family Guide. Sie steht unter der Schirmherrschaft der School of Social Work der Bar-Ilan-Universität in Ramat Gan. Weitere Stationen meiner Ausbildung waren die psychologische Abteilung des israelischen Erziehungsministeriums und die CMS-Hochschulen (CMS steht für Conflict Management Systems).

Natürlich gab es häufiger Spannungen zwischen den Studieninhalten und der Thora, zum Beispiel, als wir Sigmund Freuds Theorie besprachen, wonach Religiosität nur eine besondere Form der Neurose sei. (Ich hielt dann gern mit C. G. Jung dagegen: Eine Neurose entwickelt wohl eher jemand, der mit 35 noch nicht zu Gott gefunden hat. Ohne für sich die Sinnfrage geklärt zu haben, würde eine Psychotherapie auf jeden Fall nicht funktionieren.)

Manche orthodoxen Glaubensbrüder sahen mit Sorge, dass ich mich mit solch »gottlosen« Theorien wie der von Freud befasste. Aber ich wollte ständig dazulernen. Und ich entgegnete ihnen dann mit der Geschichte eines sehr berühmten Rabbiners, der irgendwann vom Glauben abfiel und Atheist wurde, Elischa ben Abuja (auch Acher genannt, also der andere). Sein bester Schüler, ein führender Tannaite, Rabbi Meir Baal HaNes, wollte trotzdem unbedingt weiter von ihm lernen, weil er in Sachen Thora ein Genie war. Man stellte ihn zur Rede: Der sei doch jetzt ein Ketzer, wie er bloß weiter zu ihm gehen könne? Seine Antwort: »Macht euch meinetwegen keine Sorgen. Die Schale der Frucht werfe ich weg, das süße Fleisch esse ich.«

So ähnlich gehe ich auch an die Sache heran. Die Begegnung mit anderen Menschen verspricht fast immer »süßes Fleisch« – ob sie meinen Glauben teilen oder nicht. Einmal wollte in der Facebook-Gruppe »Frag den Rabbiner« jemand wissen: Wie kann man nur mit jemandem reden, der die Thora nicht studiert hat? Ich antwortete: »Man kann und muss mit jedem über die wichtigen Lebensfragen wie Familie, Kinder, Beruf, Karriere, Erfolg reden. Alle Menschen führen sinnorientierte Diskussionen.«

Denn darum geht es am Ende: um Sinn und wie man ihn findet und bewahrt. Dr. Viktor E. Frankl hat die seelische Antriebskraft des Menschen untersucht. Der bekannte Wiener Psychologe und Begründer der Logotherapie – dessen gesamte Familie von den Nazis ermordet wurde und der der Hölle von Auschwitz selbst nur gerade so entrann – kam zu dem Schluss, dass es die Suche nach dem Sinn des Lebens sei, die den Menschen antreibe und überhaupt erst zum Menschen mache. Wenn einem Menschen der Sinn seines Lebens nicht einsichtig sei, habe dies schwere Folgen für seine seelische Gesundheit. Frankl zeigte dies in seinem Buch *Der Mensch vor der Frage nach dem Sinn* unter anderem am Phänomen der »Sonntagsneurose«: Menschen, deren Lebensinhalt nur die Arbeit sei, litten an arbeitsfreien Tagen unter einer Leere, die sie auf Dauer seelisch krank mache.

Frankl war überzeugt, dass der Mensch nur zu verstehen sei als Ebenbild Gottes. Die Wissenschaften wie Psychologie, Biologie, Soziologie etc. lieferten nur ein Vorverständnis. Ohne Transzendenz sei das Eigentliche, was den Menschen ausmache, aber nicht zu verstehen.

An der »Begegnungszone« von Psychologie und Judentum bewegte ich mich voller Faszination. Ich stellte mehr und mehr fest, dass Rabbi Nachman oft vorweggenommen hatte, was Psychologen und Therapeuten später in ihren Worten ausformulierten. Und dass die Thora das Buch für alle Menschen ist, nicht nur für gläubige Juden. Die Ge- und Verbote sind der moralische Code unseres Schöpfers und eine Gebrauchsanweisung für ein gesundes Leben.

Und die Thora ist superpsychologisch. Jeder gläubige Jude könnte therapeutische Impulse aus ihr ziehen. Aber wenige verstehen das so gut wie Rabbi Nachman. Die Art und Weise, in der er jemandem begegnet und antwortet, ist entscheidend und öffnete mir die Augen. Er ging auch auf die Sünder als liebevoller Helfer zu. Heute würde man wohl sagen, dass er voller Empathie war.

Erläutern lässt sich das am Beispiel der Arche-Noah-Geschichte. Jeder kennt sie, aber die wenigsten wissen, worauf es darin tatsächlich ankommt. Zwischen der Ankündigung der Sintflut durch Gott und der Flut selbst lagen nämlich 120 Jahre. Aber es dauert ja keine 120 Jahre, ein Schiff zu bauen. Worum also ging es? Gott wollte, dass Noah die sündige Menschheit zu Einsicht und Umkehr bewegt, damit die Sintflut nicht kommen müsste. Das war die Intention unseres Chefs – und Noah wollte sie auch umsetzen. Aber er hat es schlecht gemacht, nämlich mit Drohungen und der Angst vor Strafe. Das hat nicht funktioniert – und so kam die Sintflut tatsächlich. Von Rabbi Nachman hingegen werden die Menschen immer dort »abgeholt«, wo sie in ihrem Leben gerade stehen.

Weil ich mich in diesem interessanten Grenzgebiet aufhielt, war es nur eine Frage der Zeit, dass ich Ruben begegnete.

Ruben

Es war bei einer mehrtägigen Fortbildung für Psychologiestudenten, fortgeschrittene CBT-Tools in der Paar- und Familientherapie. Die etwa dreißig Teilnehmer kamen aus verschiedenen Unis, und es stellte sich heraus, dass ich mit meinem orthodox-religiösen Hintergrund und dem entsprechenden Outfit – vom Rauschebart bis zu den Schläfenlöckchen – hier der Exot war. Die anderen waren durchweg nichtreligiöse Psychologen mit betont westlichem Auftreten. Meine Außenseiterposition störte mich aber überhaupt nicht, sondern stachelte eher meine Motivation an, für Gott Werbung zu machen.

Vor dem Beginn wollte mein Sitznachbar seine Unvoreingenommenheit zeigen und fragte mich: »Bist du Freudianer oder Jungianer?« Ich grinste und erwiderte stolz: »Ich bin Nachmanianer.« Er schaute verblüfft drein – von diesem Therapiekonzept hatte er noch nie gehört. Aber das sollte sich bald ändern. Schon in der Vorstellungsrunde sprach ich schwärmerisch über Rabbi Nachman, den größten Psychologen, der je gelebt habe. Der wichtiger sei als Sigmund Freud und C. G. Jung. Mehr Provokation ging nicht in diesem Kreis.

Als ich zum Mittagessen in den Speiseraum des Kongresszentrums kam, standen zahlreiche Teilnehmer um einen Typen mit Glatzkopf und Nickelbrille und lauschten dessen Geschimpfe. Er war offenbar eine Art Wortführer. Er hatte sich gerade so richtig in Rage geredet und sagte: »Totaler Müll ist das, was dieser Rabbi da erzählt!«

Ich stellte mich neugierig dazu, was ihn natürlich aus dem Konzept brachte. Aber ich nickte ihm aufmunternd zu und sagte: »Red ruhig weiter. Ich interessiere mich sehr für Abfallentsorgung.«

Die Umstehenden kicherten leise, zumindest in Sachen Schlagfertigkeit hatte ich schon mal einen Punkt gemacht. Der

Mann ruderte ein wenig zurück. »Entschuldige meine Ausdrucksweise. Aber ich finde, Therapiepatienten mit orthodoxen Bibelsprüchen zu kommen hat keinerlei Sinn.«

Ich schmunzelte: »Wie lustig, dass du ausgerechnet die Wörter ›orthodox‹ und ›Sinn‹ verwendest und in einem Satz zusammenbringst.«

Der Mann mit der scharfen Zunge schaute verwirrt. Ich fragte ihn: »Viktor Frankl kennst du, oder?«

»Ob ich ihn kenne? Ich verehre ihn! Und seine Logotherapie ist ein revolutionäres Konzept! Aber was hat das mit uns hier zu tun?«

»Viktor Frankl wurde 1927 von Alfred Adler aus der Gesellschaft für Individualpsychologie ausgeschlossen. Die Begründung lautete: ›Unorthodoxes Verhalten‹. Und dann in Klammern: ›Fragen nach dem Sinn‹. Eine tolle Begründung, oder? Nach dem Sinn des Lebens zu fragen galt als unorthodox. Na, für mich ist es eher orthodox.«

In das Gelächter der Umstehenden mischte sich respektvolles Raunen. Der Rabbi war offenbar nicht so ein ahnungsloser Hinterwäldler, wie sich viele gedacht hatten. Dem Mann mit der kreisrunden Brille fiel nichts mehr ein. Etwas von »noch mal Händewaschen« murmelnd, verdrückte er sich aus dem Kreis. Einer flüsterte mir anerkennend zu: »Diese Runde ging an dich.«

Vor der Tür zum Seminarraum begegnete ich dem Glatzenträger wieder. Er ließ mir den Vortritt – und in der Tür, wo er nicht ausweichen konnte, drehte ich mich zu ihm um, reichte ihm die Hand und sagte mit strahlendem Lächeln: »Ich bin übrigens David. Schön, dich kennenzulernen.« Er konnte nicht anders, als meine Hand zu ergreifen, und knurrte widerwillig: »Ruben. Gleichfalls.«

In den folgenden Tagen entwickelten Ruben und ich uns zum Vergnügen der anderen Teilnehmer zu Antagonisten. Als Vertreter zweier gegenläufiger Richtungen diskutierten wir alles aus. Die Seminarleiter fühlten sich manchmal fast überflüssig. Aber sie erkannten den didaktischen Wert unserer Kontroversen und ließen es laufen. Ich stand allein mit meinen Überzeugungen, und die meisten Teilnehmer stimmten Ruben inhaltlich zu. Aber es war wie beim Sport: Die Sympathien gelten oft dem Außenseiter, wenn er sich tapfer schlägt. Natürlich war auch eine Portion Gockelei dabei – wir waren junge Männer und genossen den Kampf auch um des Kampfes willen. Vor allem aber war es geistig anregend für alle. Ich will nicht, dass der Eindruck entsteht, wir hätten uns im Ego gegenseitig verloren. Vielmehr war es auch eine großartige Demonstration, wie trotz zweier völlig verschiedener Standpunkte ein sachlicher, von Respekt und Toleranz geprägter Dialog funktionieren kann.

Vom Grundsatz, immer die gegenteilige Meinung des Gegenübers zu vertreten, rückten wir beide nicht ab. Dann kam der letzte Tag. Wir erhielten eine Einzelaufgabe. Der Dozent hatte einen Fall konstruiert, wie er in einer realen Therapiesprechstunde vorkommen könnte. Es ging um einen Partnerschaftskonflikt und um die Themen Lüge und Wahrheit. Die Aufgabe lautete, den Fall zu analysieren, unsere Methode zu erläutern und einen therapeutischen Ansatz zu entwickeln. Dafür hatten wir jetzt eine Stunde Zeit – ein Luxus, denn in der Therapiesituation muss man ja sofort reagieren.

Danach versammelten wir uns wieder im Seminarraum, um unsere Ergebnisse zu diskutieren. Und es kam, wie es kommen musste: Die Gruppe beschloss mit großer Mehrheit, dass Ruben und ich unsere Gedanken vorstellen sollten. Diesen Showdown wollte sich niemand entgehen lassen.

Erwartungsgemäß schossen wir beide ein Feuerwerk des Wissens ab, ließen möglichst viele Namen und Fremdwörter fallen und betonten die Verschiedenheit unserer Ansätze. Aber dann ging es um die eigentlich wichtige Frage: Was raten Sie dem Paar denn nun? Wie gehen Sie auf die beiden zu? Wie leiten Sie das Gespräch ein? Auf welche Fragen lenken Sie sie? Und zur Verblüffung aller Anwesenden und natürlich auch von Ruben und mir selbst glichen sich unsere Antworten wie ein Haar dem anderen. Man hätte diese Teile unserer Arbeit vertauschen können, und niemand hätte es gemerkt. Wir waren auf völlig verschiedenen Wegen und unter gänzlich anderen Voraussetzungen zu exakt demselben Ergebnis gelangt.

Ich erinnere mich noch genau an das fast schüchterne und ganz kurze Lächeln, mit dem Ruben nach dieser Überraschung zu mir herübersah. Und ich spürte, was sich seither bestätigt hat: Das war der Beginn einer wunderbaren kollegialen Freundschaft.

Auch heute noch tausche ich mich regelmäßig mit Ruben aus. Und einmal im Monat kann man den überzeugten Rabbiner und den intellektuellen Freudianer gemeinsam in einem Café sitzen sehen. Dort diskutieren wir schwierige Fälle aus unserem Therapiealltag, geben uns gegenseitig Rat – und flachsen und frotzeln uns aufs Schönste an.

Ein schönes Beispiel dafür ist die Geschichte mit der Brille. Auf Facebook hatte ich eine Geschichte geschrieben, die Ruben natürlich gelesen hatte:

Eine Frau sagte mal zu mir: »Wenn ich dich so glücklich und zufrieden sehe, beneide ich dich oft und denke mir: Auch ich wäre gerne gläubig.«

Das ist ein sehr großes Kompliment. Sie wollte dann wissen, was mein Geheimnis ist. Ich sagte ihr: »Stellen wir uns eine Welt vor, in der alle eine Brille tragen. Die meisten haben eine ganz normale – aber einige besitzen eine 3-D-Brille. Du weißt ja: Die braucht man, um im 3-D-Kino räumliches Sehen zu erleben, also eine zusätzliche Dimension. Wer keine Emuna, also keinen Glauben in Gott besitzt, der trägt nicht diese 3-D-Brille, sondern eben nur eine ganz normale. Deshalb sehen die meisten Menschen das Leben auch nur ›normal‹, vergleichbar mit einem normalen Film. Aber durch den Glauben sieht man das Leben wie durch eine 3-D-Brille.«

Wir sprachen über diesen Post, und ich fragte Ruben, ob er nie überlegt habe, die 3-D-Brille auch mal auszuprobieren. Seine Antwort: »Ich hab sie mal kurz aufgehabt. Gesehen habe ich da aber nur verschwommenes Zeugs. Außerdem schien es mir, dass diese Brille rosarot war. Ich glaube, die zeigt einem die Welt so, wie man sie sich wünscht, und nicht so, wie sie ist.«

Darauf ich: »Rosarot, ja? Na, du warst eben schon immer farbenblind.«

So geht es zu, wenn wir uns necken. Aber meistens sprechen wir über die Unterschiede unserer Weltsichten und vor allem über die unerwarteten Gemeinsamkeiten. Schließlich sind wir einander durch humanistische Werte verbunden und wollen beide das Gute. Ich sehe mich als weltoffenen chassidisch-orthodoxen Juden. Dass mein Rat für Menschen aus meiner Glaubensgewissheit kommt und bei ihm aus einer Quelle, die er nicht »Gott« nennt, können wir beide gut ertragen.

Kürzlich sagte Ruben zu mir: »Ist das Judentum nicht eigentlich die Frühform von Psychologie? Die Rabbiner und Gottesgelehrten sind doch die Psychologen der Vergangenheit. Beide wollen Menschen in seelischen Nöten beistehen und Rat geben. Und sie kommen verblüffend oft zu sehr ähnlichen Erkenntnissen und Ratschlägen. Ich glaube inzwischen: Ob man in der Not mit Gott spricht oder einem Therapeuten – bei beidem geht es eigentlich darum, eine Form zu finden für das Gespräch mit sich selbst. Für das Befragen des eigenen Ichs.«

Ich fand, das hatte er schön gesagt.

Natürlich gibt es auch kategoriale Unterschiede: Ruben glaubt nicht, dass alles einen höheren Sinn hat und Gott alles regelt – ich dagegen bin genau davon überzeugt. Aber viel wichtiger für mich ist, wenn Ruben Sätze sagt wie: »Die Thora findet Bilder für die Fragen, die die Menschen seit jeher bewegen. Das ist schon sehr stark.« Damit erfasste er, ohne es zu wissen, ein Grundprinzip der Thora. Das hebräische Wort »Thora« (Weisung) entspringt dem Wort »Hora'a« (Lehre). Wir sollen lernen, was der Schöpfer von uns möchte. Aber am Beginn der Thora, also des 1. Buchs Mose, stehen nicht etwa klare Weisungen und Gesetze. Das Buch nimmt uns vielmehr mit Geschichten an die Hand, in denen wir uns wiederfinden sollen, um so hilfreiche neue Muster zu erlernen.

Das ist weitaus wirkungsvoller als das reine Verkünden von Ge- und Verboten. Es vermittelt uns Werte, die der ganzen Menschheit nützen. Ruben formuliert es so: »Das Judentum schafft einen Rahmen für gutes Verhalten. Wenn Menschen an Gott glauben und deshalb Gutes tun, hat das Judentum eine positive Wirkung.«

Damit hatte er genau erfasst, was wir Derech Eretz nennen. Derech Eretz bedeutet wörtlich übersetzt: Landessitte. Oder weiter gefasst: weltliche Verbundenheit. Dies ist vergleichbar mit bestimmten ethischen Normen, die einer Gesellschaft zugrunde liegen und nach denen wir leben sollen. Jüdische Ethik steht für Menschlichkeit, respektvollen Umgang, Herzlichkeit. Ein solches Verhalten geht dem Studium der Thora sogar voraus. Du sollst zuallererst ein Mensch sein, und erst danach ist deine Ehrfurcht vor Gott und deine Versenkung in seine Weisung gefragt.

Einmal hat Ruben mich gefragt: »Stört es dich nicht, dass du deinen freien Willen aufgibst, indem du dich dem Glauben unterwirfst?«

Ich schüttelte verständnislos den Kopf: »Wie kommst du denn darauf, dass ich meinen freien Willen aufgebe?« Und erklärte ihm, dass ich es mit Rebbe Nathan halte: »Der freie Wille ist die erstaunlichste Macht in der ganzen Welt.« Wie käme ich dazu, diese Macht aufzugeben? Rabbi Nachman sagt: »Alles, was du in der Welt siehst, alles, was geschaffen wurde, wurde nur unseres freien Willens wegen geschaffen.«

Einmal fragte jemand Rabbi Nachman: »Was steckt eigentlich hinter der Idee des freien Willens?«, und erwartete sicher eine philosophisch ausgeklügelte Antwort.

»Sehr einfach«, antwortete der Rebbe. »Wenn du willst, dann tust du es. Wenn du es nicht willst, dann tust du es nicht.«

Rabbi Nathan ergänzt dazu: »Ich habe dies aufgeschrieben, weil es für die Leute sehr wichtig ist zu wissen. Viele Menschen sind nur allzu verwirrt, weil sie sich so an ihr Handeln gewöhnt haben und derart von ihren jahrelangen Gewohnheiten durchdrungen sind, dass es ihnen schon vorkommt, als hätten sie gar nicht mehr die Freiheit, zu wählen, und könnten ihre Wege nicht mehr selbst bestimmen. Aber das stimmt überhaupt nicht. Jeder Mensch hat jederzeit die Freiheit, bei allem zu wählen. Der Mensch handelt so, wie er es will.«

Ruben fragte nach: »Hast du eigentlich nie, nie, nie Zweifel?«

Ich antwortete ihm, wie so oft, mit einer Geschichte: Rebbe Nachman ermutigte einst einen Mann, der bezüglich seiner Überzeugungen sehr verwirrt war. Der Rebbe sagte ihm: »Die ganze Schöpfung kam ins Dasein nur wegen Menschen wie dir. Gott sah, dass es Leute geben würde, die an unserem heiligen Glauben festhalten würden, obwohl sie sehr unter den Verwirrungen und Zweifeln leiden, die sie beständig plagen. Er wusste, dass sie die Zweifel überwinden und sich selbst in ihrem Glauben bestärken würden. Es war deswegen, dass Gott die Schöpfung hervorbrachte.« Nachdem er dies gehört hatte, fühlte der Mann sich bestärkt und blieb gelassen, wann immer ihn dieser Gedanke verwirrte.

Ruben regt sich häufiger über den Wahrheitsanspruch der Religion auf, über das Absolute daran. Meist kommt er dann schnell auf den Unterschied zwischen »Glauben« und »Wissen«. Um ihn zu ärgern, frage ich: »Wieso Unterschied?« Und zitiere dann Rabbi Nachman: »Es ist besser, an einen Unsinn oder an etwas Naives zu glauben und dabei gleichzeitig auch an die Wahrheit, als die Wahrheit zu verachten und alles zu leugnen.« Dazu kann Ruben sogar nicken.

Rabbi Nathan hat erklärt, dass Glaube und Wissen zwei Seiten derselben Medaille sind. Wir beginnen mit Glauben, der schließlich im Wissen und Verstehen dessen gipfelt, woran wir glauben. Mit diesem Verständnis können wir den nächsten Schritt gehen und auf eine höhere Glaubensebene aufsteigen.

Aber da ich Ruben ernst nehme, erzähle ich ihm mal wieder einen von Rabbi Nathan aufgeschriebenen Gedanken: Weil jeder von uns die Dinge unterschiedlich sieht, haben wir alle die Wahrheit, weshalb wir auch alle unsere Sichtweisen wahrheitsgemäß darstellen können. Die echten Probleme entstehen erst dann, wenn wir die Gültigkeit der Sichtweise des anderen nicht anerkennen – die nach seiner Meinung auch die Wahrheit ist. Das ist der Ursprung aller Streitigkeiten, die es auf der Welt gibt. Jeder »weiß«, dass er recht hat und dass der andere daher automatisch im Unrecht ist. Oder, wie Rebbe Nachman es ausdrückt: »Das Charakteristische am Sieg ist, dass der Sieger keine andere Wahrheit zulässt. Um seine eigene Auffassung zu beweisen, wird der Sieger nicht zulassen, dass ihm eine andere Sicht der Wahrheit in den Sinn kommt. Recht haben zu wollen toleriert die Wahrheit nicht; selbst wenn etwas Wahrhaftes präsentiert wird, wird es beiseitegeworfen. Deshalb muss eine Person, die um der Wahrheit willen die Wahrheit sucht, sich zuerst vom Merkmal des Sieges befreien, um die Wahrheit tatsächlich sehen zu können.«

Mein lieber Ruben ist ein echter Intellektueller. Er grübelt viel, er wägt ab, vergleicht, verwirft und diskutiert mit Hingabe Ideen und deren mögliche Widerlegung. Nicht nur mir, sondern auch ihm selbst schwirrt nach einem solchen Gespräch oft der Kopf. Dann erzähle ich dem erschöpften Ruben etwas über Einfachheit.

Bevor Rabbi Nathan starb, hörte man ihn sehr tief seufzen. Als er gefragt wurde, warum er seufze, antwortete er: »Ich habe so gut gebetet, wie ich nur konnte, ich habe studiert, so viel ich konnte, alle anderen Aufgaben habe ich getan, so gut ich konnte. Ich seufze, weil ich nicht weiß, ob ich Rebbe Nachmans Anweisung zur Einfachheit so erfüllt habe, wie ich es hätte tun sollen!«

Oder das:

Als er einmal über Gott sprach, sagte Rebbe Nachman, dass Gott sehr komplex sei – aber in Wirklichkeit sei Er sehr, sehr einfach. Die zunehmende Verwissenschaftlichung sah er skeptisch. Das sei nicht die Lösung der Menschheitsprobleme. »Die größte Weisheit von allem«, erklärte er, »ist es, einfach zu sein.«

Zur Einfachheit gehört auch, in der Gegenwart zu leben, im Heute. Sich auf nahe, erreichbare Ziele zu konzentrieren ist leichter; Verantwortung für kurze Zeit zu tragen ist erträglich.

Ruben schaut dann etwas verzweifelt drein: »Wenn es doch nur so einfach wäre!«

Worauf ich ihn breit anlächle und sage: »Schau mich an. Es ist einfach.«

Der Austausch mit Ruben, dem Ungläubigen, hält meinen Geist frisch und erfreut mein Herz. Was will man mehr von einer Freundschaft?

BERUF: FAMILIEN-
UND PAARBERATER

Im Sommer 2020 hatte ich mal wieder Kontakt mit einem alten Freund aus Deutschland. Er fragte mich, was genau ich eigentlich beruflich mache.

Meine Antwort: »Ich versuche, therapeutische Interventionen für Paare in der Krise zu entwickeln.«

Daraufhin mein Freund: »Das heißt, du laberst die Leute immer noch zu und unterhältst alle um dich herum, wie früher.«

Ja, so kann man es auch sehen.

Jedenfalls berate ich vor allem Paare und Eltern. Die meisten meiner Klienten sind gläubig und haben mit dem Rabbiner ihres Vertrauens gesprochen, bevor sie einen Berater oder Therapeuten aufsuchen. Es sind aber auch Nichtgläubige unter ihnen. Alle wissen, dass sie zu einem Rabbiner kommen, und ob gläubig oder nicht: Sie alle suchen etwas. Einen Sinn. Aus meiner Überzeugung, dass man nur durch Gott zum Glück und aus der Depression finden kann, mache ich keinen Hehl. Aber ich bewerte niemanden aufgrund seiner Haltung zum Glauben.

Patienten berichten mir oft davon, dass ihr Psychologe oder Psychotherapeut ihren Glauben ins Lächerliche gezogen und versucht hat, ihnen diesen Glauben auszureden. Das ist aus meiner Sicht höchst unprofessionell, weil sie die Menschen dadurch verurteilen und ihnen den Halt nehmen, den der Glaube ihnen gibt. Für mich steht zudem fest, dass man dem Patienten dadurch den Weg zur Heilung verstellt. Auf diese Art wird er keine Hilfe erfahren.

Neben dieser Tätigkeit halte ich Vorträge und gebe Workshops – nicht nur in Israel, sondern auch in Deutschland und

Österreich. Ob große oder kleine Gemeinde, jüdisch oder nichtjüdisch, spielt für mich keine Rolle. Ich komme gern überallhin, wo die Türen und Herzen für Emuna – das Vertrauen in Gott, also die Kraft des Glaubens – und für Israel geöffnet sind. Dann spreche ich über »Die pure Lust am Leben« oder über »Frieden im Haus – Grundlagen für eine erfolgreiche Ehe« oder »Kindererziehung in Liebe«, aber auch zum Thema »Ich brauche DICH – die Nähe zum Schöpfer des Lebens«. Dabei arbeite ich oft mit Humor und spontanen Einfällen, um die Runde sozusagen aufzumischen.

Einmal sagte jemand danach zu mir: »Rabbiner, mal ehrlich, Sie sind ein so gebildeter Mann. Aber diese Einlagen, bei denen Sie mit einem Glas auf dem Kopf tanzen, passen einfach nicht ins Konzept einer Fortbildung und sind Ihrer nicht würdig!«

Ich antwortete: »Wenn ich deine Worte richtig deute, rätst du mir, dass ich die Persönlichkeit David Kraus zurücknehme, um mehr formelle Würde auszustrahlen. Hm, weißt du, ich danke dir für deinen ehrlichen Tipp. Und ich werde tatsächlich etwas ändern: Ab sofort versuche ich, mit zwei Gläsern auf dem Kopf zu tanzen!«

Ich sage: Verstell dich nie! Sei, wie du bist! Denn wer dich mag, der nimmt dich, wie du bist, und dem gefallen genau diese besonderen Verrücktheiten an dir. Und all die Leute, die dich nicht mögen, die erzählen dir immer etwas von den Standards, die die Gesellschaft uns vorschreiben will. Lebe nach deinen eigenen Standards und kümmere dich nicht weiter um das, was Menschen über dich denken, denen du nichts bedeutest. Wer dich nicht mag, dem wirst du es ohnehin nie recht machen können, ganz egal was du für ihn tust oder was du alles für ihn aufgibst. Ich kümmere mich jedenfalls lieber um meinen Charakter als um meinen Ruf. Denn wie heißt es so schön: Mein Charakter ist das, was ich wirklich bin. Während mein Ruf nur das ist, was andere in mir sehen.

Der oberste Grundsatz meiner therapeutischen Arbeit lautet: Ich darf nicht zulassen, dass ein Mensch sich nach einer Begegnung mit mir nicht besser fühlt als vorher. Das ist zum Glück nicht so schwer – zum Einstieg genügt ein Lächeln, den Rest macht das positive Grundgefühl, das ich ausstrahle. Mit meiner Art habe ich schon vielen Familien zu »Shlom bayit« (harmonisches Zusammensein und häuslicher Friede) verholfen und auch dem einen oder anderen verzweifelten Single zu seinem Schidduch (und damit zum Traumpartner).

Den Menschen, die Hilfe suchend zu mir kommen, begegne ich immer auf Augenhöhe. Ich habe selbst genug erlebt, um zu wissen, wie es sich anfühlt, wenn dich die große Leere packt. Dann hilft dir ein Gegenüber, das ruhige Stärke, eine authentische Art und unerschütterliches Selbstvertrauen ausstrahlt, ohne dass du dich unterlegen fühlen musst.

Wie die Psychotherapie gehe ich davon aus, dass jeder Mensch die Fähigkeit zur Selbstheilung besitzt, dass er seine Probleme selbst lösen und daran als Persönlichkeit wachsen kann. Ich will die Fähigkeit meiner Klienten stärken, »Experte ihrer selbst« zu sein. Die Anregungen hierzu habe ich direkt von Rabbi Nachman erhalten.

Die Methode, nach der ich arbeite, nenne ich Psycho-Thora-pie. »Psychische Gesundheit« heißt für mich: Seele in Balance. Und da die Seele nach meiner Überzeugung ein Teil von Hashem ist und Hashem alles lenkt und steuert, darf man Ihn bei einer Therapie nicht außen vor lassen. Psycho-Thora-pie ist, so wie die Logotherapie, eine sinnorientierte Psychotherapie, also eine Therapie durch Sinnfindung. Es geht ihr um »Heilung durch Sinn«. Der Wille zum Sinn ist meiner Auffassung nach die stärkste Motivation des Menschen, weshalb es jedem gegeben ist, trotz Schuld, trotz Leid und Tod Sinn im Leben zu finden.

Die Bezeichnung Psycho-Thora-pie soll nicht den Eindruck

erwecken, sie sei nur für gläubige Juden geeignet. Sie ist überkonfessionell ausgerichtet, und der professionelle Umgang mit der religiösen und kulturellen Vielfalt in den postmodernen Gesellschaften von heute ist ein Schwerpunkt meiner Arbeit.

Im Charakter der Thora als »Unterweisung« liegen übrigens interessante Parallelen zur kognitiven Verhaltenstherapie. Verhaltenstherapeuten verstehen unter Verhalten nicht nur äußerlich sichtbare Handlungen, sondern auch Gedanken, Gefühle und körperliche Vorgänge. Da sie davon ausgehen, dass Verhalten überwiegend erlernt wird, können Menschen belastende Denk- und Verhaltensmuster auch wieder »verlernen« und sich hilfreiche neue Muster aneignen.

Der Kern meiner Arbeit lässt sich in vier Punkten zusammenfassen:

1. Ich will Psychologie mit Glauben und Spiritualität zusammenbringen, weil ich überzeugt bin, so am besten helfen zu können.
2. Ich will Menschen Wege aufzeigen, ihre endlosen inneren Kommunikationsschleifen zu unterbrechen, in denen sie oft feststecken und aus denen sie von allein nicht herausfinden. Plötzlich können andere Perspektiven sichtbar werden, an deren Möglichkeit die Klienten gar nicht mehr geglaubt haben.
3. Ich will Menschen ermutigen, vielfältiger und vielseitiger zu werden und mehr mit ihren Möglichkeiten zu spielen – auch dort, wo kein Spielraum mehr zu sein scheint. Wer den Zugriff über sein Leben zurückgewonnen hat, der sieht vielleicht immer noch eine große Mauer vor sich stehen, vermag aber mit etwas Geschick um sie herumzugehen.
4. Ich will das Leben meiner Klienten bereichern, indem ich ihnen die jüdische Selbsttherapie zum Wahrnehmen von Emotionen nahebringe. Wer das Judentum als eine echte

und erfüllende Beziehung mit Gott annimmt und Energie daraus bezieht, wer also in der Kraft des Glaubens lebt, ist im Prozess der jüdischen Selbsttherapie schon sehr aktiv.

Der Schlüssel, der alle Horizonte öffnet, der Beginn aller Anfänge ist: Freude und Glück! Wenn du glücklich bist und Freude in deinem Herzen verspürst, hast du alles, um deinen Weg zu beschreiten. Wenn es dir aber daran mangelt, musst du zuallererst an deiner Freude arbeiten – so lange, bis sich das Glück in deinem Herzen spürbar entfaltet. Erst danach wird sich dir ein Weg auftun. Mit Freude hast du alles, um erfolgreich zu sein. Ohne Freude fehlt dir die notwendige Basis, der feste Halt.

Da meine Arbeit auf dem Glauben basiert, bin ich in besonderer Weise gefordert, wenn ein gläubiger Jude vor mir sitzt, der gegen die Mizwot verstößt, die jüdischen Ge- und Verbote. Häufig hoffen solche Menschen, dass ich als Rabbi ihnen Absolution erteilen kann für ihre Lebensweise, ihnen also »erlaube«, ein religiöses Verbot weiterhin zu übertreten. Aber das läge jenseits meiner Macht. Nach meiner Überzeugung kommen die Mizwot von Gott – wer wäre David Kraus, über ihre Gültigkeit zu entscheiden? So sympathisch mir ein Mensch und seine Beweggründe auch sein mögen – Gesetz bleibt Gesetz. Um es an einem Beispiel zu verdeutlichen: Die Figur des Robin Hood will Umverteilung von oben nach unten, das ist seine Idee von Gerechtigkeit. Auch wenn man dieses Ziel teilt: Robin Hood verstößt dabei gegen Regeln und Gesetze. Er ist und bleibt ein Räuber, also ein Verbrecher.

Ich bringe es manchmal in ein Bild: Gott hat uns Menschen einen Mercedes namens Erde hingestellt. Und dazugesagt, dass dieser Mercedes nur mit Benzin fährt und nicht mit Diesel. Das ist das Gesetz. Wer dann trotzdem Diesel tankt, darf sich nicht wundern …

Über dieses Thema streite ich mich mit Ruben wohl am

häufigsten. Er schüttelt den Kopf, wenn ich Gesetze, die »vor Tausenden von Jahren aufgeschrieben wurden«, noch heute absolut setze. Weil er nicht glaubt, dass sie von Gott kommen. Was ihn dann ein wenig besänftigt, ist meine Aussage, dass auch der Sünder von Gott geliebt und nicht gehasst wird. Mit dem Sündigen muss er trotzdem aufhören und umkehren. Da kann ich denen, die ausdrücklich nach meinem Rat als Rabbi fragen, nichts anderes sagen. Die Freiheit des Willens bedeutet auch die Pflicht des Menschen, die Verantwortung für das zu übernehmen, was er selbst wählt.

Aber bevor ich mich mit Ruben in die Haare kriege, schnell noch eine kleine Geschichte zum Thema »Hashem lenkt und steuert alles«. Als Rabbi war ich im Auto nachts allein unterwegs nach Jerusalem. Dort angekommen, stand ich um halb vier morgens vor einer roten Ampel. Außer mir war niemand auf der Straße, und die Ampel fühlte sich anscheinend wohl mit mir, sie wurde einfach nicht grün. War sie kaputt? Ich wollte endlich heim, verlor die Geduld, schaute ganz genau in die Kreuzung – niemand kam, keine Spur von Leben – und fuhr los.

Wie aus dem Nichts stand fünfhundert Meter nach der Kreuzung Polizei da und stoppte mich. Der Polizist fragte: »Haben Sie etwa nicht gesehen, dass die Ampel rot ist?« Ich erwiderte: »Doch, die Ampel habe ich gesehen, aber Sie habe ich nicht gesehen.« Wir mussten schmunzeln, ich entschuldigte mich und bat den Polizisten, mir doch bitte einen Strafzettel auszustellen.

Schließlich war ich ohne Hashem gefahren! Hashem wollte, dass ich stehen bleibe, ganz gleich, warum; er wollte, dass ich bei Rot halte, und da ich bei rotem Licht nicht stehen wollte, stand ich nun bei Blaulicht. Für diesen mangelnden Glauben gebührte mir eine Strafe. Der Polizist schien von meiner Ehrlichkeit und meinem Glauben angetan. Er ermahnte mich mündlich, und ich durfte ohne Knöllchen weiterfahren.

DER ISRAELISCHE PATIENT

Dass Israel in vielfacher Hinsicht ein Glücksfall für mich ist, habe ich ja bereits erwähnt. Und ich bin auch zu einem echten israelischen Patrioten geworden. Wovon ich noch nicht gesprochen habe, sind das Wetter und die Landschaft.

Obwohl ich aus Bayern stamme, habe ich Schnee und Winter nie gemocht. Ich habe ein paarmal vergeblich versucht, auf Skiern zu stehen, und dann gefunden, dass der Spaß dabei zu sehr in Stress ausartet.

Das Klima in Israel dagegen liebe ich. Manche hier stöhnen bisweilen über die Hitze, aber ich nörgle eher, wenn sich im Hochsommer mal ein paar Wölkchen an den blauen Himmel wagen. Ich will die Sonne und dieses unglaubliche mediterrane Leuchten haben – so oft wie möglich. Meinen lädierten Knochen und Gelenken tut die Wärme wahrscheinlich auch gut. Ich fühle mich hier viel besser als im oft so feuchten und kalten Deutschland.

Israel ist ein kleines Land. Und wegen der feindseligen Nachbarn können wir nicht einfach mal über die Grenze fahren zu einem Ausflug oder einer Reise. Das ist in Deutschland schon toll, diese Möglichkeit, mal eben nach Prag, Wien oder Südtirol zu fahren, nach Straßburg, Amsterdam oder Warschau. Trotzdem bietet Israel großartige Möglichkeiten für eine Familie wie unsere mit vier Kindern: zum Beispiel das Rote Meer für Schnorchel- und Badeurlaub. Oder das Tote Meer und die Wüste Negev als spektakuläre und spirituelle Orte. Aber wir fahren meistens in den Norden Israels, wo das Mittelmeer und die Kinneret, also der See Genezareth, locken. Man kann unglaubliche Kontraste erleben. Wegen der Kinder sind wir einmal im Winter auf die Golanhöhen gefahren und hatten dort einen ganzen Tag herrliches Schneevergnügen.

Dann saßen wir eine Stunde im Auto – und stiegen an der Kinneret in sommerlicher T-Shirt-Atmosphäre wieder aus.

Wenn wir dann erst sehr spät schlafen gehen, tue ich mich morgens immer etwas schwer, aus den Federn zu kommen. Ich kann nichts dafür, mein Bett und ich, wir lieben uns einfach, aber mein Wecker versucht uns immer wieder auseinanderzubringen. Es ist also auch Selbsttherapie, wenn ich einem Klienten ins Gewissen rede, dass man sein Leben nicht verpennen sollte. Wenn uns etwas Negatives passiert, dann geschieht das oft, um uns aus unserem Schlaf zu wecken, also aus geistiger Bequemlichkeit. Leben heißt Voranschreiten und einen Weg gehen. Das ist anstrengender als Stehenbleiben. Aber am Ende, wenn man vom Gipfel aus hinunter ins Tal schaut, ist es immer befriedigender als das träge Herumliegen unten im Tal.

Ich habe schon einige Male erwähnt, dass ich infolge des Angriffs dauerhaft eingeschränkt bin. In Zahlen: Ich bin zu 70 Prozent schwerbehindert. Wöchentlich bekomme ich eine Spritze in den Arm (wegen der Schulter), und alle drei Monate gibt es den »Kniemonat«, in dem es einmal pro Woche eine Spritze ins Knie gibt. Das ist nicht sehr angenehm. Für ein künstliches Kniegelenk, das eigentlich angezeigt wäre, bin ich noch zu jung. Meinen linken Arm kann ich nicht schmerzfrei heben. Neuerdings plagt mich eine schmerzhafte, chronische Rheumaerkrankung, die sehr wahrscheinlich ebenfalls aus meinen Verletzungen und meiner Bewegungseinschränkung kommt. Mein Körper hat Traumata erlitten und reagiert darauf mit entzündlichen Autoimmunerkrankungen; so vermuten es meine Ärzte jedenfalls.

Wenn ich von meinem Leben und meiner Arbeit erzähle, könnte man meinen, ich sei ganztags berufstätig, aber das ist nicht der Fall. Aufgrund meiner Behinderung wäre ich sogar einer regelmäßigen Halbtagsarbeit kräftemäßig nicht gewachsen.

Warum erzähle ich diese deprimierenden Dinge? Um zu jammern? Keineswegs. Meine Behinderung ist eine Tatsache, die zu meinem Leben gehört – und also auch zu meiner Lebensgeschichte. Und ich bin überzeugt: Sie ist auch Teil meiner Lebensbestimmung.

Mein spirituelles Vorbild im Umgang mit meiner Beeinträchtigung ist vor allem auch der Magid (Seher) aus Mesritsch, ein Denker aus der Frühzeit des Chassidismus, also aus dem 17. Jahrhundert, und der große Schüler vom Begründer des Chassidismus, dem Baal Schem Tov. Er war bereits gehbehindert auf die Welt gekommen und lehrte, dass dieses Handicap notwendig sei für seine Lebensbestimmung. Ich lernte daraus für mich: Gott liebt mich, immer und über alles. Und wenn Er, der mich über alles liebt, ja sogar mehr als ich selbst mich liebe, und Er sich sogar mehr als ich selbst um mich kümmert, dann ist diese Behinderung für mich sicher das Beste vom Besten.

Gott legt jedem von uns etwas in den Korb, mit dem wir dann durchs Leben gehen. Das können Talente sein oder eine besondere Kraft, aber auch Probleme und Einschränkungen. Mich wollte er zum Beispiel endlich mal aus meinem Mercedes rausholen, und jetzt büße ich für die Sünden meiner Jugendjahre. Der Schöpfer ist barmherzig – aber was man kaputt gemacht hat, muss man reparieren. Entweder in diesem Leben oder im nächsten. Ich durchlebe also eine Sühne und damit einen Reinigungs- und Korrekturprozess. So verstehe ich das. Mein Handicap sollte mein Augenöffner sein – und das hat geklappt. Ich brauchte das offenbar. Und ich kann nun anderen etwas zeigen und geben durch meinen Umgang mit dem Handicap.

Aber Vorsicht: Solche Gedanken sind keine Entschuldigung und Rechtfertigung für böse Taten. Der Nebendarsteller aus dem Klub soll sich bloß nichts einbilden …

Ich bin also sehr oft im Krankenhaus – und trotz der Schmerzen und der zeitraubenden Prozeduren ziehe ich daraus wertvolle Impulse und kann aufgrund meiner eigenen Erfahrungen manchmal erspüren, was jemand, den ich dort sehe, gerade braucht. Ich treffe dort immer wieder auf Menschen, denen es noch viel schlechter geht als mir, und das lindert dann sofort meine eigenen Schmerzen. Und ich sehe dort das Leben, wie es wirklich ist: Wir alle sind wie feinstes Kristall, wertvoll, aber auch sehr zerbrechlich.

Weil ich die Verzweiflung kenne, in die man als Patient geraten kann, weiß ich, wie wichtig eine Geste der Freundlichkeit und Liebe hier sein kann: dass man einem kranken Menschen mit einem Lächeln »Hallo« sagt, ihn fragt, ob er was braucht, und so weiter. Einmal wartete ich im Hadassah-Krankenhaus in Jerusalem auf meine Spritze. Hier habe ich übrigens auch einen super Arzt gefunden, Dr. Ilan Ilsar. Sein Spirit ähnelt dem von Dr. Schrott. Wenn er mir eine Spritze gibt, was wirklich schmerzhaft ist, sagt er: »Lieber David, das ist nur Kleinkram! Du hast keine Operation oder so was, musst nicht hierbleiben, sitzt nicht im Rollstuhl. Und überhaupt: Sei dankbar dafür, dass du damals nicht auf den Kopf gefallen bist.«

Im Wartezimmer saß mit mir ein junger Mann, der eine sehr komplizierte Knieverletzung und diverse Knochenbrüche erlitten hatte. Der arme Kerl war Opfer eines dieser unbeschreiblich brutalen und inhumanen Anschläge eines Palästinensers geworden: Ein Attentäter war mit seinem Auto einfach in die wartende Menge an einer Bushaltestelle gefahren; es gab viele Verletzte und auch Tote.

Der junge Mann war offensichtlich tief deprimiert und resigniert. Seine Mutter, die ihn begleitete, war mit seinem seelischen Zustand verständlicherweise überfordert – sie konnte es ja selbst kaum ertragen, ihn so zu sehen. Sie wollte ihm unbedingt alles recht machen und ihm eine Hilfe sein, aber was kann man einem jungen Menschen, der plötzlich nicht mehr gehen oder auch nur ein Glas in der Hand halten kann, schon geben, damit er lächelt?

Ich hörte, wie sie ihn fragte: »Hast du Hunger, Schatz?« Er sagte Ja, aber hier im Krankenhaus schmecke das Essen so schlecht, dass er lieber darauf verzichte. Seine Mutter wollte das so nicht akzeptieren und fragte, womit sie ihm denn eine Freude machen könne. Der junge Mann zuckte die Schultern und sprach davon, wie gerne er früher bei der Hamburgerkette Agadir gewesen sei, vor oder nach dem Kinobesuch im Cinema City. Er hatte Tränen in den Augen bei dieser Erinnerung an sein unbeschwertes Leben vor dem Attentat.

Jetzt kam mein Moment. Ich ging raus, erkundigte mich bei der Sprechstundenhilfe nach seinem Namen und rief dann meinen Freund Raz an – er leitet eine Agadir-Filiale. »Raz, welches ist das beste Burgermenü bei euch? Das beliebteste?« Raz fragte nicht lange nach, worum es ging – er kannte mich ja und wusste, dass ich mal wieder auf einer »mission impossible« war. 45 Minuten später stand ein Kurier mit einer Agadir-Tüte draußen auf dem Flur. Ich humpelte an meinen Krücken hinaus, nahm ihm die Tüte ab und ging zu dem traurigen jungen Mann: »Hast du das hier bestellt?«

Er sah verwirrt auf – und Augen und Nase reagierten gleichzeitig auf die Agadir-Tüte. Verwirrt sahen er und seine Mutter mich an.

»Wie heißt du?«, fragte ich ihn.

»David«, sagte er.

»Super, genau wie ich!«, sagte ich lachend. »Und weiter?«

»David Moshe« – so nennen wir ihn hier mal.

Ich reichte ihm die Tüte: »Ist für dich. Dein Powerpack. Lass es dir schmecken, mein Bruder!«

Ich setzte mich neben ihn und redete ihm zu, während er glücklich seine Zähne in den Burger hieb.

»Der Loser hat dich vielleicht überfahren, aber er wird es doch wohl nicht schaffen, dass du auf Dauer unter die Räder kommst, oder? Du bist hier im Krankenhaus, was bedeutet: Du wirst wieder gesund! Schau mich an. Ich war auch mal im Rollstuhl, so wie du jetzt, und dachte, das war's. Aber weißt du was? Dieser Rollstuhl damals, der hat mein Leben erst so richtig ins Rollen gebracht! Vertrau darauf: Dieser Rollstuhl fährt dich geradewegs in dein wahres Leben. Gott wird dir aufhelfen und dir ein Türchen aufhalten. Du wirst mal mit Krücke durchs Leben gehen, mal ohne, mal mit Spritze, mal ohne. Aber die Sonne wird immer scheinen, und zwar in deinem Herzen.«

Davids Mutter war zu Tränen gerührt. Und er war regelrecht geschockt. Er wusste nicht, woher ich auf ihn gefallen bin. Die Mutter wollte mir das Essen bezahlen, aber ich sagte ihr, dass ich das von mir Ausgelegte von ganz woanders wieder zurückbekäme, und zwar doppelt und dreifach. So regelt Gott das. Ich danke Ihm jeden Tag für das Geschenk, Gutes und Schönes in die Welt setzen zu können und nicht einer von denen zu sein, die Leid in die Welt bringen. Geht im Umgang mit Menschen bedacht durchs Leben und sorgt alle mit dafür, diese Welt zu einem farbenfrohen Ball der Liebe zu machen.

Den jungen Mann habe ich dann ab und zu im Krankenhaus besucht und ihn weiter ermuntert. Weil ich mich daran erinnerte, wie allein ich damals im Krankenhaus gewesen war, als alle »Freunde« sich von mir abgewandt hatten.

NÄCHSTENLIEBE UND BEHINDERUNG

Der Aspekt »Judentum und Behinderung« hat mich aus nahe-liegenden Gründen immer besonders interessiert. Während meiner Studien stellte ich erstaunt fest, eine welch große Rolle dieses Thema in der Überlieferung spielt. Die Thora berichtet von Behinderungen bei so einigen der großen Führer und Lehrer: Samson, der als Schimschon HaGibor, also als »Sam-son der Mächtige« betitelt wird und den viele als den stärksten in der Bibel erwähnten Mann kennen, wurde mit einem Hin-ken geboren und starb blind. Auch Itzchak erblindete in späte-ren Jahren: »Als Itzchak alt war und seine Augen zu trüb wa-ren, um zu sehen ...« Jakob hatte nach einem Angriff Schwie-rigkeiten beim Gehen und wurde ebenfalls blind. Und unsere Matriarchinnen sind auch nicht als perfekte Wesen dargestellt: Sarah, Rivka und Rahel waren alle unfruchtbar, und Lea wird als schwachäugig beschrieben.

Sogar von Mosche Rabbenu, unserem Rabbi Moses, dem Führer des jüdischen Volkes, heißt es, dass er eine Art Sprach-behinderung hatte. Seine ersten Jahre verbrachte er im Palast des Pharaos als dessen Adoptivenkel. Der König war sehr an-getan von dem Kleinen, der sogar mit seiner Krone spielen durfte. Die königlichen Berater aber protestierten: »Wir sind besorgt, dass er dir die Krone wegnimmt. Er sollte hingerich-tet werden!« Als der Pharao zögerte, schlug ein Berater vor, man solle zwei Schalen vor das Kind stellen: eine mit Gold und glänzendem Schmuck, die andere mit glühenden Kohlen. Wenn Moses das Gold nehme, zeige es, dass er klug sei und tatsächlich eine Bedrohung für den Pharao darstelle. Wenn er jedoch nach den Kohlen greife, sei bewiesen, dass seine Faszi-nation für glänzende Dinge nicht mehr als ein Kinderspiel ist.

Moses griff prompt nach der Schale mit dem schimmernden Gold, aber ein Engel lenkte seine Hand um und stieß sie in die Kohlen. Weil er sich die Hand verbrannte, steckte er sie instinktiv in den Mund, zusammen mit den glühenden Kohlen – und versengte sich die Zunge.

Von diesem Tag an stotterte Moses. Und sprach deshalb viel später zu Gott: »Bitte, Hashem, ich bin nie ein Mann des Wortes gewesen, weder in vergangenen Zeiten noch jetzt, da Du zu deinem Knecht gesprochen hast; ich bin langsam der Rede und langsam der Zunge.«

In der nächsten Strophe antwortet ihm Gott: »Wer gibt dem Menschen die Sprache? Wer macht ihn unfähig zu sprechen oder taub, sehend oder blind? Bin nicht Ich es, der Heilige? Nun geh, und Ich werde bei deinem Mund sein und dich unterweisen, was du sagen sollst.«

Gott ermutigt Moses, trotz seiner Einschränkung das Volk Israel zu führen – ein starkes Beispiel dafür, dass Menschen mit Behinderung einen wichtigen Beitrag für unsere Gemeinschaft leisten können. Das Judentum sensibilisiert auch für den Umgang mit behinderten Menschen. So heißt es etwa: »Du sollst den Tauben nicht beleidigen und den Blinden keinen Stolperstein vorsetzen.« Die Thora appelliert mit ihren Bildern an alle, dafür Sorge zu tragen, dass jeder Mensch sich willkommen und zu Hause fühlen kann. Wir dürfen nicht zulassen, dass jemand gegen seinen Willen von der Gemeinschaft getrennt wird, nur weil rundum Gesunde nicht daran dachten, den Alltag behindertengerecht zu gestalten.

Einmal konnte ich mit dem Vater eines als »schwerbehindert« eingestuften Kindes ein sehr ermutigendes Erlebnis teilen. Levi Itzchak ist ein süßer kleiner Junge, sein Vater Shmulik liebt ihn über alles. Ich lernte ihn kennen, als er eines Tages zu mir in die Praxis kam. Er war aufgewühlt und musste sofort seinen Kummer loswerden. Er kam nicht klar damit, dass sein Sohn nicht so wie alle anderen Israelis zur Armee gehen würde, dass er niemals heiraten und Kinder haben sollte, niemals ein normales Leben führen. Und er fragte sich, warum Gott das seinem Sohn angetan habe: »Warum nur, warum hat Er meinen Sohn als Krüppel auf die Welt gebracht?! Manchmal denke ich, vielleicht ist genau das der Beweis dafür, dass es keinen Gott gibt. Sei mir nicht böse, Rabbiner Kraus, aber diese Fragen beschäftigen mich ununterbrochen! Aber weißt du, was am schlimmsten ist? Dass ich keine Antworten darauf finde ...«

Ich habe Shmulik fest umarmt und versucht, ihm ein Halt zu sein. Und ich wollte Levi Itzchak unbedingt kennenlernen. Ich lud Vater und Sohn ein, in Jerusalem gemeinsam in einem Stadtpark spazieren zu gehen und eine Pizza zu essen. Unterwegs kamen wir an einem Fußballplatz vorbei, auf dem gerade Kinder spielten. Levi Itzchak sah sehnsüchtig zu ihnen hinüber. Da fiel mir eine wunderschöne Geschichte ein, die ich einmal gelesen hatte. Und ich entschloss mich, Shmulik mit in die Welt dieser Geschichte zu nehmen, weil ich überzeugt war, dass sie ihm helfen konnte.

»Siehst du die spielenden Kinder dort, Shmulik? Schließ bitte die Augen. Und jetzt stell dir vor, diese Kinder würden gerade eine Art Endspiel austragen. Es liegt eine Stimmung in der Luft wie bei einer echten Weltmeisterschaft. Und die beiden Mannschaften haben eine Abmachung getroffen: Das Gewinnerteam bekommt vom Verliererteam leckere Pizzas spendiert. Neben der Pizza geht es natürlich auch um Ruhm und Ehre. Stell dir vor, dass das eine Team mit 6:2 führt und nur noch zehn Minuten zu spielen sind. Und dass wir drei – Levi Itzchak, du und ich – am Rand stehen und zuschauen. Plötzlich rollt der Ball genau dort, wo wir stehen, ins Aus, und Levi Itzchak stoppt ihn mit dem Fuß. Er hat in seinem Leben noch kein einziges Mal Fußball gespielt, oder? Aber in seinen Augen sehe ich ein unbeschreibliches Leuchten. Siehst du es auch?«

Shmulik nickte gebannt und mit geschlossenen Augen. Levi Itzchak spürte, dass es um ihn ging und dass etwas Wichtiges geschah. Er konnte uns nicht hören, aber er saß ganz still auf der Wiese und sah uns an. Ich fuhr fort:

»Jetzt ruft eins der Kinder deinem Levi Itzchak zu: ›Hey du, wirf den Ball her!‹ Und ich zögere nicht lange und frage den Jungen: ›Du, sag mal, kann Levi Itzchak vielleicht auch mitspielen!?‹ Schon bereue ich diese Frage, weil ich ja weiß, dass Kinder gemein und herzlos sein können. Aber der Junge reagiert ganz cool. Er schaut Levi Itzchak an und versteht sofort, dass er geistig behindert ist. Er sieht auch, dass Levi Itzchak nicht wirklich eine Verstärkung für sein Team sein würde. So blickt er erst zu Boden, holt dabei tief Luft und sagt dann plötzlich: ›Ich bin Ben. Willst du mit uns spielen!?‹«

Ich sah je eine Träne aus Shmuliks fest geschlossenen Augen rollen und erzählte weiter. Nach und nach steigerte sich meine Stimme wie die eines Radioreporters.

»Ben hat längst verstanden, dass sein Team so weit zurückliegt, dass es ohnehin verlieren wird. Wieso also dann nicht Levi Itzchak eine Freude bereiten? Levi Itzchak lächelt und nickt sein Ja dazu! Es ist das erste Mal in seinem Leben, dass er ein Fußballfeld betritt. Ein Junge aus dem gegnerischen Team fragt, wie es sein könne, dass sie einfach noch einen zusätzlichen Spieler mit reinnehmen, und dann auch noch ohne Sportkleidung. Aber einer aus seiner Mannschaft greift sofort ein: ›Sei still, du Dummkopf! Siehst du nicht, dass er behindert ist!? Außerdem gewinnen wir sowieso.‹

Und so spielen sie weiter. Dann geschieht etwas Wunderbares. Das Team von Levi Itzchak beginnt, richtig guten Fußball zu spielen, und so schießen sie ein Tor nach dem anderen. Zwei Minuten vor dem Schlusspfiff steht es völlig unerwartet 6:6. Levi Itzchak hatte bis hierhin noch keinen einzigen Ballkontakt, aber allein die Tatsache, als Teil eines Teams auf dem Feld zu stehen, berührt ihn sehr. Und dann wird einer seiner

Mitspieler im Strafraum gefoult. Elfmeter für Levi Itzchaks Team! Eine sichere Gelegenheit, um den spielentscheidenden Treffer zu landen.

Dan, der Spielführer der Mannschaft, steht bereit, um den Sieg durch Elfmeter klarzumachen. Aber da geht Ben auf Dan zu und flüstert ihm etwas ins Ohr. Dan schaut Levi Itzchak an und ruft: ›Hey, Junge, komm her, du schießt!‹

Levi Itzchak – ihr erinnert euch – hat noch nie Fußball gespielt. Das Spiel steht unentschieden. Wenn jetzt ein Tor fällt, bekommt das Team von Levi Itzchak die leckeren Pizzaschnitten. Es ist ein Schicksalsmoment – es geht um die Pizza und um die Ehre. Warum also jetzt einen Jungen an den Elfmeterpunkt stellen, der nicht mal weiß, wie man einen Ball tritt?

Dan und Ben erklären Levi Itzchak, was er zu tun hat. Levi Itzchak steht am Punkt, blickt auf den Ball und schaut dem Torhüter in die Augen, der entschlossen ist, sein Team in die Verlängerung zu retten. Auch Ben sucht den Blickkontakt mit dem Torhüter. Der sieht Ben tief in die Augen – und sein Blick verändert sich mit einem Mal. Er schaut nicht mehr so verbissen drein, sondern weich und irgendwie herzlich.«

Shmulik bemerkte gar nicht, dass er meine Hand ergriffen hatte, so gebannt und bewegt hörte er meiner »Reportage« zu.

»Levi Itzchak nimmt Anlauf und schießt. Es ist ein schwacher Schuss, dazu noch auf die Mitte des Tores. Der Torhüter könnte ihn leicht halten. Aber er rollt sich dramatisch zur Seite, und der Ball kullert ins Netz. TOR! TOR! TOR! 7:6 für das Team von Levi Itzchak! Und Levi Itzchak ist der Matchwinner – er hat das entscheidende Tor geschossen!«

Shmulik zitterte, als ginge es um die Weltmeisterschaft. Aber für ihn ging es ja auch um etwas mindestens ebenso Wichtiges: um seinen geliebten Sohn.

»Alle Spieler auf dem Feld, auch die des Verliererteams, rennen voller Freude auf Levi Itzchak zu und schreien: ›Er ist groß, er ist groß, er ist groß! Levi Itzchak, der Held, Levi Itzchak, der Held!‹ Es spielt keine Rolle mehr, wer gewonnen und wer verloren hat. Alle beglückwünschen den Jungen und freuen sich mit ihm, nach seinem ersten Fußballspiel.«

Levi Itzchaks Vater saß neben mir und musste vor Freude weinen – und mir ging es genauso. Ich hatte nur eine Geschichte erzählt, die jemand anderes aufgeschrieben hat, und doch war es einer der herzergreifendsten Momente meines Lebens. Ich sah Shmulik an und sagte: »Weißt du noch, was du mich vorhin, als Levi Itzchak so sehnsüchtig aufs Feld starrte, wieder einmal gefragt hast? ›Warum erschafft Gott behinderte Kinder?‹ Tja, warum? Ich kann dir nicht sagen, warum Gott genau Levi Itzchak und deiner Familie so ein Schicksal auferlegt hat. Aber die Geschichte zeigt uns, dass auch er vermutlich eine besondere Begabung hat: Er kann das Beste in anderen Menschen hervorrufen. Das ist das Gegenteil einer Behinderung. Die Kinder aus der Geschichte, Ben, Dan, der Torhüter und alle anderen, haben ihren ›Kampf‹ einfach mal vergessen und sind zumindest für ein paar Minuten bessere Menschen geworden. Ihnen wurde bewusst, dass es noch etwas anderes gibt als sie selbst, als einen Sieg, Pizza oder Ruhm und Ehre. Und so etwas kann auch dein Levi Itzchak schaffen.«

Ich bin überzeugt: In der Geschichte war Gott an diesem Tag bei den Kindern auf dem Fußballfeld. Und heute war er bei Shmulik und mir auf der Bank und bei Levi Itzchak auf der Wiese. Wenn wir für einen Augenblick aufhören würden, uns nur mit uns selbst zu beschäftigen, mit den Dingen, die wir haben wollen und erreichen möchten, mit Sachen, die wir verloren haben oder dabei sind zu verlieren, und wenn wir uns stattdessen darauf konzentrieren, wie wir unserem Gegenüber Gutes tun können – und zwar ohne die Erwartung einer Gegenleistung: Dann werden wir die Wahrheit entdecken können! Sie lautet: Gott befindet sich in jedem Einzelnen von uns. Wir müssen Ihn nur aus uns hervorkommen lassen. Und Menschen wie Levi Itzchak können uns dabei helfen.

Noch einmal zurück zum Umgang mit meiner eigenen Behinderung. Der Thora zufolge bekommt man drei Dinge nur mit Qualen: die Thora, Erez Israel (das Land Israel) und das kommende Leben im Paradies, also im Garten Eden, wo alles immer nur gut ist. Ein Beispiel: Wer sich in Israel eine Wohnung kauft, weil er das Land und die Religion so liebt, der erwirbt auch einen Anteil an den Qualen, die Israel mit sich bringt.

Der Begriff »Qualen« ist natürlich relativ. Schon ein kleines Missgeschick empfinden manche Menschen bereits als Qual – vor allem wenn es im »richtigen« Moment geschieht. Ein gerissener Schnürsenkel beim ohnehin verspäteten Fertigmachen für ein Vorstellungsgespräch wäre so eine »kleine« Qual. Der Talmud erwähnt sogar als mögliche »Qual«, dass man in der Tasche nach einer großen Münze sucht und doch nur eine kleine findet.

Das Empfinden einer Qual lenkt unsere Aufmerksamkeit auf den, der die Welt lenkt, und macht uns sensibel für kritische Wendepunkte in unserem Leben. Und wer nicht aufmerksam hinschaut, den erwischt es vielleicht schlimmer. Meine »Steigerung« vom unverletzt überstandenen Totalschaden auf der Autobahn zu dem Angriff auf mich mit den bleibenden Folgen für die Gesundheit könnte ein Beispiel dafür sein.

Ich habe für mich Folgendes herausgefunden: Um den »Qualen« einen Sinn zu geben, muss man sie erkennen, sie benennen und verstehen. Und wir müssen nicht versuchen, vor dem Schmerz zu fliehen, sondern wissen, wohin wir mit dem Schmerz fliehen können. Darin liegt die Befreiung.

Verordneter Hass

Wie ich erzählt hatte, bin ich als Kind mit meinen Eltern von Jerusalem nach Regensburg gezogen. Dort wuchs ich auf und lernte auf dem Fußballplatz einen wundervollen Menschen kennen, Murat. Wir wurden Freunde – trotz der Tatsache, dass ich ein BVB-Trikot trug und er eins von Bayern München. Aber wir spielten im selben Team, und der eine freute sich, wenn der andere ein Tor schoss. Später stand ich in einem schwarz-gelben Jerusalem-Trikot auf dem Platz und er in seinem rot-gelben Istanbul-Trikot, und auch damit gab es kein Problem.

Mit 19 Jahren stellte Murat fest, dass er Muslim war, und er lernte seinen islamischen Glauben immer mehr kennen. Das hat unsere Freundschaft überhaupt nicht belastet. Wir tolerierten und respektierten einander, und alles war super. Doch dann wurde Israel eines Tages erneut von einer Welle der Gewalt heimgesucht, und diese Welle schwappte bis ins Regensburger Idyll und spülte Murats Freundschaft zu mir fort.

An einem Freitag kam er zu mir – wir hatten uns zum Fantatrinken verabredet – und sagte: »Du, David, ich hab schon länger was auf dem Herzen, das ich dir sagen muss. Es war eine schöne Zeit mit dir, ich danke dir dafür, aber wir können keine Freunde mehr sein, ich muss einen Cut machen.«

Ich dachte, ich höre nicht recht, und fragte: »Was?«

»Wir können einfach nicht länger befreundet sein.«

»Wieso denn nicht?«, fragte ich Murat.

Und er erzählte mir, dass der Imam in der Moschee, seine Vertrauensperson, ihm Dinge zum Israel-Palästina-Konflikt gesagt hatte, nicht zu den Hintergründen natürlich und zum Entstehen von Hass und wie man ihn womöglich beenden kann. Sondern er hatte selbst Hass auf die Juden gesät, und das hatte Murat als Glaubenssatz abgespeichert und verinnerlicht: »Schau, du bist ein Sohn von Affen und Schweinen.«

So hat er zu mir geredet.

Da sagte ich: »Hör mal zu, du kennst meine Eltern, schämst du dich nicht? Du warst bei uns zu Hause, hast mit ihnen Kaffee getrunken, findest sie nett und lustig, und jetzt laberst du hier was von Affen und Schweinen. Geht's noch? Meine Eltern sind keine Affen und Schweine.«

Aber Murat blieb fest bei seiner Ansicht und wollte gar nichts mehr von mir hören, und ich dann auch nicht mehr von ihm. So zerbrach die Freundschaft zwischen Murat und mir.

Wie entsteht so ein irrationaler Hass? Die Sozialpsychologie beschreibt eine Methode: den abwärtsgerichteten sozialen Vergleich. Jemand beginnt sich abwärtsgerichtet mit einem anderen Menschen zu vergleichen und erhebt sich über die andere Person, weil er überzeugt ist, einer höhergestellten Gruppe anzugehören. Falls der andere nicht so ist wie er, dann ist er im extremen Fall des Todes, weil er in den Augen des anderen als nicht lebenswert erscheint. Gefährlich an dieser Sichtweise ist, dass dieses Abwärtsvergleichen keinerlei Begründung braucht.

Man konnte Murat nicht mehr mit der Realität kommen: »Du kennst doch meine Eltern.« Nein, Murat, hat das mithilfe seiner geistlichen Führer so für sich bestimmt: »Du stammst von Affen und Schweinen ab, und wenn du nicht glaubst, was ich glaube, dann bist du des Todes.«

Ich stelle mir vor, dass es bei vielen radikalen Muslimen ähnlich aussieht. Sie sind nicht in der Lage, mit einem Getränk in der Hand neben einem Juden zu stehen und dem Beat zu lauschen oder einfach nur gemütlich im Bus zu sitzen und die schöne Aussicht zu genießen. Sie müssen, vom Imam verordnet, alle jüdischen Israelis hassen, die da ihr Land Palästina bevölkert haben, und so hassen sie dann bis zu dem Punkt, dass ihnen ein anderes Leben ganz ohne Wert erscheint, und dann führen sie »Allahu Akbar« rufend einen Terrorakt aus.

Allahu Akbar bedeutet: Gott ist groß, Gott ist unvergleichlich groß. Wir alle rufen Gott an, jeder in seiner Sprache. Wir Juden rufen Ihn auf Hebräisch Hashem, auf Deutsch Gott, Arabisch sprechende Menschen rufen Ihn Allah. Aber wenn wir Ihn rufen, egal in welcher Sprache, dann rufen wir den einen und einzigen Gott. Denn es gibt nur einen Gott, nicht zwei oder drei und keine Kombination von mehreren.

Attentäter stürzen sich auf unschuldige Menschen, ermorden sie und rufen dabei »Allahu Akbar«, Gott ist groß. Aber scheint denn Gottes Sonne, wenn man ihn anruft, während man einen Mord verübt? Ganz im Gegenteil: Es wird kalt und dunkel um einen, und man kann sich nicht vorstellen, dass Gott hierin etwas ihm Gefälliges erblicken kann. Danke für den Mord, er war wohlgetan? Ein grässlicher Gedanke, den man Gott damit zumutet. Nein, der Attentäter hat Seinen Namen vielmehr entehrt und zutiefst missbraucht, für Hass und Gewalt. Aber wenn du Gott rufst, egal in welcher Sprache, da soll dir warm ums Herz werden. Also wenn ich Seinen Namen rufe, scheint die Sonne, dann ist es schön, alles glänzt, und mir wird warm ums Herz. Denn Gott ist wirklich unvergleichlich groß!

Natürlich will ich hier nicht verallgemeinern, vielmehr rede ich von »Einzeltätern«, Spinnern, die Hass verordnen und damit eine Lawine der Gewalt auslösen. Ich finde es immer blöd, wenn jemand sagt, er habe Freunde aus anderen »Gruppen«, denn in der Regel sagen das Leute, die die anderen aus jenen »Gruppen« hassen und dazu dann den Spruch zum Besten geben: Ausnahmen bestätigen die Regel. Als Junge hatte ich, wie bereits gesagt, hauptsächlich nichtjüdische Freunde. Sie waren Christen, Muslime und auch Atheisten, und es spielte keine echte Rolle, von wo jemand herkam, wir wollten einfach nur spielen und gemeinsam Spaß haben.

Übrigens: Was machen eigentlich ein Jude, ein Christ, ein Muslim und ein Atheist zusammen im Café? Klingt irgendwie nach einem sich anbahnenden Witz, nicht wahr? Genau das ist das Traurige: Wenn einer anfängt zu erzählen, dass ein paar Menschen verschiedenen Glaubens um einen Tisch herumsitzen, wartet man schon auf die Pointe. Dabei können solche Treffen Alltag sein, unter »normalen« Menschen, die ein Prosit auf die Gemütlichkeit trinken! Aber Einzeltäter treiben immer wieder ihr Unheil. Gleich seht ihr, warum ich das alles hier schreibe, da ich leider den Eindruck habe, dass diese Einzeltäter immer mehr werden.

Antisemitismus und Schoah

Im Kapitel über meine Schulzeit habe ich bereits von Erfahrungen mit Antisemitismus und vom Schicksal der Familie meines Großonkels Jossef während der Schoah berichtet. Ich teile sie mit praktisch allen Juden. Fast jeder hat Vorfahren im Holocaust verloren; und alle haben Antisemitismus im In- und Ausland am eigenen Leib erfahren. Wer hier von meinen entsprechenden Erlebnissen liest, mag den Eindruck bekommen, es sei fast unerträglich gewesen, in Deutschland zu leben. In Wahrheit erlebte ich nicht viel Antisemitismus in meinem Alltag, aber immer wenn ich ihn erlebte, war es doch zu viel von dieser Art.

Vor einiger Zeit flog ich von Wien nach Frankfurt. Ich hatte einen Fensterplatz, der Platz in der Mitte meiner Reihe war frei, und am Gang rechts außen saß einer, der, nachdem wir die Flughöhe erreicht hatten und die Gurte lösen konnten, laut und vernehmlich zum Steward sagte: »Neben dem will ich aber jetzt nicht den ganzen Flug lang sitzen müssen.« Mit »dem« war ich gemeint.

Die Leute um uns herum waren von der Situation überfordert und schwiegen oder hatten einfach nicht wahrgenommen, was da gerade passiert war. Ich jedoch schaute nach rechts und sagte: »Meinen Respekt, dass Sie es überhaupt schon so lange ausgehalten haben neben mir. Aber Ihre Idee, sich einen anderen Sitzplatz zu suchen, finde ich richtig gut.« Ich erhob mich und schaute mich um. »Ich kann Ihnen helfen. Moment … Sie brauchen ja auf jeden Fall einen Rechts-außen-Platz. Ah, da hinten ist einer frei. Wäre der in Ordnung für Sie? Bitte, gern geschehen!«

Der Mann war fassungslos, und ich fuhr fort: »Das wäre doch ausreichend weit weg von mir. Ich will Ihnen meine Nähe auch nicht mehr allzu lange zumuten, setzen Sie sich doch bitte möglichst schnell um.« Der Mann schüttelte den Kopf und meinte: »Eine Frechheit!« Darauf ich: »Ja! Unerträglich! Gehen Sie doch nach hinten jetzt. Dann kann ich es mir hier gemütlich machen, über die gesamten drei Sitze schön bequem schlafen und von einer besseren Welt träumen.«

Mein Nachbar war jetzt vollständig entgeistert: Der Jude hatte sein Maul aufgerissen. Zudem in seiner eigenen arischen Sprache. Allerdings ist er dann schön brav in seine rechte Ecke gegangen. Und ich hatte tatsächlich noch einen tollen Flug mit reichlich Platz. Ich bin sogar kurz eingenickt und habe geträumt: von einer Welt der Liebe und Toleranz!

Fazit: Lass dir nie von einem Verlierer erklären, was du machen sollst, sondern zeig ihm, wie gewinnen geht. Sei ein Licht. Als an der Schule damals einige zu mir sagten: »Verschwindet, ihr Juden« – da blieb ich erst recht und wurde erster Schülersprecher, gewählt von allen anderen Mitschülern. So geht Miteinander!

In Flugzeugen und an Flughäfen zeigt sich Judenhass offenbar gern – besonders ungeniert, wenn Menschen glauben, ich verstünde nicht, was sie sagen. Die Flugbegleiter sprechen mich meist Englisch an, und dann antworte ich auf Englisch, auch in den Lufthansa-Maschinen. So war ich wieder mal als vermeintlicher Ausländer unterwegs, saß an einem Fensterplatz, bekam irgendwann mein Koscheressen serviert, und da begannen meine beiden Sitznachbarn sich über mich aufzuregen: »Was alle hier essen, ist dem Herrn wohl nicht gut genug. Er braucht natürlich eine Extrawurst.« Sie machten sich über meine Schläfenlocken lustig und darüber, wie bizarr die orthodoxen Juden doch seien. Ich freute mich schon auf den Moment, der dann kam: Ich bat sie höflich, mich vorbeizulassen, weil ich auf die Toilette müsse – und zwar in meinem schönsten bayerischen Deutsch.

Vor Schreck kamen die beiden erst gar nicht hoch. Ich schob nach, dass ich auch dringend einmal tief durchatmen müsse und mir ein wenig die Füße vertreten wolle. Ich sah deutlich, wie peinlich die Situation dem einen der beiden war – dem anderen jedoch überhaupt nicht. Er sah mich verächtlich und wütend an, und ich las in seinen Augen, wie wahr der böse, aber leider zutreffende Satz bis heute ist: »Die Deutschen werden uns Juden Auschwitz niemals verzeihen.«

Auch offene Anfeindungen sind inzwischen die Regel, und ich kann mich an keine Reise nach Deutschland oder Österreich erinnern, bei der ich als orthodoxer Jude nicht mit feindseligen Blicken bedacht und angepöbelt worden wäre. Zum Beispiel auf dem Flughafen, wo mich ein jüdischer Bruder abholte und ein Mensch an uns vorbeiging und sagte: »O Mann, heute stinkt es aber hier.« Häufig wird mir und meiner Familie auch auf Arabisch hinterhergeschrien, dass man alle Juden schlachten müsse. Ich verstehe ja ein wenig Arabisch, weil meine Großmutter mütterlicherseits nur Arabisch sprach und ich als Kind ein wenig davon aufgeschnappt habe.

Einmal war ich in der Jüdischen Gemeinde in Bremen zu Gast. Es fand ein Schabbaton mit Rabbiner David Kraus statt, ein Thorawochenende. Als ich etwa eine halbe Stunde vor Schabbatbeginn in die Gemeinde kam, nahm mich der Landesrabbiner zur Seite und sagte, er habe zwei anonyme Anrufe erhalten. Der eine klang eher harmlos: Der Anrufer meinte, er habe eine Liste mit Fragen an mich und verlange, diese mit mir zu besprechen, bevor der Schabbaton beginne. Der zweite Anrufer jedoch war ein »Ali«, der gesagt hatte, er erlaube mir nicht, in der Gemeinde zu sprechen, und wenn ich es doch wagte, würde es wohl knallen.

Der Landesrabbiner beruhigte mich; ihm sei dieser Ali wie ein Verrückter vorgekommen, er glaube nicht an eine echte Bedrohung. Dennoch meldete er den Vorfall der Polizei. Diese stellte fest, dass der Anruf aus Kiel stammte, weshalb wohl keine unmittelbare Gefahr bestand. Dennoch ordnete die Polizei an, dass ich zum Schlafen nicht, wie aufgrund meiner Behinderung gewünscht, im Erdgeschoss einquartiert werden dürfe, sondern in den zweiten Stock musste. Also war es doch gefährlich? Man darf solche Situationen jedenfalls nicht auf die leichte Schulter nehmen. Der Attentäter von Halle war sicher auch viele Jahre lang als vermeintlich harmloser Verrückter unterwegs gewesen, bis die tickende Bombe eben explodierte und er vor der Synagoge eine Katastrophe anzurichten versuchte.

Ich erzählte den Menschen in Bremen dann von »Ali« und wie ich ihn mir vorstellte. Er sei der Typ, der im Klub ein Mädchen an der vollen Bar sitzen sieht, auf sie zugeht und fragt, ob sie nicht Lust hätte zu tanzen. Und als sie »Ja« antwortet, sagt er: »Super, dann geh endlich tanzen, ich will mich nämlich hinsetzen.«

Die richtige, zum Beispiel humorvolle und schlagfertige Reaktion auf Antisemitismus darf jedoch nicht allein Aufgabe der Betroffenen sein. Beim Problem Judenhass sind der Staat und die gesamte Gesellschaft gefordert. Wenn in Berlin oder sonst wo eine Truppe ganz »friedenswilliger« Menschen bei einer »Friedenskundgebung« auf einmal Hassparolen brüllt und offen zu Gewalt aufruft, ja sogar den wunderschönen Davidstern und die israelische Flagge in Brand setzt, und die Politik schaut dabei nur zu, dann animiert das zwangsläufig zu weiteren Übergriffigkeiten. Dann erklärt als Nächstes ein Loser einem jüdischen Mitbürger Berlins öffentlich, er solle die Stadt gefälligst verlassen, er und seine jüdische Sippe hätten hier nichts zu suchen, der Platz der Juden sei in der Gaskammer.

Menschen, die Hass an den Tag legen und zu Gewalt aufrufen, sollte man nicht erlauben, öffentlich zu demonstrieren. Weil das nichts mit freier Meinungsäußerung zu tun hat. Wer Hass und Gewalt propagiert, gehört entweder in eine Justizvollzugsanstalt oder in eine Langzeittherapie, aber ganz sicher nicht in die Zentren von Deutschlands Städten. Dann müssen wir mit der Flagge des Herzens aufstehen und ein LICHT sein. So wie ich beispielsweise vor ein paar Jahren an Chanukka, dem jüdischen Lichterfest, in Hanau erstmals seit 1932 wieder die Lichter der Liebe und der Freude entzündete und leuchten ließ.

Wir haben alle dieselbe Nationalität: Mensch! Die uns anfeinden, sind blind für das Wesentliche, aber wir, wir dürfen unsere Sehkraft für das Leben, die Liebe und den Humor nie verlieren, auch wenn die Säure ihres Hasses unsere Augen verätzen will.

Wir können und müssen aus der Vergangenheit lernen. Als ein Freund von mir bei einer Berlin-Reise mit seiner Familie das Denkmal für die ermordeten Juden Europas besuchte, hat er davon Fotos auf Facebook gepostet. Manche Kommentare dazu haben mich ziemlich verwundert. Ein Mann schrieb: »Ein anderes Thema kennst du nicht?? Ich dachte, du bist ein fröhlicher Mensch, der in der heutigen Zeit lebt? So langsam nervt das Gejammere.« Von dieser Art gab es mehrere Beiträge, sodass ich mich schließlich einmischte und die Geschichte von Simba und dem Affen Rafiki aus dem Film *König der Löwen* erzählte.

»Was geht mich die Vergangenheit an?«, sagte Simba. Da nahm Rafiki einen Stock und schlug Simba auf den Kopf. »Au! Hey, warum hast du das gemacht?«, rief Simba. »Ist doch egal. Es ist Vergangenheit!«, meinte Rafiki lachend. Simba rieb sich den Kopf und erwiderte: »Ja, mag sein. Aber es tut immer noch weh.« Darauf der clevere Affe: »O ja, die Vergangenheit kann wehtun. Aber wie ich es sehe, läuft man entweder vor ihr weg, oder man lernt daraus.«

Von den »Verschwindet, ihr Juden«-Parolen dürfen wir uns nie wieder einschüchtern lassen. Im Gegenteil: Jetzt erst recht müssen unsere Aktivitäten über offizielle Gedenktage und Staatsakte hinausreichen. Wir müssen aktiv am Alltag teilnehmen, müssen helfen und unterstützen! Das jüdische Leben in Deutschland sollte rund um die Uhr und jeden einzelnen Tag sichtbar sein, zum Anfassen und Begreifen, sodass es zum lebendigen Dialog einlädt. Nur so lassen sich Vorurteile, Ängste und zwischenmenschliche Distanz abbauen. Ich bin für offene Türen, Ohren und Herzen. Meine Botschaft: Lebensfreude, Vertrauen, Glück, Gemeinschaft, Menschlichkeit und Toleranz.

Wie wirkt sich die Katastrophe der Schoah auf die heutigen Juden aus? Der Historiker Yehuda Bauer, einer der renommiertesten Schoah-Forscher weltweit, sagte einmal, dass die gesamte jüdische Bevölkerung wegen der Schoah an einem Trauma leidet. Und dieses hat eine Verbindung zu einem »Urtrauma« des jüdischen Volkes: den schrecklichen Erfahrungen in der ägyptischen Sklaverei. Was unsere seelische Grundausstattung als Juden angeht, waren wir alle als Gefangene des Pharaos in Ägypten und haben die Pogrome und die Gewalt erfahren.

Ein Trauma ist eine Situation, in der die Rolle einer Person ohne vorherige Vorbereitung grundlegend verändert wird. Wir wissen, wie dauerhaft zerstörerisch eine posttraumatische

Belastung ist – der Zustand, in dem jemand ein Trauma mit sich herumträgt, das er nicht auflösen kann. Weil er nicht bereit ist, seine neue Bestimmung anzunehmen – und deshalb dazu verdammt, zum »verwalteten« Objekt seiner Verletzung zu werden.

Die Bewältigung der Gewalterfahrung in Ägypten hat Eingang in die ältesten Rituale der jüdischen Religion gefunden. Mit dem Seder-Abend (Leil HaSeder) haben wir als Volk eine Form gefunden (oder: von Hashem geschenkt bekommen), durch eine gemeinsame, ritualisierte Erzählung die Ereignisse von damals und heute aufzuarbeiten – jedes Jahr aufs Neue. Die Anwesenden erzählen die Geschichte der Verfolgung durch den Pharao, und je detaillierter jemand erzählt, desto mehr Anerkennung erhält er. Denn von was man sich erzählt hat, das kann einen nicht mehr lähmen. Am Seder-Tisch wird der Moment des Traumas bewusst erfahren. Der festgehaltene, traumatisierte Persönlichkeitsanteil kann dabei wieder in Bewegung gelangen und dadurch Heilung eintreten. Abgespaltene Gefühle und Erinnerungen treten Schritt für Schritt ins Bewusstsein und können im Kontakt gefühlt und integriert werden.

Der Leil HaSeder wird interessanterweise von der gesamten jüdischen Bevölkerung gefeiert, selbst nichtreligiöse Juden entdecken sich an diesem Abend mit der Mazza in einem anderen Licht. Das Pessach-Fest ist das Fest der Befreiung aus der Sklaverei. Die Weisen Israels sagen, dass der Auszug des jüdischen Volkes aus Ägypten nicht nur den Israeliten zugutekam, sondern der gesamten Menschheit. Denn alle Welt wurde Zeuge davon, dass der Schöpfer der HERR über alles ist, also auch über die Natur – so wie König David einst sagte: »Erzählt den Völkern von Seiner Herrlichkeit, allen Nationen von Seinen Wundern!«

TEIL 2

RATSCHLÄGE EINES FRÖHLICHEN RABBIS

PSYCHO-THORA-PIE

Wir alle, die wir Menschen sind, haben eines gemeinsam: Wir gehen einen Weg. Unseren Lebensweg. Und egal wer wir sind, was wir tun und was wir glauben: Wir hoffen, dass dieser Weg ein Weg des Glücks sein möge.

In meiner Arbeit begleite ich meine Klienten jeweils ein Stück auf ihrem Lebensweg. Ich erfahre, auf welche Hindernisse sie stoßen, welchen anderen Menschen sie unterwegs begegnen und wie sie versuchen, zu sich selbst zu finden. Und ich will ihnen helfen, glücklich zu sein und das Leben freudig und dankbar als Geschenk annehmen zu können. Dabei hilft mir selbst mein tiefer, fröhlicher, von Liebe zu unserem Schöpfer erfüllter Glaube.

Für meine Arbeit bin ich ständig auf der Suche nach Anregungen: nach schönen sprachlichen Bildern und guten Sprüchen, die im Kopf etwas in Bewegung setzen. Natürlich denke ich mir all diese Weisheiten nicht selbst aus – dann wäre ich ein Genie und längst Multimillionär. Ich nehme nur aus vielen Quellen dankbar die Weisheit des »Schwarms« auf, den wir Menschheit nennen. Erstaunlich oft stelle ich fest, dass die Menschen, die zu mir kommen, ihre Vorstellungen und Sehnsüchte anhand von sogenannten Kalendersprüchen formulieren. Das greife ich dann gerne auf und versuche es in echte, individuelle Erkenntnis zu verwandeln. Die eine oder andere »Lebensweisheit« wird dir also beim Lesen bekannt vorkommen. Das macht aber nichts, denn mit hilfreichen Sätzen ist es wie mit Medikamenten: Es geht nicht um Originalität, sondern um Wirksamkeit.

Und hier noch der Beipackzettel: Dieser Teil des Buchs und meine Methode der Psycho-Thora-pie können ganz konkret hilfreich sein für alle, die offen für den Glauben und Spiritualität sind und konstruktiv an sich arbeiten wollen. Aber die Lektüre dieses Buchs kann selbstverständlich keine Therapie ersetzen. Wer unter ernsten psychischen Problemen leidet, sollte immer die Diagnose eines professionellen Therapeuten einholen und nicht auf eigene Faust tätig werden.

Das leichte Glas

Als ich einmal einen Vortrag an der Uni hielt, marschierte ich mit einem Glas Wasser in den Raum und stellte es auf den Tisch – der Auftakt für ein kleines Experiment, das ich mir in einem Lehrvideo abgeschaut hatte. Einer der Studenten schaute abschätzig und sagte mit überlegener Miene: »Jetzt kommt garantiert wieder die Nummer mit dem halb vollen oder halb leeren Glas.« Und alle anderen Studenten lachten.

Ich sagte: »Nein, heute mal nicht. Es ist viel einfacher. Ich möchte nur wissen, ob dieses Glas leicht oder schwer ist.«

Das Lachen verstummte. Die Studenten waren nun doch neugierig geworden.

»Leicht natürlich!«, rief eine Studentin. Und der selbstbewusste Halb-voll-halb-leer-Mann pflichtete ihr bei: »Logo, superleicht!«

Ich: »Okay, wenn das für dich so logisch ist, dann hol dir bitte dieses Glas bei mir ab und trag es zu deinem Platz.«

Der Student holte sich lächelnd das Glas und ging zurück zu seinem Tisch. Als er es dort abstellen wollte, sagte ich: »Ach so, nein. Halt das Glas bitte einfach fest, bis ich dir Bescheid sage. Superleichte Aufgabe: festhalten. Nicht abstellen. Nicht fallen lassen.«

»Alles easy«, sagte der Student noch. Und dann begann ich mit meinem Vortrag. Nach einigen Minuten merkte ich, dass der Student allmählich begann, zu verkrampfen und seine

Körperhaltung dauernd zu verändern. Nach einer Viertelstunde traute er sich und unterbrach mich: »Meine Armmuskeln tun weh. Und meine Hand schläft ein und schmerzt. Ich glaube, das Glas fällt mir bald runter.«

Ich: »Oh! Wenn das so ist, dann stell es bitte sofort hin! Und erzähl uns: Wie war deine Aufgabe?«

Der Student antwortete unter dem Gelächter seiner Kommilitonen: »Gar nicht so einfach.«

Ich: »Aha, und weshalb nicht? Ich dachte, das Glas sei superleicht!?«

Der Student: »Ja, das ist es auch. Aber nur für kurze Zeit. Das Glas eine halbe Stunde lang in der Hand zu halten macht es natürlich schwer.«

Ich: »Habt ihr gehört?! Was sagte er zu Beginn? ›Alles easy.‹ Jetzt sind wir Augenzeugen dafür geworden, dass sich aus diesem easy Glas etwas richtig Schweres entwickelt hat. Und eine Viertelstunde kam ihm vor wie eine halbe.« Die Studenten lachten. »Aufgaben, Herausforderungen können sich also verändern. Wie sie uns erscheinen, hängt von ihrer Dauer ab, aber auch von unserer Einstellung zu ihnen. Und davon, ob die Aufgabe zu unseren Fähigkeiten passt oder nicht. Aber auch von unseren inneren Kräften, unserer Motivation. Und davon, welchen Sinn wir in den Herausforderungen erkennen, die uns begegnen.«

Hindernisse

Jeder kennt das: Ich will von A nach B – und auf einmal stellt sich mir ein Hindernis nach dem anderen in den Weg. Es ist so schwer, zu erkennen, ob der Sinn dieser Hindernisse darin liegt, mich herauszufordern und mir zu sagen: Mach weiter! Wachse an deiner Aufgabe! Oder ob sie mich im Gegenteil warnen wollen: Kehr um, du läufst in dein Verderben!

Auch Gläubige erkennen nicht leicht, was Sache ist. Bin ich in der Lage von Abraham, dem auf dem Weg zur Opferung seines Sohns Isaak unzählige Hindernisse begegneten? Er ging unbeirrt voran zur Opferstätte, weil sich Gottes Wille, dass Isaak verschont werde, erst dort offenbaren sollte (und hatte damit recht gehandelt). Oder bin ich in der Lage von Bilam, dem die Hindernisse auf seinem Weg zeigen sollten, dass das Ziel am Ende seines Wegs, das Verfluchen der Israeliten gegen Bezahlung, dem Willen des Schöpfers widersprach (womit er die an ihn gerichtete Warnung einfach ignorierte)? Gläubige können diese Frage eigentlich nur mit dem schönen alten Wort »Gottvertrauen« beantworten. Was Gott will, bleibt uns mitten in einer Situation oft verborgen.

Aber jeder Mensch kann ein Hindernis zum Anlass nehmen, innezuhalten und sich zu fragen: Ist es das Ziel am Ende meines Weges wert, dass ich das Hindernis überwinde und daran stärker werde? Oder hilft mir das Innehalten, mich von einem falschen Weg abzuwenden? Ob wir religiös sind oder nicht: Widerstand fordert die Werte heraus, an denen wir uns orientieren. Und ganz unabhängig von der »Botschaft« der Hindernisse steht fest: Wir müssen damit umgehen – mit Zweifeln, mit Angst und Schmerz, mit Scheitern, Verlust und Feindseligkeit. Darum soll es in diesem Abschnitt gehen.

Wo ist der Weg?

Jeder, der schon mal eine schriftliche Arbeit verfassen musste, hat es vor sich gehabt: das leere weiße Blatt. Beziehungsweise heute eher: den blinkenden Cursor links oben im leeren Dokument. Und auch, wer (wieder oder erstmals) mit regelmäßigem Sport beginnen will, kennt die hohen Hürden, die einen vom ersten Mal abhalten wollen – die Trägheit, der mühsame Angang, die Angst vor dem Scheitern.

Unzählige kluge Sprüche und Sprichwörter handeln von diesem Moment: »Aller Anfang ist schwer.« Oder: »Auch die längste Reise beginnt mit dem ersten Schritt.« Und auch Rabbi Nachman spricht natürlich darüber: »Alle Anfänge sind schwer, während du dich von einem Extrem zum anderen bewegst. Doch sobald du begonnen hast, wirst du dich allmählich an die Situation gewöhnen, und so wird es nicht mehr länger so schwer sein.«

Wenn ich etwas Neues beginne (wie zum Beispiel dieses Buch), hilft es mir, mich an die Situationen zu erinnern, in denen ich etwas begonnen habe, das mir sehr schwer erschien – und daran, wie diese Herausforderung nach einiger Zeit zu einer regelmäßigen Übung und sogar zu einer angenehmen Erfahrung wurde. So erlaube ich meinen Gedanken, mich für mein Vorhaben zu stärken.

Leichter fällt der erste Schritt natürlich, wenn man gut darin ist, nach Wegen zu suchen. Als ich einmal mit meinen Kindern in einem Erlebnispark war, gab es einen Parcours. Unser Pfad endete plötzlich an einem Wasserbecken. Ich lief hinter meiner kleinen Tochter und sagte: »Na los! Warum gehst du nicht weiter?« Sie rief: »Hier ist doch gar kein Weg mehr, Aba!« Ich erwiderte, sie solle genau hinschauen: Es gab viele Steine, auf die man treten konnte, sogar mit kurzen Beinchen. »Auch so kann ein Weg aussehen, oder?«, fragte ich sie, als wir am anderen Ufer waren und meine Tochter staunend auf die Steine zurückschaute. »Ein Weg ist manchmal da, weil wir es sagen. Und manche denken dann, wir könnten übers Wasser gehen.«

Dazu eine Geschichte: Ein sehr reicher Mann besaß den höchsten Wolkenkratzer der Stadt. Eines Tages schrieb er einen Wettbewerb aus: 100 000 Dollar sollte derjenige bekommen, der es in zehn Minuten bis ganz oben auf die Dachterrasse schaffte. Startpunkt war ein Treppenhaus. Es hatten sich nur drei Sportler gemeldet. Der erste kam, schaute nach oben und begriff, dass das niemals in zehn Minuten zu schaffen war. Er trat gar nicht erst an. Der zweite stürmte los, aber nach drei Etagen wurde ihm klar, dass er niemals so schnell oben sein konnte, und er gab auf. Nun sagte der reiche Mann zum dritten Sportler: »Lauf! Versuch es!« Der Sportler hielt die Aufgabe nicht für machbar, aber da er so freundlich aufgefordert wurde, stürmte er los. Nach sechs Minuten erreichte er plötzlich ein Plateau, und dort gab es einen Aufzug für die Haustechniker. Er sprang hinein, drückte auf den obersten Knopf – und erreichte die Dachterrasse in weniger als zehn Minuten. Als der Reiche ihn oben antraf, sagte er: »Die 100 000 Dollar gehören dir. Oder ich gebe dir den besten Posten in meinem Unternehmen. Denn du hast verstanden: Ein Weg entsteht, indem man ihn geht.«

Wobei: Wenn du ihn gehst, bist du nie allein, sondern hast immer einen Begleiter an deiner Seite. Gott ist mit dir, überall! Und installiert dir auch rasch einen Aufzug, wenn du ihn brauchst, oder ein anderes persönliches Wunder. Sia'ta Dischmaja nennen wir das, himmlische Hilfe.

Eine große Hilfe beim Überwinden von Hindernissen sind Strategien zur Selbststärkung. Ich habe einmal von einer Szene gelesen, die das veranschaulicht. Eine Mutter ist mit ihrer etwa vierjährigen Tochter im Supermarkt. Und als sie am Süßigkeitenregal vorbeikommen, nimmt das unvermeidliche Drama seinen Lauf. Die Tochter zeigt auf eine bunte Verpackung und sagt: »Kann ich das hier haben?«

»Nein.«

»Und das hier?«

»Nein.«

»Ich will aber!« Worauf die Tochter sich mit Gebrüll auf den Boden wirft – man kennt das.

Die Mutter: »Sarah, bleib ruhig. Alles ist okay.«

Als sie an der Kasse anstehen, geht das Drama von vorne los.

»Mama, nur das, nur das eine hier!«

»Nein, jetzt nicht. Morgen wieder.«

»Ich will aber jetzt!« Und wieder wirft sie sich auf den Boden, brüllt und flippt total aus.

»Sarah, gleich sind wir draußen, und dann ist alles okay.«

Eine Dame verfolgt das Ganze aufmerksam und denkt bei sich: eindrucksvolle Frau! Sie verliert überhaupt nicht die Nerven, sondern ist die Ruhe in Person. Draußen spricht sie die Mutter an: »Sie sind ja eine tolle Mutter! Das war klasse, wie Sie mit Ihrer kleinen Sarah gesprochen haben.«

Darauf die Mutter: »Moment! Meine kleine Tochter heißt Tamari. Ich bin Sarah.«

Diese Mutter hatte es tatsächlich drauf. Sie konnte in Stresssituationen mit sich selbst reden und sich so beruhigen.

Gescheiter scheitern

Wichtig ist auch, wie wir mit der Möglichkeit umgehen, dass wir scheitern können – und mit der Tatsache, dass wir es tun. Denn jede und jeder scheitert immer wieder mal an einer Herausforderung. Neulich nach dem Morgengebet fragte mich ein Schüler: »Wie oft sind Sie in Ihrem Leben eigentlich schon gescheitert – ich meine so richtig?«

Ich lächelte und sagte: »Unzählige Male. Aber das war für mich nie ein Grund, traurig zu sein. Denn ich weiß: Misserfolg ist nicht das Gegenteil von Erfolg, sondern ein Teil davon.«

Ich schaue dann einfach auf einen kleinen Jungen, der gerade laufen lernt. Er fällt so oft hin. Und zieht doch nie den

Schluss daraus, dass das mit dem Laufen einfach nichts für ihn ist. Sondern steht immer wieder auf und macht weiter. Auch ohne das Krönchen zu richten.

Einmal saß eine Frau bei mir in der Praxis, sie war über vierzig und hatte keinen Führerschein. Dabei hätte Auto fahren können ihr Leben sehr erleichtert: die Einkäufe für die Familie, die Kinder zum Sport bringen und in die Synagoge ... alles sehr umständlich ohne Auto. Aber da sie in der Schule unter Prüfungsangst und Panikattacken gelitten hatte und bereits einmal durch die Theorieprüfung gefallen war, war sie überzeugt, wieder zu versagen und den Spott aller Bekannten und Nachbarn auf sich ziehen. Deshalb wagte sie keinen erneuten Anlauf.

Ich hielt ihr das Beispiel der Kinder vor Augen, die etwas so Komplexes wie Laufen lernen – weil sie es immer wieder versuchen und sich vom Scheitern nicht davon abhalten lassen. Ich sagte ihr: »Siege machen stolz. Und Niederlagen machen stark.« Sie solle nicht verzweifeln, sondern Furcht und Stolz loslassen und es noch einmal versuchen. Und dann noch einmal, falls nötig. Sie meldete sich dann tatsächlich wieder zur Fahrschule an. Einige Monate später hupte es plötzlich vor dem Fenster meiner Praxis, und aus dem Auto stieg die Frau und überreichte meiner Frau und mir einen Kuchen. Selbst gebacken und selbst hergefahren.

Wenn die Wellen hochschlagen

Ich liebe das Meer, und deshalb weiß ich, dass das Leben wie ein Badetag ist: Kämpfe nicht gegen die Wellen an, sondern lerne auf ihnen zu reiten. Aber wenn du Angst vor Wasser und vor dem Ertrinken hast, ist Wellenreiten wahrscheinlich die falsche Betätigung für dich. Nicht alle Menschen sind jeder

Herausforderung gewachsen. Wer Höhenangst hat, sollte sich nicht genau beim Bergsteigen beweisen wollen. Wer wie ich gehbehindert ist, sollte sich eine andere Challenge als einen Marathon wählen. Es ist kein Selbstzweck, gegen den Strom zu schwimmen. Wenn du ins Wasser springst, obwohl es einfach nicht dein Element ist, raubt dir das so viel Energie und Kraft, dass du es dann auch wirklich nicht schaffst. Überlege also, ob dieser Strom etwas für dich ist. Wenn ja: wundervoll. Wenn nein, dann suche dir eben einen Strom, der zu dir passt. Höre darauf, was dein Herz dir zuflüstert. Du kannst mit allem im Leben ringen – aber du solltest nie gegen deine Gefühle ankämpfen, denn diesen Kampf wirst du verlieren.

Als mein Sohn einmal traurig aus der Talmud-Thora-Schule gekommen war, nahm ich ihn an die Hand, und gemeinsam fuhren wir nach Ashdod ans Meer. Am Wachtturm der Rettungsschwimmer war die schwarze Flagge gehisst. Das Meer war also gerade sehr aufgewühlt und gefährlich. Aber für mein Experiment brauchte ich genau diese tosenden Wellen. Wir stiegen ins Wasser, und ich sagte zu meinem Sohn: »Siehst du, Melech schel Aba (Papas König), diese Wellen sind das Leben, und das Leben ist immer vor dir! Manchmal schaut es genau so aus: wild, tobend, nicht wirklich einladend. Aber solange du nicht ganz den Boden unter den Füßen verlierst, kann es dennoch Spaß machen, was meinst du?« Mein Sohn sprang in die ersten Wellen hinein und tobte voller Freude in ihnen herum. Was ich ihm damit veranschaulichen wollte: Egal welcher Seegang gerade in deinem Leben herrscht, halte dich an Dinge, die dir guttun, und nimm das Glück mit, dass sich dir auch dann bietet, wenn du Kummer hast. In diesem Fall war das Wellenkickboxen für meinen Sohn pure Medizin.

Manchmal ist man aber auch so erschöpft, dass man beim besten Willen nicht mehr den Wellen zu trotzen vermag. Dann mach es so wie ich: Geh in Deckung. Statt mich der Welle entgegenzustemmen, tauche ich unter ihr ab und hinter ihr wieder auf. Probleme kommen nicht, um bei dir zu bleiben, sondern um weiterzuziehen. Und was machen Surfer? Sie warten auf die hohe Welle. Wenn in deinem Leben die großen Brecher anrollen, nimm die Welle und lass dich auf ihr tragen. Sie will dich nämlich gar nicht wegschwemmen, sondern im Gegenteil nur ganz nach oben bringen.

Wie wir eine Herausforderung bewältigen, hat natürlich auch mit unserer Einstellung zu tun. Dazu mal wieder eine alte Geschichte, die der berühmte Rabbi Noam Elimelech von Lyschansk erzählt hat:

Ein berühmter, ungeheuer beleibter Richter namens Tuvia sprach ein Urteil, das dem König missfiel. Dieser erklärte, dass der Richter des Todes sei. Tuvia entfloh den Häschern und kam an ein Seeufer. Dort stand ein Mann und erkannte den beliebten (und beleibten) Richter. Dieser konnte nicht schwimmen und fragte den Mann, ob er ihn auf seinen Rücken nehmen und mit ihm hinüberschwimmen könne. Sie schwammen los, und alles ging gut, trotz des Gewichts des dicken Richters. Auf halber Strecke dankte Tuvia dem Mann überschwänglich: »Weißt du, dass du mir gerade das Leben rettest?« Und er erzählte ihm, dass der König ihm ans Leben wolle. Von diesem Moment an spürte der Mann das Gewicht des Richters mit jedem Zug stärker – und bald wurde ihm klar: Entweder wir ertrinken hier beide, oder ich lasse Tuvia ertrinken und rette mich. Die Last der Verantwortung ist zu schwer. Und so ertrank Tuvia.

Man sollte meinen, dass die Bedeutung der Aufgabe in diesem Beispiel so groß war, dass sie den Mann erdrückte. Der Normalfall und auch die Botschaft der Geschichte ist jedoch umgekehrt: Was uns wichtig ist, fällt uns leichter. Ein Schrank zum Beispiel ist sehr schwer, man bewegt ihn nur ungern von der Stelle. Aber wenn ein Herzensfreund dich fragt, ob du ihm hilfst, seinen Schrank in die obere Etage zu tragen, bist du dennoch leicht dazu bereit. Weil dir diese Anstrengung für deinen Freund etwas wert ist. Widerstrebt dir eine Handlung jedoch, dann machst du dich ungern an die Ausführung. So ist ein Kugelschreiber ohne Zweifel viel leichter als ein Schrank. Und einen runtergefallenen Kugelschreiber aufzuheben ist sehr leicht, man bückt sich automatisch nach ihm und hat die Szene bald wieder vergessen. Aber wenn Israels Premierminister in der UN-Vollversammlung sitzt und der Erzfeind Ismail Haniyya, einer der Top-Five-Führer der militanten islamistischen Hamas, genau vor ihm seinen Stift fallen lässt, dann ist es eine ungeheuer schwere Aufgabe, diesen nur ein paar Gramm wiegenden Gegenstand aufzuheben. Weil die ganze Welt dabei zuschaut und das Gewicht einer langen Staatsfeindschaft auf der Szene liegt. Und weil Israels Premier vermutlich keinerlei Lust hat, dem Mann, der Israel vernichten will, auch nur den kleinsten Gefallen zu tun.

Halten wir fest: Wenn etwas von Wert für mich ist, kann ich diese Aufgabe sehr leicht bewältigen. Wenn aber der Wert fehlt, wenn eine Sache für mich nicht wirklich von Bedeutung ist, dann wird es sehr schwer, etwas zu schaffen.

Streit

Kommen wir zu einigen typischen Hindernissen, die sich vor unserem Weg auftürmen können. Eines der häufigsten ist Streit. Viele wissen in der Theorie, dass jeder Streit sinnlos ist – er ist das Gegenteil von Licht. Das Beste, was du in deinem Leben tun kannst, ist, Frieden zu stiften. Aber leider gibt es zu viele Idioten auf der Welt, die erst dann kreativ werden, wenn sie jemanden verletzen möchten.

Auch ich gehöre leider manchmal zu den Theoretikern ... Aber zum Glück nicht immer. Einmal war ich mit meiner Familie im Urlaub in Eilat am Roten Meer. Nach einer Bootstour kamen wir an der Bojenbrücke vorbei, die zum Loveboat führt. Meine Kids wollten noch ein wenig auf diesem schmalen Steg balancieren. Da konnte ich natürlich nicht Nein sagen und ging mit ihnen vorsichtig auf der schwankenden Brücke auf und ab. Die Wellen haben uns wirklich herausgefordert. »Hier ist es wie im Superland«, sagte meine Tochter. Während wir uns vergnügten, gingen dauernd Menschen an uns vorbei, um zum Boot zu gelangen. Das machte die Sache noch spannender, weil man sich geschickt aneinander vorbeischieben musste. Niemand störte sich an unserem fröhlichen Treiben – bis auf einen. Ein Mann von der Bootsbesatzung stürmte plötzlich auf mich zu und schnauzte mich an: »Hey, du! Dummkopf! Merkst du nicht, dass du störst mit deiner blöden Spielerei mit deinen Kindern hier auf der Brücke? Verschwinde endlich, Arschloch!«

Sehr nett, nicht wahr? Im ersten Moment wollte ich zurückpöbeln, aber dann siegte mein Mitleid mit ihm, und ich erwiderte: »Sorry, Mister, please not in Hebrew. Do you speak English?«

Jetzt wusste der Mann nicht, was er sagen sollte. Er verstand, dass er es anscheinend mit einem Touristen zu tun hatte: »Ah, okay. No problem, Mister. Please get off the bridge.«

Ich sagte lächelnd: »For sure, thank you for your service! Have a nice day. God bless you!«

Er war nun richtig verblüfft und erwiderte: »Thanks, the same to you. Good bye. Enjoy your time in Eilat …«

Meine Tochter fragte mich danach: »Aba, warum hast du mit diesem bösen Mann auf Englisch gesprochen?« Ich antwortete: »Weißt du, Schatz, der Mann ist nicht wirklich böse. Er ist nur total im Stress und steht sicher sehr unter Druck. Sein Verhalten war natürlich nicht okay, und eben deswegen habe ich mich nicht auf Streit mit ihm eingelassen, sonst wäre ich ja wie er. Wenn wir wollen, dass unser Gegenüber sein Verhalten ändert, sollten wir auf eine Weise handeln, die der andere nicht erwartet. In diesem Fall war es hilfreich, ihn auf Englisch anzusprechen. Das hat seiner Streitlust einfach den Stecker gezogen.«

Ausgrenzung

Eine immer wieder sehr schmerzhafte Erfahrung ist Ausgrenzung. Das Bedürfnis, dazuzugehören, ist ein unverzichtbarer Teil des menschlichen Daseins. Unerwünscht, ungeliebt, vernachlässigt und vergessen zu sein kann schlimmer sein als Armut und Hunger. Einmal kam ein Mann zu mir in die Praxis, an dem mir sofort auffiel, dass er im Umgang mit Menschen gehemmt und verängstigt war. Er sah mir nicht in die Augen, wenn er erzählte, sprach nur leise und stockend. Auf mich wirkte er wie ein Tier, das oft geschlagen wird. Er erwartete von jeder menschlichen Begegnung Schmerz.

Was er sagte, brach mir fast das Herz: »Nirgendwo lässt man mich mitmachen, unter den Kollegen oder wenn alle immer eingeladen werden zum Feiern, nur ich fast nie. Dieses Gefühl der Erniedrigung halte ich kaum noch aus.«

Einem Menschen, der sich so ausgegrenzt fühlt, gebührt viel Empathie, weil hier die ganze Gesellschaft versagt. Vor allem die sind in der Verantwortung, die in einer Gruppe den Ton angeben – in der Gemeinde, in der Firma, im Verein, im Freundeskreis und so weiter.

Ich versuchte, den Mann insbesondere vor negativen Gedanken über sich selbst zu bewahren. Ausgegrenzt zu sein oder sich ausgegrenzt zu fühlen führt oft zu Scham und Kränkung, zu Überzeugungen wie »Keiner mag mich« oder »Ich bin nicht gut genug«. Dann hilft es, wenn man lernt, sich bewusst zu beobachten und bei negativen Gedanken zu ertappen. Dem setzt man nun nüchterne Sätze entgegen: »Etliche Leute haben mich gern, aber diese bestimmte Person mag mich eventuell nicht. Das macht aber nichts. Nicht jeder muss mich gernhaben. Ich bin trotzdem ein guter und liebenswerter Mensch.«

Ja, genau das bist du. Und Hashem liebt dich! Lass dich von den anderen nicht zu sehr runterziehen. Wenn ihre stärkste Waffe Ausgrenzung ist, sind sie wirklich nicht sehr stark. Sind es deine Freunde, von denen du dich ausgegrenzt fühlst, sprich das Thema offen an, auch wenn es Überwindung kostet. Und wenn das nicht hilft, such dir neue Freunde. Wer dich nicht einladen will, ist deine Zeit nicht wert, also verbringe sie mit jemand anderem. Manchmal müssen wir erhoffte Freunde oder auch geträumte Liebschaften aufgeben. Nicht weil es uns egal ist, sondern weil wir ihnen egal sind.

Mach dich zum Affen!

Wie aber wird man mit Niederlagen fertig? Was war die schlimmste Erfahrung, die du machen musstest? Versuche sie in einem neuen Licht zu sehen und entdecke, was diese Erfahrung ganz konkret in deinem Leben bewirkt hat – Dinge, die du daraus gelernt hast, Stärken, die du in dir selbst entdeckt hast, Menschen, die du dadurch kennengelernt hast. Lerne dankbar zu sein für all dies, denn Dankbarkeit öffnet den Blick für das Wertvolle in deinem Leben – auch im vermeintlichen Scheitern.

Gegen das Gefühl, von einer Herausforderung erdrückt zu werden, kann man auch ganz praktisch angehen. Man darf nur keine Angst haben, sich vor sich selbst und anderen zum Affen zu machen. Rabbi Nachman sagt: »Es ist die Hauptsache, jederzeit froh zu sein, auch wenn wir nichts tun, als den Dummkopf zu spielen, zu springen und zu tanzen.«

So merkwürdig es klingen mag: Wenn du eine innere Enge und Bedrängnis spürst, nimm dir vor, mindestens fünf Minuten lang zu tanzen und dabei in die Hände zu klatschen. Fang heute damit an. Und zieh es mindestens eine Woche lang durch. Schon nach kurzer Zeit wirst du spüren, wie der Ballast von dir abfällt und dein Herz vor Leichtigkeit und guter Laune überströmt.

Dann zünde die nächste Stufe. Fällt es dir leicht, auch mal albern zu sein? Stell dich vor den Spiegel oder vor einen Freund und erzähle einfach eine Geschichte in einem erfundenen Kauderwelsch. Begleite diese Geschichte mit übertriebenen Gesten, irren Grimassen, komischen Geräuschen und allem, was du sonst noch witzig findest.

Sei lieber fünf Minuten am Tag ein fröhlicher Affe als lebenslang ein Trauerkloß.

Versuchung

Eine der gemeinsten Herausforderungen auf unserem Weg ist die Versuchung. Sie zeigt sich nicht als Hindernis, sondern als verlockender Rastplatz abseits unseres Weges.

Die Geschichte dazu handelt von einem König, der eines Tages strengstens verbietet, weiterhin vom königlichen Wein zu trinken. Drei Diener haben aber gerade kurz vorher jeder eine Flasche stibitzt. Einer nimmt die Flasche und bringt sie gehorsam zurück in den Weinkeller. Der zweite setzt die Flasche an den Hals, aber nachdem er die Hälfte getrunken hat, bringt er den Rest zurück in den Weinkeller. Der dritte trinkt kurzerhand die ganze Flasche aus.

Wen von den dreien schätzt der König nun am meisten? Der Erste in seiner Loyalität und seinem Gehorsam ist ohne Zweifel wertvoll für den König. Er setzt sofort um, was der

König sagt, und seine Tugendhaftigkeit ist weitaus stärker als sein böser Trieb. Der Dritte … na ja, prost! Der König wird nicht begeistert sein. Aber der Zweite, der hat es in sich. Denn er kostete vom Wein, vom Spaß und Genuss, aber die Liebe zum König erwies sich als stärker, und er konnte selbst im Rausch der Gelegenheit Nein sagen zur Versuchung und Ja zum König. Und eine Treue, die durch die Versuchung geprüft wurde, ist kostbarer als eine Tugendhaftigkeit, sie sich von vornherein ängstlich fernhält von der Versuchung. Denn wer weiß, was geschieht, wenn die Sünde sich dann doch mal heranschleicht …

Angst

Als Kind liebte ich Baumhäuser. Ich war ein absoluter Kletterfan! Unerschrocken erklomm ich die höchsten Bäume. Einmal kletterte ich so weit nach oben, dass ich nicht mehr wusste, wie ich wieder herunterkommen sollte. Mein Vater musste die Feuerwehr alarmieren, die mich vom Baum holte. Ein in doppelter Hinsicht unvergessliches Erlebnis: Ich war das Gesprächsthema in der Schule. Und der Anschiss, den ich von Papi bekam, hatte sich gewaschen. Was ich erst später erfuhr: Mit meiner Kletteraktion hatte ich eine zentrale Botschaft Rabbi Nachmans befolgt: »Das Wichtigste im Leben ist, keine Angst zu haben, sich nicht zu fürchten. Nur das ist, was zählt!« Ein starkes Bild von ihm ist dieses: »Wisse, dass der Mensch diese Welt auf einer sehr engen Brücke überqueren muss, und die Hauptsache dabei ist, dass er dabei überhaupt nichts fürchtet.«

Angst ist für die meisten Menschen sicher eines der größten Hindernisse auf ihrem Lebensweg. Und glücklich sind die, die ihre Angst beherrschen, anstatt von ihr beherrscht zu werden.

Die wissen, dass jegliche Angst in Wahrheit ein herzlicher Anstoß ist, ein PS-starker Antrieb, ein wichtiger Impuls. Das hebräische Wort für Angst ist Pachad. Wenn man das Wort in hebräischer Schrift von hinten nach vorne liest, erhält man das Wort Dachaf – und das bedeutet: Anstoß, Antrieb, Impuls. Es geht also darum, die Angst von hinten aufzuzäumen. Denn gar nichts zu machen aus Angst, das Falsche zu tun, ist genau: das Falsche.

Gibt es etwas, was du tun oder erreichen möchtest, aber die Angst hält dich davon ab? Teile die Wegstrecke zu deinem Ziel in kleine Schritte ein, atme bewusst tief ein und tu den ersten Schritt. Denk darüber nach, warum du dieses Ziel erreichen willst – und nicht wie. Wenn das Warum stark genug ist, beantwortet sich das Wie von allein. Du wirst spüren, wozu du fähig bist. Die Kraft in dir wächst mit dem Ziel.

Selbstzweifel

Wir glücklichen Israelis können ja jederzeit einen Ausflug ans Mittelmeer machen. Wir bekommen Sonne, Strand und Urlaubsfeeling ohne lange Anreise. Als wir wieder einmal am Strand saßen und die Wellen und die tolle Natur beobachteten, sagte ich zu meinen Kindern: »Seht ihr, wie wundervoll! Gott ist echt ein Künstler. Unglaublich schön, was Er zeichnet. So viele Details! Die Farben und ihre Kombinationen! Die künstlerischen Effekte sind atemberaubend – einfach perfekt!«

Daraufhin meinte meine große Tochter: »Aba, ich will auch perfekt sein.«

Ich antwortete ihr: »Weißt du, ich wollte auch mal perfekt sein. Aber ich habe aufgehört, das zu wollen. Es wurde mir nämlich auf Dauer zu anstrengend. Heute weiß ich, ich bin nicht perfekt, aber dafür eine Limited Edition. Versuch es damit!« Danach musste ich erklären, was eine Limited Edition ist, und das war ziemlich schwer. Am Ende ging die Erklärung so: »Ich bin nicht perfekt, aber dafür einzigartig.«

Das Streben nach Perfektion ist nur eines der Gesichter eines Themas, mit dem leider viele meiner Klienten zu schaffen haben: Selbstzweifel. Das negative Bild von sich selbst. Das Gefühl, nicht zu genügen. Es ist so schade, dass viele Menschen blind sind für ihre Einzigartigkeit. Sie vergleichen sich mit anderen und orientieren sich am Urteil anderer über sich. Und zwar meistens an den negativen Urteilen. Vor allem bei Frauen genügt es manchmal, wenn eine missgünstige Kollegin etwas Negatives über sie sagt, um hundert positive Stimmen über sich zu verdrängen. Dein Wert als Mensch wird nicht geringer, weil jemand anderes dich als minderwertig behandelt. Wer dich kleinmachen will, offenbart nur seine Unfähigkeit, deine Größe anzuerkennen.

Ich habe selbst solche Phasen des Selbstzweifels erlebt. In meiner praktischen Abschlussprüfung als Koch musste ich ein Drei-Gänge-Menü zubereiten und stellte plötzlich fest, dass ich beim Dessert die Vanillesoße vergessen hatte, die ich zu einer Rose hätte abziehen sollen. Als ich das bemerkte, sank mein Selbstbewusstsein sofort ins Bodenlose. Das Dessert war nicht vollständig, und damit hatte ich – nach drei Jahren Ausbildung! – die Prüfung vermasselt. Denn noch wichtiger als der Geschmack ist, genau das abzuliefern, was man vorher angesagt hat. Ich war wie versteinert. Aber einer der Prüfer kam auf mich zu und sagte: »Auch ohne Vanillesoße ist deine Arbeit mit ›gut‹ zu bewerten.« Ich traute meine Ohren kaum. Er fuhr fort: »Du arbeitest sauber, professionell und schnell. Im Dessertbereich warst du nicht optimal unterwegs, aber deine anderen Qualitäten als Poissonnier (also Fischkoch) und dein sehr genaues Vorgehen im Gardemanger (kalte Küche) sind beeindruckend für einen so jungen Mann wie dich.«

Mich hat das natürlich unglaublich motiviert. Aber ich werde meine verzagte Stimmung direkt vorher nie vergessen. Jeder kennt das: Wenn etwas schiefläuft, sieht man nicht mehr all das viele, was man kann und schon erreicht hat. Es ist einfach weg. Ich hatte nur noch den Topf mit der oder, besser gesagt: ohne die Vanillesoße gesehen. Diese Bereitschaft, uns selbst übertrieben negativ zu sehen, schwächt uns oft sehr. Ich habe die Prüfung damals mit »gut« bestanden, Gott sei Dank. Und der Prüfer war ein sehr herzlicher Mensch – im Gegensatz zu vielen anderen. Denn leider ist die Regel, dass wir uns selbst fertigmachen und andere schikanieren, obwohl wir wissen: Jeder macht mal Fehler.

Im Lauf der Jahre ist bei mir zu verschiedenen Anlässen eine ganze Sammlung von Ermutigungssätzen zusammengekommen. Die möchte ich hier zur Verfügung stellen – als Powerpaket für einzigartige Menschen wie dich.

Beginnen wir mal wieder mit einem Zitat von Rabbi Nachman:

- »In jedem Menschen gibt es etwas Kostbares, einen ganz bestimmten Punkt. Etwas, das niemandem sonst innewohnt.«
- Der Schöpfer des Lebens hat dich für Sein Stück gecastet und dir eine Rolle in Seiner Story zugeteilt. Kein Auftritt ist zu klein, keine Zeile zu kurz. Nimm die Rolle an, die Gott dir zugedacht hat, dann wirst du sie auf eine Weise ausfüllen, die dich oscarreif macht.
- Es gibt keinen Weg, perfekt zu werden, aber unendlich viele Wege, ein guter Mensch zu sein.
- Sei du selbst! Denn alle anderen gibt es schon.
- Lebe dein Leben nicht für andere. Lebe es für dich!
- Das schönste aller Komplimente: »Ich glaube an dich!«
- Du bist kein Zufall und kein Unfall, sondern ein Einfall Gottes!

- Sei eine Stimme – kein Echo! Sei ein Original – keine Kopie!
- Jeder von uns ist einzigartig und besonders – wie ein Fingerabdruck. Das ist die Message für die Welt.

Ein gutes Mittel gegen Selbstzweifel ist ein intaktes Selbstbewusstsein. Ich war einmal eingeladen zu einem Uni-Panel. Es ging um »Branding«, also darum, wie man sich selbst als Marke präsentiert. Dafür muss man anhand eines Fotos – zum Beispiel: Eine Frau von Mitte dreißig steigt in einen Porsche Cayenne – eine solche »Marke« konstruieren. Und dann sammeln die Teilnehmer Aspekte eines Profils (verheiratet? Beruf? Gepflegt oder nicht?) und erstellen so ein aus Stereotypen zusammengesetztes »Markenprofil« der Frau.

Das Thema ist an sich sehr spannend, ich habe dazu einen mitreißenden Vortrag in petto, dennoch herrschte eine bleierne Atmosphäre, die ich unbedingt zu sprengen versuchte. Deshalb zückte ich einen 200-Schekel-Schein (das sind etwa 50 Euro) und sagte: »Das ist ja alles sehr interessant hier, aber ich würde gerne mal vom Akademischen zum Leben kommen. Wer will diese zweihundert Schekel?«

Nach einem Moment der Verblüffung ertönten einige Stimmen: »Ich! Ich!«

Aber ich hielt weiter stoisch den Geldschein in die Luft und fragte wieder: »Wer will diese zweihundert Schekel?« Wieder und noch lauter ertönten Stimmen: »Hier! Ich! Ich!« Und das Spiel ging in die nächste Runde. Erst nachdem ich das dritte Mal gefragt hatte, stand ein junger Mann auf und schnappte sich den Schein einfach.

Danach hatte ich die Aufmerksamkeit der Anwesenden sicher, und die »Markenprofile« interessierten niemanden mehr. Ich erklärte die Idee hinter meiner Aktion: »Viele denken, sie seien nicht gut genug. Und deshalb bekommen sie nicht, was sie brauchen, um die beste Version ihrer selbst zu werden. Also steh auf und nimm dir, was du brauchst und was dir zusteht. So wie es übrigens jedes Kind und jedes Tier machen würde in so einer Situation: nicht lange reden, sondern zuschnappen.«

Natürlich kamen sofort Kritik und Einwände: Letztlich würde ich das Recht des Stärkeren und Egoismus propagieren. Ich erklärte, dass der Geldschein nur ein Symbol gewesen sei und es mir mit meinem Bild nicht um Materielles gehe. Die Parole »Nimm dir, was du brauchst« meint den Zugriff auf die eigenen inneren Stärken. Nimm nicht hin, wenn jemand anderes darüber entscheidet, was bei dir geht und was nicht.

Ich erzählte von meinem Stottern als Kind und dass man mir den Stempel »sprachbehindert« aufdrücken wollte. Wären meine Eltern damals nicht – stellvertretend für mich – so kämpferisch gewesen, hätte ich die Rolle als Stotterer vielleicht irgendwann angenommen und lebenslang mit Bravour ausgefüllt. So aber setzten meine Eltern für mich durch, was mir zustand, nämlich eine normale Schulbildung. Natürlich wollen nicht alle Menschen einen kleinmachen und runterziehen, aber manche eben schon. Und dagegen muss man sich wehren und sich selbst stärken. Warte nicht, bis dir jemand gnädigerweise etwas gewährt, denn da kannst du manchmal ewig warten. Nur in diesem Sinne hatte der Mann, der sich den Geldschein schnappte, richtig gehandelt.

Apropos Geld: Ein Mensch ist nicht arm, wenn er kein Geld hat, sondern wenn er nichts hat, was ihm wichtiger ist als Geld. Denn wie schon die alten Chinesen wussten, kannst du mit Geld zwar Medikamente kaufen, aber keine Gesundheit. Du kannst leckeres Essen kaufen, aber keinen Appetit. Du kannst dir eine Uhr kaufen, aber keine Zeit. Du kannst Schokoherzen kaufen, aber keine Liebe. Du kannst Luxusbetten kaufen, aber keinen erholsamen Schlaf. Und du kannst eine Traumvilla kaufen, aber keine Familie.

So sieht's aus: Zeit, Freundschaft und Liebe kann man nicht kaufen. Denn Zeit musst du dir nehmen, Freundschaft musst du pflegen, und Liebe musst du geben.

DIE VIELEN
FACETTEN DER LIEBE

Ich bin Paar- und Familienberater. Kein Wunder also, dass Beziehungsthemen meinen Alltag prägen. Ich höre viele tragische Geschichten und lerne verzwickte Situationen und Konstellationen kennen. Vor allem aber ist es ein tägliches Glück für mich, über die Liebe sprechen zu dürfen. Von ihr zu schwärmen und sie zurück ins Leben meiner Klienten zu bringen.

Eine Bemerkung vorweg, auch wenn sie manchen als zu pauschal erscheinen mag: Frauen sind nach meiner Erfahrung »besser« in Sachen Partnerschaft. Warum das so ist? Na, zuerst erschuf Gott doch den Mann, aber danach hatte Er eine bessere Idee … Spaß beiseite, Frauen erspüren und verstehen Konflikte in der Regel früher und genauer als Männer, sie sprechen Dinge mutiger an, sind geschickter in Konfliktgesprächen. Natürlich zählt immer der individuelle Fall. Aber ich habe häufiger mit Männern zu tun, die keinerlei Plan von Beziehungsdynamik haben. Männer stehen, so wie's aussieht, eher auf dem Schlauch. Wobei es auch genau umgekehrt sein kann, wie meine Praxiserfahrung oft genug zeigt. Nicht dass du denkst, ich würde hier den Mann zum Buhmann machen wollen. Überhaupt nicht: Ein ordentliches Beziehungsdrama ist immer mit zwei Hauptrollen besetzt. Und es ist an beiden Darstellern, die negative Dynamik zu erkennen und gegen die Schieflage anzuarbeiten, bevor man gemeinsam in einen Teufelskreis gerät.

Was ist das denn nun eigentlich, die Liebe zweier Menschen? Die Antworten auf diese Frage füllen Bibliotheken und bereichern die Weltliteratur. Und meine Religion der Liebe, das Judentum, kann ebenfalls herzergreifend darüber sprechen: »Die Liebe deckt alles Schlechte zu«, steht in der Thora. Aber weil Kindermund bekanntlich Wahrheit kundtut, beginne ich mit einem süßen Beispiel, das ich einmal gefunden habe:

Ein sechsjähriges Mädchen fragt den Jungen, der neben ihr sitzt: »Was ist Liebe?«

Er antwortet: »Liebe ist, wenn du dir jeden Tag Schokolade aus meiner Schultasche klaust und ich sie trotzdem immer noch an derselben Stelle aufbewahre.«

Darin steckt eine tiefe Wahrheit: Lieben heißt geben. Lieben ohne zu geben geht nicht. Man kann das schön anhand des Toten Meers erklären: Viele Flüsse und am Ende der Jordan sammeln das Wasser im Heiligen Land und geben es weiter. Sie bekommen und sie geben. Aber das Tote Meer gibt nichts weiter. Es nimmt das Wasser des Jordan – fertig. Und weil es nichts gibt, es also keinen Durchfluss und keinen Ausgang gibt, ist es ein totes Gewässer. So ist es auch mit uns Menschen: Wer nicht von Liebe durchströmt ist, weil er bekommt und gibt, der ist seelisch tot.

Die schönsten Wahrheiten über das Wesen der Liebe höre ich paradoxerweise oft von zerstrittenen Paaren – in der Versöhnungsphase. Einmal saß ein Paar vor mir, Mitte dreißig und seit weit mehr als zehn Jahren verheiratet, und bei den beiden war »die Luft raus«, wie sie eingangs sagten. Aber dann zeigte sich, dass ihre Liebesluftballons in Wirklichkeit noch prall gefüllt waren. Sie mussten es sich nur bewusst machen und sich gegenseitig sagen. »Liebe ist, wenn jemand deine Welt auf den Kopf stellt und sie sich zum ersten Mal richtig herum anfühlt«, sagte die Frau. Und der Mann antwortete ebenfalls mit einem Zitat: »Für die ganze Welt bist du nur jemand, doch für mich bist du die ganze Welt.« Bei mir in der Praxis wurde den beiden bewusst, welches Glück sie gehabt hatten, als sie einander fanden: den einen Menschen, der ihnen das gibt, was wir alle uns wünschen. Jemanden, der uns

Gesellschaft leistet und Sicherheit bietet. Mit dem wir reden können wie beste Freunde, herumalbern wie kleine Kinder, zusammenhalten wie Romeo und Julia und uns gegenseitig beschützen wie Geschwister.

Ja, die ganze Welt sucht so jemanden. Und wenn du ihn partout nicht findest, kannst du immer noch dafür beten, dass dieser Mensch dich findet. Denn für irgendjemanden bist auch du der Mensch, der sein Leben verändert und nicht nur seinen Beziehungsstatus.

Es geht darum, die eine besondere Liebe zu finden, die Liebe, die nicht von dieser Welt ist.

Für mich ist Gott der beste Weddingplanner. Bevor man sich also an einen Heiratsvermittler oder an Freunde wendet, um einen geeigneten Partner zu finden, sollte man zunächst Gott um den bestmöglichen potenziellen Partner bitten.

Und: Never give up! Es sind viele Jahre vergangen, bis ich mein Ein und Alles fand, meine unbeschreiblich großartige Frau Miriyam. Heute weiß ich: Wenn ich für mein Liebesglück gebetet hätte, dann wäre das schon viel früher geschehen, denn Gott hat das so festgelegt. Jeder Mann ist mit dem einen besonderen Schuh ausgerüstet und muss nun eben seine Cinderella finden. Und Cinderella muss sich finden lassen von dem, der bereit ist, für sie auf die Knie zu gehen.

Mich führte Gott am Ende zu einer wundervollen Ehe. Heute weiß ich, dass ich alles, was ich bin, habe und weiß, meiner Frau zu verdanken habe. Denn ihr erinnert euch? Während meines Tiefpunkts landete ich letztendlich im Blind Date. Und da fand ich diesen einen Menschen, die Frau, die an mich glaubte; diese eine Person, die für mich da war und mich so unglaublich dazu motivierte, der Mensch zu werden, der ich wirklich bin. Ohne meine Frau wäre ich heute sicher der depressive David. Aber dank ihr, dank ihrer Liebe, ihrem Vertrauen, ihrer Zuneigung und dem immer wiederkehrenden Mut, den sie mir zusprach, konnte ich meinen Tiefpunkt als Chance sehen.

Im Vollbad der Liebe

Manchmal sitzen junge Menschen vor mir, die im Begriff sind, zu heiraten und sich lebenslang zu binden. Sie sind verliebt in den künftigen Partner – aber sie fragen sich, wie es in zehn oder zwanzig Jahren damit aussehen wird. Oft haben sie ihre Eltern als abschreckendes Beispiel vor Augen, bei denen von jugendlicher Leidenschaft im Alltag nur noch wenig zu sehen ist. Sie versuchen sich vorzustellen, wie »Liebe« in reiferem Alter aussieht. Oder, ganz konkret: wie der geliebte Mensch in dreißig oder fünfzig Jahren aussehen wird. Ich schocke sie dann gerne mit dem Satz: Wahre Liebe hat kein Happy End. Und wenn sie mich entsetzt ansehen, schiebe ich hinterher: Wahre Liebe endet nämlich nie.

Die Liebe, führe ich mit einem Griff in die Schatztruhe moderner Weisheiten weiter aus, ist wie ein Vollbad. Einlassen ist das Wichtigste. Wenn man es dann schön warm hält, kann man es darin aushalten, bis man schrumpelig ist. Mit dem Einlassen meine ich: Lass sie oder ihn wirklich in dein Herz ein. Und mit der Zeit wirst du erkennen, dass wahre Liebe mehr ist als verliebte Blicke. Dauerhafte Liebe besteht nicht darin, dass man einander ansieht, sondern dass man gemeinsam in dieselbe Richtung blickt. – Wenn ich das den jungen Leuten vor mir gesagt habe, erkenne ich regelrecht, dass sie wieder ihre Eltern vor Augen haben – aber diesmal als positives Beispiel. Und dann lege ich nach: Liebe ist nicht vom ersten Tag an da. Sie wächst mit jedem Treffen, jedem Kuss, jeder Berührung, jedem Streit und jeder Versöhnung.

Wie erkennt man wahre Liebe? Je mehr man zu sich selbst steht, desto eher kann man annehmen, wenn ein anderer einen liebt. Oft muss ich Klienten in ihrem Selbstvertrauen bestärken: »Wenn dir ein Mensch sagt, dass er dich mag,

mag er dich mehr, als du denkst!« Vor allem wer in negativen Gedanken gefangen ist, hat oft keinen Blick für die Liebe, die er erfährt. Einmal saß ein Mann bei mir, der bei seiner Arbeit nicht genügend Anerkennung erhielt und dieses Problem mit nach Hause und in seine Beziehung schleppte. Er konnte gar nicht richtig erkennen, wie viel Unterstützung und Liebe seine Frau ihm gab und welche Kraftquelle sie für ihn darstellte.

»Schau mal, deine Sonne im Leben ist deine Frau!«, sagte ich zu ihm. »Ich kenne euch ja und weiß: Sie ist ganz und gar die Deine. Ihr zwei seid ›big in love‹! Und ich weiß auch: Deine Frau ist der Mensch, der wirklich immer hinter dir steht. Das ist doch das Einzige, was wirklich zählt.« Er nickte, aber seine Miene war immer noch düster.

Ich fuhr fort: »Du weißt ja: Wer wirklich hinter dir steht, der stellt sich auch mal vor dich. Und das tut sie – ständig! Dieses besondere ›Security-Paket‹ liefert deine Frau dir sehr oft, nicht wahr?«

Er sagte: »Ja, meine Frau! Ohne sie wäre ich schon längst am Ende, bei all dem Mist, der mir immer passiert. Wenn sie nicht wäre …«

Ich lächelte mein breitestes Lächeln: »Also, warum bist du dann jetzt immer noch so traurig? Lache, und das aus ganzem Herzen. Bei dir scheint die Sonne, mein Freund! Und ich gebe dir einen Tipp: Immer wenn es dir emotional nicht so gut geht, weil ein Mensch dich enttäuscht hat, denk an deine Frau! Und überleg dir dabei Folgendes: Es gibt ein Universum, hundertvierundneunzig Länder, sieben Meere – und du hattest das Glück, die Liebe deines Lebens zu finden!«

Ich glaube, er geht jetzt mit der richtigen Einstellung durchs Leben und kommt mit frustrierenden Situationen besser klar. Weil er sich dann darauf besinnt, welches Geschenk die Liebe seiner Frau bedeutet.

Aber kann man eigentlich seinem eigenen Liebesgefühl trauen? Was meint man, wenn man selbst »Ich liebe dich!« sagt? Rabbiner Jitzhak Stein hat mir hierzu in meinen allerersten Wochen in Israel ein Schlüsselerlebnis geschenkt. Er fragte mich, warum ich Miriyam heiraten wolle. Ich war zuerst verblüfft und verunsichert, begann dann aber zu schwärmen: »Sie hat tolle Charaktereigenschaften. Sie ist so lieb und herzlich. So hilfsbereit und freundlich.«

Darauf der Rabbi: »Mit anderen Worten: Du liebst sie nicht.«

Ich: »Wie kommen Sie denn darauf? Natürlich liebe ich sie!«

»Nein, nein, nein. Du liebst dich! Du erwartest, von ihr lauter Dinge zu bekommen, die dein Leben angenehmer machen. Du willst das Produkt, das diese nette Person abliefert.«

Ich war wie vor den Kopf geschlagen und stammelte hilfloses Zeug vor mich hin.

Er fragte: »Liebst du Fisch?«

Ich nickte.

Er fragte nach: »Lieber gegrillt oder gedünstet?«

Ich antwortete verwirrt: »Lieber vom Grill oder aus der Pfanne.«

Der Rabbi schmunzelte: »Du liebst Fisch nicht. Wahre Fischliebe bedeutet nicht, dass du gerne Fisch angelst und isst, sondern dass du ihn leben lässt und dafür sorgst, dass es ihm gut geht.«

An diesem Tag habe ich verstanden: In der wahren Liebe geht es darum, dass du einen Menschen liebst ohne die Erwartung, etwas zurückzubekommen. Dass du nur um des Menschen selbst willen liebst. Also musst du dich, bevor du dich bindest, immer ehrlich befragen: Warum bist du gerne mit ihr oder ihm zusammen? Weil sie oder er der Mensch ist, mit dem du deine Zeit lieber verbringst als mit irgendwem sonst? Oder weil es irgendwie praktisch ist und du dir einen bestimmten Vorteil von dieser Beziehung versprichst?

Rabbi Dessler hat diesen Ansatz noch eine Umdrehung weiter verfolgt. Er sagte sinngemäß, dass man einem jeden Menschen leicht etwas geben kann, aber nur wenn man wirklich liebt, ist man in der Lage, wahrhaft zu geben. Was also bedeutet: Geben kann jeder, aber um wirklich zu lieben, bedarf es der Bereitschaft, geben zu wollen.

Darüber, was Liebe nicht ist, spreche ich auch oft mit meinen Klienten oder denke für mich darüber nach. Zum Beispiel am jährlichen »Tag der Liebe«. Wer so einen Tag braucht, liebt nichts und niemanden. Wer aber wirklich liebt, der braucht keinen »Tag der Liebe«. Denn sein Leben ist Liebe pur! Das gilt für die Liebe zu einem Menschen ebenso wie für die zu Gott.

Und weil so oft von »Bindung« und »Bindungsstörungen« gesprochen wird: Mit der Zeit habe ich verstanden, dass Liebe nicht bedeutet, jemanden an sich zu binden, sondern, ihm die Freiheit zu geben, bei dir zu bleiben.

Man kann aber auch weit weg sein und trotzdem bleiben. Einmal telefonierte eine Frau mit mir, die sich nach frisch geschlossener Ehe in einer Fernbeziehung wiederfand und dadurch natürlich große Zweifel hatte, ob das auf lange Sicht funktionieren könne. »Wir verbringen wenig Zeit miteinander. Dabei wünschen wir uns beide so sehr, dauernd zusammen zu sein. Wir haben so viel Sehnsucht in uns und denken ständig aneinander. Aber unsere Arbeitsstellen liegen nun mal weit auseinander. Wie soll das denn gehen, über Jahre? Manchmal frage ich mich, ob eine Trennung und ein kurzer Schmerz nicht besser wären als diese endlose Quälerei mit der Sehnsucht. Mein Mann sagt, er kann seinen Job jetzt nicht aufgeben, ein Umzug kommt aber nicht infrage. Und dann, immer dann wenn wir uns sehen, ist es so schön wie nichts sonst auf der Welt.«

Ich sagte: »Weißt du, dass dich viele beneiden?«

Sie schaute entgeistert: »Aber ich bin doch hier, weil ich ein Problem habe.«

»Das weiß ich. Aber vor allem hast du einen Schatz. Du hast einen Menschen, der dich liebt und den du liebst. Ihr denkt jeden Tag aneinander. Und ich kann dir nur raten: Gib niemals etwas auf, an das du jeden Tag denken musst! Auch wenn ihr euch gerade nicht so oft seht. Es kommt nicht so sehr darauf an, wie viel Zeit man miteinander verbringt, sondern wie intensiv die Momente des Zusammenseins sind. Und genau davon, von dieser Intensität, lebt eure Beziehung. Du machst alles richtig. Versuch die Sehnsucht als Ausdruck der Liebe zu verstehen. Als positives Gefühl und nicht als negatives.«

Sie ist nie wiedergekommen. Aber ein befreundeter Rabbi erzählte mir ein Jahr später, dass sie weiterhin zusammen sind. Und dass sie womöglich doch bald in derselben Stadt arbeiten können. Gut so. Sie haben die Liebe niemals aufgegeben und wurden belohnt.

Viele denken ja »Liebe tut weh« – aber das ist nicht wahr. Was wehtut, ist die Einsamkeit; jemanden zu verlieren, das tut weh, Ablehnung zu erfahren (eine Beobachtung von Liam Neeson, dem durch seine Darstellung des Oskar Schindler in Steven Spielbergs Film *Schindlers Liste* berühmt gewordenen Schauspieler). Viele verwechseln diese schmerzlichen Dinge mit Liebe. Aber tatsächlich ist die Liebe die einzige Sache auf der Welt, die es schafft, dass wir uns wunderbar fühlen. Als Teil des göttlichen Wunders: einer Welt, die aus Liebe geschaffen wurde.

Intimität und Bindung

Ich habe dieses Kapitel mit der Frage begonnen, was Liebe und Partnerschaft eigentlich bedeuten. Aber am Anfang steht ja die Suche danach. Alle starten als Single in das Rennen um die große Liebe. Eine junge Frau erzählte mir von einem Spruch, der in ihrer Freundinnenclique kursierte: »Wenn du Single bist, interessiert sich nicht wirklich jemand für dich. Wenn du jedoch vergeben bist, wirst du auf einmal für alle interessant! Aber nur weil alle dir dein Glück kaputt machen wollen.« Das war eine recht negative Weltsicht. Sie hatte schon ein paar Enttäuschungen erlebt und war wieder Single. Aber ich sah ihr an, dass sie offen war für das Glück, und sagte ihr, ebenfalls mit einem Spruch: »Sei stolz auf dein Herz! Es wurde sicher schon oft verletzt, betrogen und gebrochen. Dennoch funktioniert es immer noch!«

Sie selbst hielt es inzwischen für besser, allein zu sein, als mit jemandem zusammenzuleben, der einem das Gefühl gibt, allein zu sein. Natürlich war sie trotzdem auf der Suche nach der großen Liebe – wer ist das nicht? Nur fixierte sie sich extrem darauf, dass da draußen der Eine herumlaufen müsse, der perfekt zu ihr passe – und mit jeder Woche der vergeblichen Suche wurde sie frustrierter. Ich gab ihr zwei Ratschläge.

Erstens: Viele Leute steuern durch ihr Leben in der Hoffnung, die eine Partnerin oder den einen Partner fürs Leben zu finden, der sie »vollkommen« und wahrhaft glücklich machen soll. Dabei haben sie nicht verstanden, dass es darum geht, zuerst einmal selbst diese »vollkommene« Person zu werden. Werde also die Person, die du gerne kennenlernen würdest!

Zweitens: Hör auf, nach der wahren Liebe zu suchen. Suche stattdessen nach all den negativen Gedankenbarrieren in Sachen Liebe und Romantik, die sich im Laufe der Zeit in dir angesammelt haben. Finde diese Störfaktoren und verbanne sie aus deinem Herzen. Dann wirst du erleben, wie sich die Liebe ganz von selbst in deinem Leben breitmachen wird.

Worauf man beim Kennenlernen achten muss, ist jungen Leuten immer wieder ein Rätsel – vor allem den Männern. Einem, der kein besonderer Blickfang war, aber mit schnellem Witz versehen, habe ich für seinen Schidduch (ihr erinnert euch, das jüdische Blind Date) folgenden Trost gegeben: Mit Mädchen ist es oft so: Bei süßen Jungs werden sie rot. Für coole Jungs schwärmen sie. Aber in witzige Jungs verlieben sie sich, ohne es zu merken. Wenn du also willst, dass sich eine in dich verliebt, dann arbeite weiter an deinem Sinn für Humor, denn nur mit Witz kannst du es schaffen, das Herz einer Frau zu erobern.

Ich habe gelernt, dass Frauen erst dann anfangen zu überlegen, ob ein Mann der Richtige ist, wenn sie sich bereits in ihn verliebt haben. Männer sind auf diesem Gebiet einfach nur etwas naiv und deshalb später dran. In der Regel merken sie nämlich erst dann, dass eine Frau die Richtige ist, wenn sie schon alles versaut haben.

Von daher kam Ben recht früh zu mir. Der 22-jährige Student aus Berlin, der gerade in Israel Urlaub machte, hatte klare Vorstellungen vom Leben: »Rabbi, ich habe ein Mädchen kennengelernt. Sie ist klasse! Nur ihr Musikgeschmack irritiert mich.«

Ich: »Was irritiert dich denn da?«

Er: »Ich weiß einfach nicht, was ich davon halten soll, wenn sie zu mir sagt, ihr Lieblingssong sei ›Vom Bordstein bis zur Skyline‹ von Bushido. Eigentlich mag sie den Song und den Interpreten nicht, sie hört diese Musik gar nicht, ihr gefällt nur der Titel.«

Ich: »Okay, wenn wir ihre Sympathie für dieses Lied oder den Titel mal kurz weglassen, dann ist sie dieses ›klasse‹ Mädchen, von dem du zu Beginn gesprochen hast.«

Er: »Ja, sie ist wirklich top – meine absolute Traumfrau. Aber dieses ›Vom Bordstein bis zur Skyline‹ passt absolut nicht ins Konzept.«

Ich: »Sagt sie dir, dass sie sich wünscht, mit dir zusammen zu sein?«

Er: »Ja, ständig.«

Ich: »Okay, sie ist deine Traumfrau, du findest sie klasse, und sie will eindeutig eine richtige Beziehung mit dir haben, aber ihre Sympathie für den Titel ›Vom Bordstein bis zur Skyline‹ irritiert dich. Weißt du, was ich glaube? Sie will dir damit durch die Blume etwas sagen: Geh nach oben, also vom Bordstein bis zur Skyline! Sich zu verlieben ist, wie von einem Wolkenkratzer zu springen. Dein Kopf sagt: Du Idiot, du wirst sterben. Aber dein Herz sagt: Keine Sorge, du kannst fliegen.«

Der junge Mann ist gesprungen. Und konnte fliegen. Heute sind sie glücklich verheiratet.

Einmal saß ein Mann ganz resigniert bei mir. Wieder einmal hatten sich die Hoffnungen, die er in die Begegnung mit einer attraktiven Klubbekanntschaft gesetzt hatte, als trügerisch erwiesen. Er sagte: »Ach, nach dem langen Hin und Her mit ihr habe ich wohl das Lieben verlernt.«

Ich widersprach sofort: »Du hast nicht verlernt zu lieben! Du hast nur keine Lust mehr auf unverbindliche Schmeicheleien!«

Natürlich ist jede Liebe ein Wagnis. Für echte Liebe wirft man sein ganzes Herz in die Waagschale – und riskiert, dass das schutzlos daliegende Organ verletzt wird. Manche wollen nach einer Enttäuschung lieber gar nicht mehr lieben, bevor sie erneut verletzt werden. Als ich hörte, wie jemand verbittert sagte: »Verliebe dich bloß nicht! Du könntest sehr verletzt werden«, knallte ich mit einem Satz aus meiner unerschöpflichen Sprüchesammlung zurück: »Lebe bloß nicht! Du könntest sterben.«

Klar fällt es dir schwer, deine Gefühle zu zeigen, wenn du nicht sicher bist, wie sie beim Gegenüber ankommen. Noch schwerer ist es, dich einem geliebten Menschen zu offenbaren, dessen Gedanken und Gefühle vielleicht noch bei jemand anderem sind. Doch am schwersten ist es, wenn du dir später einmal eingestehen musst, dass du es niemals versucht hast.

Daher wage zu lieben – mit dem Risiko, zu verlieren, und mit der Hoffnung, dass deine Liebe erwidert wird. Glaube an deinen Traum, und er wird wahr werden! Aber dafür musst du handeln. Denn wenn der Mensch, um den es geht, dich auch liebt, erwartet er von dir nur ein Einziges: so geliebt zu werden, wie du selbst geliebt werden willst. Also nimm dein Herz in die Hände und wirf es in die Waagschale.

Ein ganz anderes Wagnis musste Aron eingehen, der mir eines Tages gegenübersaß und mit zittriger Stimme sagte: »Rabbi, kennen Sie das Gefühl, wenn ein Tag dein Leben verändert? Als ich Keren kennenlernte, hatte ich genau dieses Gefühl. Sie ist ein Schatz. Aber ich bin mir nicht sicher, ob sie auch wirklich meine Traumfrau ist. Ich werde einfach das Gefühl nicht los, dass ich vielleicht doch noch eine bessere finden werde.«

Das war so eine Situation, wo ich mir sofort dachte: You don't tell me everything … Also antwortete ich erstaunt: »Sie hat dein Leben an einem Tag auf den Kopf gestellt. Und sie ist ein Schatz! Nach welchem Besser suchst du?«

Er begann zu weinen und sagte: »Sie hat mir lange nichts davon erzählt! Erst neulich hat sie es mir anvertraut …«

»Was denn?«

»Sie hat Krebs!«

Mir schoss sofort der Film *Nur mit Dir* in den Kopf, ein Liebesdrama ohne Happy End aus dem Jahr 2002, und dann sagte ich: »Es ist gut möglich, dass du irgendwann mal eine Bessere finden wirst, aber so eine wie sie wirst du nie wieder finden! Mir ist klar, dass sie wirklich ein Schatz ist, ein ganz besonderer. Denn trotz ihrer Krankheit, die ihr sicher sehr viel Kraft raubt, ist es ihr gelungen, dein Leben in etwas Schönes zu verwandeln! Ich empfehle dir, sie nicht ziehen zu lassen – auch nicht für etwas Besseres. Denn für dich ist keine andere wie sie.«

Aron nahm meinen Rat an, und trotz ihrer Krankheit heirateten sie. Wir haben gemeinsam für ihr Wunder gebetet! Und dann erhielt ich irgendwann einen Anruf von Aron: Seine Frau hatte den Krebs tatsächlich besiegt. Gott sei Dank!

Wie man die Liebe warmhält

Eine goldene Therapeutenregel lautet: Niemals über etwas lachen, das vom Klienten nicht eindeutig als Witz gemeint ist. Aber manchmal ist das wirklich schwer.

Er: »Meine Frau hat mir den Krieg erklärt!«

Ich: »Was hat sie denn gesagt?«

Er: »Aha …«

Weiter oben habe ich von jungen Menschen berichtet, die vor einer Eheschließung stehen und sich und mich fragen, wie ihre Liebe wohl in zehn oder zwanzig Jahren aussehen wird. Natürlich sitzt auch die Generation ihrer Eltern bei mir – oft mit der Frage, wo denn die Schmetterlinge hingeflattert sind, die sie anfangs im Bauch hatten. Manche wünschen sich die Schmetterlinge zurück, andere suchen nach einem neuen Sinn ihrer Partnerschaft. Wie also kann lebenslange Liebe glücken?

Einfach ist das nicht, denn eines ist ja klar: Sich zu verlieben geht oft sehr fix, aber verliebt zu bleiben ist etwas ganz Besonderes! Oft ist es das Unbekannte, noch zu Entdeckende an einer Person, das uns reizt. Aber erst wenn dieser Mensch uns mit der Zeit vertraut geworden ist und uns dann immer noch reizt, ist etwas Großes entstanden: die dauerhafte Liebe. Und umgekehrt: Seinen Partner als selbstverständlich anzusehen ist der sicherste Weg, die Verbindung der Liebe zu ihm zu verlieren. Ein geliebter Mensch ist nie etwas Selbstverständliches. Er macht das Leben auch nicht immer leichter. Wenn man

Glück hat, versüßt ein Partner die Anforderungen des Lebens, aber er lässt sie nicht weniger werden. Und Partnerschaft ist kein Zustand, sondern ein Projekt. Mit einem Anfang, aber ohne Ende.

In meiner Sprechstunde sitzt eines Tages Dan. Er beginnt so: »Ich bin richtig unten, voll verzweifelt. Meine Frau ist das reinste Chamäleon. Sie kann irgendwie alles sein: Traumfrau, beste Freundin, ärgster Feind und Albtraum ...«

Ich: »Es kommt wohl immer darauf an, wie man(n) sie behandelt?«

Dan: »Blödsinn! Sie hat ein Problem mit sich selbst. Und deshalb auch mit mir, mit Gott und der Welt. Egal was man für sie tut, sie ist nie zufrieden. Immer stört sie irgendwas.«

Ich beuge mich vor: »Deine Geschichte interessiert mich. Mir fällt hier nämlich gerade etwas auf.«

Dan grimmig: »Ehrlich? Wohl, dass ich die falsche Frau geheiratet habe ...«

Ich stoppe ihn: »Lass mich versuchen, dir zu erklären, was ich so spannend finde an deiner Geschichte. Du hast vor ein paar Sekunden gesagt, dass deine Frau die Qualität besitzt, für dich eine Traumfrau zu sein; ja sogar eine beste Freundin ist sie dir! Und nun meinst du, du hättest die Falsche geheiratet! Interessant, oder?«

Dan: »Ja. Und genau das ist das Problem. Ich kann nicht ohne sie sein, aber eben auch nicht mit ihr.«

Ich: »Vielleicht liegt hier tatsächlich das Problem. Wir bekommen vom Leben immer nur das, was wir erwarten. Es ist die Art, wie wir über Dinge denken, die den Unterschied macht. Deine Frau ist deine Traumfrau und deine beste Freundin, sie kann daher niemals auch die Falsche für dich sein, oder?«

Dan: »Ich verstehe, was du mir sagen willst.«

Ich: »Ich sage bis jetzt eigentlich noch gar nichts, sondern spiegle nur deine Worte.«

Dan: »Ach, ich habe einfach keine Kraft mehr für diese Aus-einandersetzungen mit ihr.«

Ich: »O ja, das verstehe ich. Jede Krise ist superanstrengend. Aber sie ist auch eine echte Chance. Eben sagte ich: Es ist die Art, wie wir denken, die den Unterschied macht. Denk mal bitte an ein Knicklicht: Das muss man auch erst brechen, be-vor es zu leuchten beginnt. Vielleicht braucht eure Ehe gerade diesen Bruch, damit sie wieder zu leuchten beginnt?«

Dan: »Du bist ganz schön crazy. Was soll ich denn jetzt tun?«

Ich: »Ruf deine Frau an und sag ihr, was du mir eben hier erzählt hast: dass sie deine Traumfrau ist und deine beste Freundin. Und dann erkläre ihr, wieso das so ist. Ich wette, dass sie das so schon sehr, sehr lange nicht mehr von dir ge-hört hat. Jetzt ab ans Telefon! Ihr schafft das!«

Es klingt so einfach: Benimm dich als Ehepartner weiter so wie ganz zu Anfang eurer Beziehung, dann ist eure Liebe auf ewig angelegt. Ich höre oft, dass Menschen sich »endlich mal eine lange Beziehung« wünschen. Ich denke, das ist zu kurz gesprungen und klappt deshalb so oft nicht. Weil eingebaut ist, dass sie enden könnte. Also sollte man sich lieber eine Bezie-hung wünschen, die nie endet. Aber die kann es nur geben, wenn man die Regeln unserer Wegwerfgesellschaft ignoriert und den Mut zum Reparieren aufbringt. Glückliches Zusam-menleben bedeutet Aufmerksamkeit und Einsatz. Es ist ein naiver Fehler, zu glauben, dass eine Beziehung ganz von selbst blüht.

Arbeite deshalb nicht nur an dir selbst, sondern auch an deiner Partnerschaft. Ein Beispiel: Hört nicht auf, euch zu ver-abreden, nur weil ihr verheiratet seid. Plant Date-Nights in eure Wochenroutine ein. Ihr werdet sehen: Ein romantisches Abendessen zu zweit bewirkt Wunder, und jeder von euch wird ein aufgeregtes Kribbeln im Bauch spüren.

Ich glaube nicht an den Satz: »Sie lebten glücklich und zufrieden bis an ihr Lebensende.« Das gibt es vielleicht im Märchen. In jeder Beziehung geht es mal drunter und drüber. Ich glaube an den Satz: »Sie lebten bis an ihr Lebensende chaotisch, mal glücklich, mal zufrieden, manchmal auch distanziert, aber trotzdem immer völlig ineinander verliebt.« Und wenn man diesen einen Menschen gefunden hat, mit dem man durch dick und dünn gehen möchte, muss das Leben nicht immer einfach sein. Es soll aber gemeinsam gelebt werden, mit allen Hochs und Tiefs, die euch Lektionen aufgeben und dadurch stark machen.

Manchmal darf ich auch erleben, wie die Ernte einer lebenslangen Liebe eingebracht wird. So saß ich einmal mit einem Ehepaar zusammen, das seit über sechzig Jahren verheiratet war. Ich fragte die Frau, was sie sich von ganzem Herzen wünsche. Sie sah lächelnd ihren Mann an und sagte: »Noch ein wenig gemeinsame Zeit …«

Vor mir saß Shimon und beklagte die andauernden Streitigkeiten mit seiner Frau: »Kaum macht einer von uns den Mund auf, fällt ihm der andere ins Wort. Kaum hast du was gesagt, schon gibt es Streit. Und hinterher sind beide mürrisch und schlecht gelaunt. Dabei lieben wir uns doch. Aber so kann es nicht weitergehen.«

»Du musst lernen, deiner Frau zuzuhören«, sagte ich Shimon. »Und wenn du sicher bist, dass du diese Technik beherrschst, dann komm wieder zu mir.«

Nach drei Monaten kam der Mann wieder zu mir und erklärte, er habe jetzt gelernt, auf jedes Wort zu hören, das seine Frau sagt.

»Gut«, erwiderte ich mit einem Lächeln. »Aber wenn du in einer glücklichen Ehe leben willst, musst du jetzt noch etwas lernen. Nämlich auf jedes Wort zu hören, das deine Frau nicht sagt.«

Er sah mich verwirrt an.

Ich fragte ihn: »Wenn deine Frau während eines Streits weint und sagt: ›Lass mich einfach in Ruhe!‹ – was machst du dann?«

Er zuckte mit den Schultern. »Ich schleiche mich aus dem Zimmer und gehe weg. Ins Café oder so. Bis sie sich beruhigt hat.«

Ich schüttelte den Kopf: »Beim nächsten Mal bleibst du. Und nach einer halben Minute gehst du zu ihr und bietest ihr an, sie in den Arm zu nehmen. Vielleicht wird sie es zurückweisen. Dann wartest du und versuchst es erneut. Ich möchte wetten, dass sie spätestens dann dankbar darauf eingeht.«

Er sah mich staunend an: »Sie meinen …«

Ich: »Ja, genau. ›Lass mich einfach in Ruhe!‹ bedeutet nicht immer, aber häufig: ›Nimm mich doch einfach mal in den Arm.‹ Noch ein Beispiel: Ihr habt euch heftig gestritten, und du hast etwas Gemeines zu ihr gesagt. Als ihr euch versöhnt habt und du ›Tut mir leid!‹ gemurmelt hast, sagt sie: ›Schon gut. Schwamm drüber.‹ Was denkst du dann?«

Er: »Ich bin erleichtert, dass die Sache damit erledigt ist.«

Ich: »Das ist sie nicht, fürchte ich. Sie hat dir damit gesagt, dass du sie tief getroffen und verletzt hast. Und du musst ihr zeigen, dass du deine Äußerung wirklich bereust. Indem du es ausprichst. Deutlich und mehrfach. ›Das war falsch und verletzend von mir‹ wäre so ein Satz, mit dem du klarstellen kannst, dass du wirklich etwas verstanden hast. So, letztes Beispiel. Wenn du zu deiner Frau sagst: ›Ach, mach doch, was du willst!‹ Was sollte sie dann besser nicht tun?«

Shimon nickt. Endlich hat er verstanden. »Sie sollte auf keinen Fall das tun, was sie will. Mensch, stimmt! Ich sage ja auch nicht immer, was ich meine!« Bingo!

Partnergespräche sind schwierig, nicht nur weil wir zum Ausdruck bringen müssen, was genau wir meinen. Wir müssen zudem nicht nur miteinander reden, sondern auch einander zuhören. Das kommt oft viel zu kurz. Indem du gut zuhörst, versetzt du dich in den anderen hinein, schenkst ihm deine volle Aufmerksamkeit und achtest nicht nur auf den Inhalt, sondern auch auf Zwischentöne. Mach deinem Partner durch deine Haltung und Reaktion deutlich: Es gibt jetzt nichts Wichtigeres als dieses Gespräch. Weil es in meinem Leben nichts Wichtigeres gibt als dich.

Schmetterlinge und Hummeln

Mit Worten kann man unsagbar viel erreichen. Sie müssen dir allerdings auch über die Lippen kommen. In einer Beziehung darf man sich seinem Partner nicht wie ein leeres Blatt präsentieren. Wie oft halte ich Männern regelrechte Vorträge, weil sie zu der Sorte gehören, die denken: »Ich muss meiner Frau keine Blumen schenken – sie weiß doch, dass ich sie liebe.« Das ist so, als würde man einem Musikliebhaber sagen: »Spar dir den Gang ins Konzert – lies einfach die Noten.« Nein, was man fühlen will, muss man regelmäßig hören. Es abstrakt zu wissen genügt nicht.

Also: Wenn du sie magst, dann sag es ihr! Wenn du sie vermisst, dann zeig es ihr! Und wenn du sie liebst, dann beweis es ihr! Sag ihr, dass kein Model dieser Welt schöner ist als sie, kein Comedian dieser Welt witziger und kein Kuchen dieser Welt köstlicher. Schreib ihr ab und zu spontan eine Notiz mit einer kleinen Liebeserklärung, verstecke sie in ihrer Handtasche oder in ihrer Jacke und versüße ihr so den Tag.

Vermittelst du deiner Frau dieses Gefühl, dass sie dir die Welt bedeutet? NEIN?!? Wie weit willst du noch stapfen mit den Händen in den Taschen und den Blick zu Boden gerichtet, bis dir auffällt, dass das, was du dir gewünscht hast, schon immer vor deiner Nase auf dich wartet!

Es gibt so viele Wege, deiner Liebsten auch in der Hektik des Alltags mal rasch zu signalisieren: Ich schätze dich. Du bist mir wichtig. Ich bin besorgt um dich. Zum Beispiel: »Fahr nicht so schnell.« Oder: »Ich denke an dich.« Oder: »Pass auf dich auf.« Und die besten Wege sind die ganz kurzen. In drei Worten: »Ich liebe dich.« In zwei Worten: »Entschuldige bitte.« Mit einem Wort: »Danke.« Damit schenkst du nicht nur deinem Partner einen Glücksmoment, sondern auch dir selbst. Lass aus einem stinknormalen Tag mit einer kleinen Geste etwas ganz Besonderes werden.

Manchmal aber fliegen keine Flugzeuge oder Schmetterlinge im Bauch, sondern wilde, wütende Hummeln durch die Gegend. Der Umgang mit der Impulsivität eines Partners kann für Paare eine große Herausforderung sein. Einmal kam eine Frau zu mir in die Beratung, weil ihr Mann »Mr. Aggressiv« war und sich nicht im Griff hatte. Ich müsse helfen, sonst lasse sie sich scheiden. In solchen Fällen gehe ich nach der klugen Strategie von Rabbiner Chaim Vital ans Werk (er war der wichtigste Schüler von Rabbi Isaac Luria Ashkenazi, dem Begründer der neuzeitlichen Kabbala).

Ich sagte ihr, er solle herkommen. Tatsächlich kam er eines Tages, unangemeldet. Er platzte in den Raum und sagte: »Guten Tag, ich bin Mr. Aggressiv.« Ich wusste sofort, um wen es ging, war aber gerade noch mit einem anderen Klienten beschäftigt. Das passte sehr gut, denn so konnte ich die Strategie in die Tat umsetzen. Ich sagte ihm: »Bitte warten Sie draußen. Es dauert noch fünf Minuten, dann habe ich Zeit für Sie.« Und während er sich abwandte, raunte ich meinem Mitarbeiter absichtlich ein bisschen zu laut zu: »Wenn du gleich rausgehst, bring ihn auf die Palme. Tritt ihm auf den Fuß, verschütte ein Glas Wasser, egal. Reize ihn.« Mr. Aggressiv stutzte kurz und drehte sich um. Ich wiederholte mit Unschuldsmiene und superfreundlich: »In fünf Minuten habe ich Zeit für Sie. Danke für Ihre Geduld.«

Im Wartezimmer schüttete mein Mitarbeiter ihm seinen Kaffee über die Hose, aber Mr. Aggressiv blieb völlig ruhig. Als er zu mir reinkam und wir als Erstes über die Reinigungskosten für die Hose verhandelt hatten, sagte er mit überlegenem Blick: »Wenn Sie mich das nächste Mal testen, sollten Sie es geschickter anstellen und leiser flüstern.«

Ich antwortete, absichtlich zum Du wechselnd: »Du wusstest doch, dass du getestet wirst, nur deshalb bist du ruhig geblieben – obwohl du in dieser Situation hättest ausflippen können und fast schon müssen. Dir war klar, dass der Typ dich absichtlich mit Kaffee bekleckert. Also ich würde da ganz schön aus der Haut fahren. Du kannst dich also beherrschen. Aber deine Frau respektierst du weniger als mich. Bei ihr beherrschst du dich nicht. Findest du das in Ordnung?«

Er war ziemlich beschämt. Ich erklärte ihm dann, dass das ganze Leben eine Serie von Glaubensprüfungen ist. Deshalb sollten wir uns, wenn wir wegen eines Missgeschicks aus der Haut fahren wollen, lieber fragen, warum wir geprüft werden. Und ich schloss: »Wenn deine Frau etwas tut, was dich nervt, ist das ein Test des Schöpfers. Er will wissen, ob du darüber hinwegsehen kannst. Und zwar aus Liebe.«

Ich bin wohl nicht der Einzige, der diese Strategie anwendet; auch ein israelischer Start-up-Unternehmer hatte sich ihrer bedient. Er musste eine sehr attraktive Stelle besetzen und hatte nach der Vorauswahl immer noch 60 gleich gute Bewerber. Weil er weder Zeit noch Lust hatte, 60 Vorstellungsgespräche zu führen, lud er alle gleichzeitig ein und platzierte sie in einem großen, mit Kameras präparierten Warteraum. Dann schickte er einen weiteren Mann hinein, einen vermeintlichen Kandidaten, der aber nur die Aufgabe hatte, sie alle zur Weißglut zu bringen: Er verschüttete Wasser über Hosen und Smartphones, hustete und nieste Leute an (es war vor Corona), ließ sich »versehentlich« auf dem Schoß eines Wartenden nieder statt auf dem freien Stuhl daneben, stolperte über Beine, telefonierte lautstark mit seiner Schwiegermutter und machte sich dabei über Einzelne lustig und so weiter. Der Unternehmer beobachtete die Situation auf seinem Monitor und sah, welcher der traditionell heißblütigen Israelis sich am besten im Griff hatte. Dann bestellte er per Lautsprecher die Kandidaten mit den Nummern 4, 17 und 32 in ein kleineres Wartezimmer nebenan und schickte den Rest weg: »Vorstellungsgespräch beendet.«

Reichtümer einer Beziehung

Ein großes Thema in fast allen Beziehungen ist: Vertrauen. Und das schöne kleine Wort, dass sich darin versteckt, lautet: Treue.

Ein Mann fragte mich einmal: »Wie kann ich wissen, ob ich meine Frau wirklich liebe?«

Ich: »Bist du deiner Frau treu?«

Er: »Muss ich darauf wirklich antworten?«

Ich: »Nein, musst du nicht. Aber Tatsache ist: Wenn treu sein Spaß macht, dann ist es Liebe.«

Jeder braucht einen Partner, dem er blind vertrauen kann und bei dem er nicht jedes Mal überlegen muss, ob ehrlich gemeint ist, was der andere sagt. In einer glücklichen Ehe soll man nie den Glauben daran verlieren müssen, dass der wichtigste Mensch im Leben nur die besten Absichten hat. Eifersucht ist die Angst, ersetzbar zu sein – also zeig deinem Partner, dass er unersetzlich ist für dich. Das brauchst du ihm nicht unbedingt jeden Tag zu sagen, es reicht, wenn du ihm niemals einen Grund gibst, daran zu zweifeln. Denn Vertrauen ist wie ein Blatt Papier: Wenn es einmal zerknittert ist, kriegst du es nie wieder so hin, wie es einmal war.

Es geht nicht nur um Vertrauen im Sinne von sexueller

Treue und Loyalität. Ebenso wichtig ist der feste Glaube an die Verbindung an sich. Das Vertrauen darin, dass ihr das beste Paar auf der ganzen Welt seid, ist eine der wichtigsten Säulen einer Partnerschaft. Gemeinsam reißt ihr Bäume aus! Kein Ziel ist euch zu hoch oder zu weit! Wenn ihr nicht nur wollt oder hofft, dass es so ist, sondern euch alles andere ausgeschlossen erscheint, kann nichts eure eheliche Freundschaft erschüttern. Und wenn ihr euch alles erzählen könnt, was ihr auf dem Herzen habt – ohne Geheimnisse und ohne Lügen.

Männer muss ich manchmal erst von dem Baum herunterholen, auf den sie sich in dem Irrglauben begeben haben, Frauen stünden auf Primaten. Immerhin hatte ich auf diese Weise einmal das Vergnügen, eine Runde in einem Maserati Quattroporte GranSport zu drehen. Der Fahrer, ein schwer verliebter und sehr reicher junger Mann, hörte nicht auf zu schwärmen: »Schau, Rabbi, der Innenraum wurde von Ermenegildo Zegna gestaltet! (Wow, aber wer oder was ist das?) Feinste Seide! Ich hab ihn mir gekauft, um der Richtigen zu imponieren, wenn sie mir begegnet. Und letzte Woche ist es passiert! Sie ist die tollste Frau, die mir je über den Weg gelaufen ist. Rabbi, ich will ihr Herz erobern! Koste es, was es wolle!«

Ich legte meine Hand auf seine Schulter und sprach zu seinem Herzen: »Dein Maserati macht wirklich was her. Er mag für dich das beste Auto sein, das auf dem Markt erhältlich ist. Aber weißt du: Die beste Frau für dich eroberst du nicht mit Geld.«

Er widersprach: »Frauen wollen doch alle nur einen reichen Mann.«

Darauf ich: »Okay, ich gebe dir recht. Natürlich wollen alle Frauen einen reichen Mann. Reich an Herz. Reich an Liebe. Reich an Humor. Reich an Interessen. Das sind die Schätze, die wirklich zählen.«

Er war noch nicht überzeugt. Ich erzählte ihm von dem

Millionärspaar, das gerade in der Woche zuvor bei mir gewesen war. Die Ehe war am Kriseln. Sie beschwerte sich über ihn – worauf er sie nur fragte, warum sie seine vielen Geschenke und Überraschungen überhaupt nicht erwähne. Er hatte eines nicht verstanden: Eine Frau, die dich wirklich liebt, will deine Zeit, dein Lächeln und deine Aufmerksamkeit! Sie braucht keinen, der ihr nur bietet, was sich für Geld kaufen lässt. Und was soll überhaupt ein Maserati bei einem Tempolimit von 110 km/h auf Israels Autobahnen?

Ein Dauerthema in Partnerschaften ist das Gefühl, nicht so angenommen zu werden, wie man ist. »Er ist zwar ein bisschen störrisch, aber das gewöhne ich ihm schon noch ab« – so etwas denken manche tatsächlich. Doch wenn man versucht, den anderen zu ändern und einen erwachsenen Menschen zu »erziehen«, sendet man ihm die Botschaft, dass er nicht genügt, so wie er ist. Na danke auch. Niemand möchte ständig korrigiert oder getadelt werden. Nimm deinen Partner in seinem Wesen an, wie er ist, und fokussiere dich darauf, dich selbst zu ändern. Dass du den anderen mit all seinen Fehlern und Schwächen so behandelst, als wäre er perfekt. Dazu brauchst du Verständnis, Toleranz und Respekt.

Natürlich gehören immer zwei dazu. Irgendwo habe ich mal gelesen: »Verliebe dich in einen Menschen, der deine verrückte Art liebt, und nicht in einen Idioten, der dich zwingt, normal zu sein.« Süß, oder? Auf jeden Fall sage ich meinen Klienten gerne: »Ein Mann, der eine Frau wirklich liebt, will nur eine Sache an ihr verändern: ihren Nachnamen!«

In Wien sagte mir ein Mann das Folgende: »Rabbiner Kraus, meine ›Wonder Woman‹ macht einen auf anspruchsvoll. Sie spielt dieses Spiel sehr gut und will sich interessant machen. Ich will sie aber in diesem Spiel unbedingt besiegen! Wie stelle ich das wohl am besten an?«

Darauf ich: »Du willst sie besiegen? Weißt du, einen Menschen besiegen ist tatsächlich sehr einfach, denn der Stärkere gewinnt. Aber willst du wirklich so auf diese Frau zugehen? Willst du ein Verhältnis von Sieger und Verlierer zwischen euch etablieren? Zwischen stark und schwach? Arbeite lieber erst mal an deiner Liebesrhetorik. Gewinne das Herz dieser Frau für dich, und ihr seid beide Sieger. Good luck!«

Seinen Partner respektieren heißt, ihn zu verstehen. Ist euch schon einmal bewusst geworden, dass es sich bei der Aussage einer Frau »Ich bin sofort fertig« und der Aussage eines Mannes »Ich bin gleich zu Hause« um exakt dieselbe Zeitspanne handelt? Die ziemlich lang sein kann? Ist so und wird immer so sein. Macht daraus kein Drama.

Oft hilft schon ein simpler Rat beim Entschärfen von Streiten: Wenn dein Partner etwas Kritisches zu dir sagt, lass ein paar Sekunden Zeit vergehen, bevor du antwortest, und überlege, wie du in einer ähnlichen Situation mit einem Mitarbeiter oder Kollegen umgehen würdest. Die Streitkultur im Berufsleben ist oft viel besser und reifer als die in der Partnerschaft. Wenn ich meine Klienten darauf hinweise, sind sie oft verblüfft, bestätigen es dann aber vollständig. Im Job gelingt es ihnen meist, souverän zu bleiben – warum wenden sie ihre offensichtlich vorhandenen Fähigkeiten zu Hause nicht an? Hat das nicht auch etwas mit zu viel Selbstverständlichkeit und Egoismus zu tun? Viele Chefs wissen ganz genau, dass sie ihrem Gegenüber in einem Konfliktgespräch nicht das Wort abschneiden sollen, auch nicht wenn sie denken, es sei im Unrecht. Solange der Mitarbeiter nämlich noch etwas auf dem Herzen hat, wird er ihm nicht zuhören. Dasselbe solltest du als Partner zu Hause beherzigen.

Denn um das Herz geht es schließlich – auch und gerade wenn gestritten wird. Da prallen verwundete Herzen aufeinander. Statt aufeinander zuzugehen, gehen viele in stressigen Situationen eben doch aufeinander los. Und formulieren dabei nicht ihre Wünsche, sondern Vorwürfe, womit sie der berühmten VW-Regel zuwiderhandeln, die besagt, dass man jeden Vorwurf in einen Wunsch umformulieren sollte. Also: »Nie führst du mich aus, das geht mir auf den Keks« – gut? »Ich wünsche mir, dass du mich mal wieder ausführst. Nur wir zwei allein, am Strand oder im Rosengarten, egal wo – Hauptsache, wir sind zusammen« – gut! Beiden Aussagen liegt dasselbe Bedürfnis zugrunde, und doch besteht zwischen ihnen ein himmelweiter Unterschied. Wenn uns etwas stört, sollten wir also dem Partner keine Vorwürfe an den Kopf knallen. Und umgekehrt sollten wir zu verstehen versuchen, dass hinter jeder Kritik und jedem Vorwurf ein unerfüllter Wunsch steckt, und uns immer fragen, welchen Anteil wir selbst am Frust des anderen haben.

Ohneeinander?

Eines der häufigsten Themen in meiner Sprechstunde für Paare ist: »Ich will nicht ohne dich sein.« Aber manchmal müssen zwei Menschen sich sogar voneinander entfernen, um zu spüren, wie sehr sie sich eigentlich brauchen. Einmal kamen Esther und Daniel zu mir, die wegen einer heißen Krise gerade nicht »miteinander konnten«. Ich entschied mich für eine sogenannte Intervention – eine überraschende Aktion, um etwas zu veranschaulichen.

Ich fragte sie: »Habt ihr Lust, kurz mal etwas auszuprobieren?«

Beide: »Ja, klar.«

Ich: »Schön, dann schließt mal bitte eure Augen. Esther, was siehst du jetzt?«

Sie kicherte und sagte: »Nichts.«

Ich: »Aha, okay, lass bitte deine Augen weiter geschlossen. Und was ist mit dir, Daniel? Was siehst du?«

Er lachte ebenfalls und sagte: »Ich sehe auch nichts. Ich sehe nur schwarz.«

Ich: »Sehr gut! Denn jetzt habt ihr gerade gesehen, wie euer Leben aussieht, wenn ihr einander nicht habt. Ohne deinen Mann fehlt dir der Sinn im Leben, Esther. Und ohne deine Frau, Daniel, ist dein Leben ebenso ein Nichts. Alles ist immer nur pechschwarz.«

Das Paar öffnete erschrocken die Augen. Mit so einem romantischen Ende hatten sie nicht gerechnet. Anschließend blickten sie sich verlegen an, und wir verabredeten, dass sie sofort zu mir kommen, wenn es mal wieder zwischen ihnen ruckelt, um schnell wieder verstehen zu lernen, dass sie ohneeinander erst recht nicht können.

Wie sehr Paare aneinander vorbeileben können, wenn es um das »miteinander« und »ohneeinander« geht, zeigt eine bizarre Geschichte aus meiner Praxis:

Ein Mann wollte unbedingt wohlhabend werden, um sich und seiner Familie ein besseres Leben zu ermöglichen. Die Frage, ob er dafür die ideale Branche wählte, könnte man diskutieren, aber darum geht es hier nicht. Jedenfalls eröffnete er einen Kiosk, in dem es Alkohol, Zigaretten, Snacks und so weiter gab. Und er hatte immer geöffnet, um möglichst viel Umsatz zu machen: an sechs Tagen die Woche, von frühmorgens bis spätabends. Am Schabbat schlief er den ganzen Tag. Seine Frau beschwor ihn immer wieder, wenigstens einen Tag in der Woche freizunehmen und bei ihr und den Kindern zu sein. Aber er lehnte das ab: »Wir brauchen das Geld! Ich tue das alles doch für euch!«

Irgendwann reichte es seiner Frau: Sie bestellte kurzerhand einen Umzugswagen. Ein Nachbar sah das, und als er kurz danach am Kiosk vorbeikam, sagte er zu unserem Mann: »Du bist ja vielleicht ein toller Nachbar! Wieso sagst du denn nicht Bescheid, dass du umziehst?«

»Hä? Ich zieh doch gar nicht um!«

»Erzähl nichts! Vor deinem Haus steht doch ein Möbelwagen, und die räumen da gerade alle Sachen rein. Deine Frau stand daneben. Ich hab sie gefragt: ›Zieht ihr um?‹ Und sie: ›Ja, wir ziehen um.‹«

Unser Mann tat, was er noch nie getan hatte: Mitten am Tag schloss er seinen Kiosk und eilte nach Hause. Und was fand er vor? Eine leer geräumte Wohnung und auf dem Boden ein Familienfoto – wobei bei ihm die Augenpartie herausgestochen war.

Nach diesem krassen Erlebnis kam er zu mir. Er erzählte mir alles und wollte bestätigt haben, dass seine Frau verrückt geworden sei, eine gefährliche Psychopathin. Ich gab ihm darin recht, dass das mit den Augen ganz schön extrem war, aber dann fragte ich ihn: »Was wollte deine Frau dir sagen? Und zwar so, dass du es endlich hörst? Deine Frau hat monatelang ihre Sehnsucht nach dir ausgedrückt. Das war ein ›Ich liebe dich‹ – und von dir kam nichts zurück. Nie. Sie wollte dir sagen: ›Du bist mir das Wichtigste. Und ich will, dass du mich siehst. Dafür sollst du deine Augen benutzen, und nicht nur für das Geld und den Kiosk.‹«

Nach einigen harten und schwierigen Gesprächen hat der Mann verstanden, worum es ging. Heute leben alle glücklich zusammen – in einer gemeinsamen Wohnung und mit einem Familientag in der Woche.

Oft geht es bei heftigem Streit nur darum, dass ein Partner den Anfang macht und über seinen Schatten springt. Weil das Gemeinsame so viel kostbarer und wichtiger ist als der Anlass des Streits.

Viele Trennungen wären nicht nötig, würden Mann und Frau nicht so schnell aufgeben, sondern sich auf das besinnen, was sie verbindet. Ich gebe zerstrittenen Paaren gern eine in Therapien allgemein gängige Aufgabe namens »Warum habe ich mich damals in meinen Partner verliebt?«. Sie sollen dann jeweils sieben Stärken aufschreiben, die sie an ihrem Partner mögen. Aber sie sollen keine sogenannten Funktionsstärken benennen wie »Er ist ein guter Vater« oder »Sie kann gut organisieren«, sondern das, was den anderen als Person ausmacht, die menschlichen, die charakterlichen Stärken. Danach sollen sie aufschreiben, welche schönen gemeinsamen Erlebnisse sie verbinden. Und dann, welche Schwierigkeiten sie miteinander gemeistert haben – und was jeder zur Lösung der Probleme beigetragen hat. Dies sind Kompetenzen, die in der aktuellen Krise hilfreich sein können. Denn ein Paar, das schon länger zusammen ist, sammelt im Laufe der Jahre viele Ressourcen an. Auf diese Ressourcen kann man zurückgreifen, wenn man der Partnerschaft eine andere Richtung geben und sie neu beleben will.

Manche empfinden das ihnen zu ausgeprägte Bedürfnis ihres Partners nach Nähe als belastend und anstrengend. Einmal war ein Mann bei mir, der ständig besorgte Anrufe seiner Frau erhielt: »Wo bist du? Mit wem? Wie lange noch? Wann kommst du endlich heim?«, und so weiter.

Er sagte selbst, dass sie das nicht tut, um ihn zu kontrollieren, sondern wirklich aus Liebe und Fürsorge. Schließlich gibt es viele Wege, »Ich liebe dich« zu sagen. Diese Frau wählte die Kommunikation »Ohne dich kann ich nicht leben« auf diese herzlich-beharrliche Art und Weise. Ihr Mann aber war genervt: »Das geht mir so auf den Senkel, diese ewige Fragerei!«

Ich sagte: »Wenn es dich stört, dann such dir am besten eine Frau, der du egal bist! Wem du egal bist, der stellt dir nie solche Fragen.«

Dieser sarkastische Rat traf ihn wie ein Keulenschlag. Seine Augen füllten sich mit Tränen. Er verstand schlagartig, was er an ihr hatte und was ihre Anrufe bedeuteten. Ich schlug ihm vor, von nun an mit folgendem filmreifen inneren Monolog nach Hause zu fahren (der eine Passage aus Moses Pelhams »Himmelfahrtskommando« aufgreift): »Ich bin auf dem Weg. Ich komme, so schnell es geht. Kein Zweifel, ich will bei dir sein. Ich bin auf dem Weg. Ich beeile mich. Gleich bin ich da! Und halt mir den Platz an deiner Seite frei!«

Wer so nach Hause fährt, der weiß: Wenn sich jemand nach dir sehnt, bist du ein Glückspilz. Und Menschen, die dich lieben, Menschen, denen du wichtig bist und denen du alles bedeutest, sind doch das Größte, was es geben kann. Diese Menschen verdienen all deine Liebe.

Zugegeben, das war jetzt Pathos pur. Aber manchmal hilft auch Humor – sogar wenn er schwarz ist. Hier zum Abschluss des Beziehungskapitels ein Witz, den mir mal eine Klientin erzählte:

Zwei Freundinnen sitzen zu Hause bei der einen und warten auf deren Mann. Aber er kommt und kommt nicht, obwohl er längst Feierabend hat. Sein Handy ist ausgeschaltet. Die Freundin meint irgendwann: »Ob er vielleicht eine andere hat?« Darauf die andere: »Sei nicht immer so pessimistisch. Wieso soll er eine andere haben? Man kann doch auch mal optimistisch sein. Vielleicht ist er ja überfahren worden.«

Niemand versprüht so viel Glück wie Kinder

Was brauchst du schon zu deinem Glück? Eine Familie, die dich liebt, ein paar gute Freunde, die in allem zu dir halten, Essen auf dem Tisch und ein Dach über dem Kopf. Hab ich alles. Und so schön Essen und Wohnen sind, die Familie ist das Allerbeste davon. Auch wenn ich meine Frau mal nicht verstehe. Da lässt sie mich über zwei Stunden mit den Kindern allein und schimpft danach über das angerichtete Chaos – ohne positiv anzumerken, dass es nicht brennt!

Ach was, nur so ein Spruch aus dem Füllhorn der Väterklischees. Mutter sein und Vater sein, das ist eine endlose Liebesgeschichte. Eltern glauben nicht nur an die Liebe auf den ersten Blick – durch ihre Kinder wissen sie, dass es die Liebe auf den ersten Blick gibt. Als vierfacher Vater bräuchte ich die vielen Erlebnisse mit glücklichen Eltern in meiner Praxis gar nicht, aber sie bestätigen mich zusätzlich: Kinder sind die größten Glücklichmacher. Lächelst du einen Erwachsenen an, fragt er sich (oder dich), wieso du das machst. Wenn du ein Kind anlächelst, lächelt es zurück. Von Kindern können wir, wie Paulo Coelho gesagt hat, drei Dinge lernen: grundlos fröhlich sein, immer mit irgendwas beschäftigt sein und nachdrücklich einfordern, was man will.

Es gibt nichts Schöneres, als abends durch die Haustür zu kommen und plötzlich wie beim Rugby von diesem heranbrausenden Kind angefallen zu werden, weil es dich so sehr vermisst hat. Genau das zitierte ich mal in einem Vortrag. Daraufhin fragte mich ein junger Papa: »Ich will für meine vierjährige Tochter wie ein Held sein, der ihr immer das Leben versüßt. Wie kann ich ihr dieses Geschenk machen?«

Ich erwiderte: »Wenn du deiner Tochter ein Geschenk machen willst, musst du vor allem wertschätzen, dass sie ein unbeschreibliches Geschenk für dich ist! Das ist das Großartige am Vatersein: Da ist diese kleine Person, die heranwächst und sich permanent verändert. Und du weißt nie, wie sie sich als Nächstes entwickeln wird. Es ist, als würde man jeden Tag ein Überraschungspaket öffnen. Also: Erlebe deine Tochter, verliebe dich in sie und entdecke dich in ihr wieder. Entdecke die Welt durch die Augen deiner Tochter.«

Wann hast du dich zum letzten Mal anstecken lassen von der Neugier und Beweglichkeit der Kinder, von ihrer Begeisterung, ihrem Lachen und ihrer Freude? Wann hast du von den Jüngsten etwas lernen können? Geh auf sie zu, und du wirst Entdeckungen machen, du wirst staunen über neue Erfahrungen und verblüffende Sichtweisen. Du wirst entdecken, wie leicht das Leben sein kann.

Und Kinder sind so gute Lehrer! Egal wie alt du bist: Es gibt Momente, in denen fühlst du dich wieder wie ein Kind. Alles ist bunt, überall warten Abenteuer, und die Schmetterlinge tanzen Tango. Die Weisen Israels sagen: »Man braucht lange, um jung zu werden!«

Kennst du den Spruch »Menschen sind wie Schallplatten: Nur gut aufgelegt kommen sie über die Runden«? Sei der DJ deines Lebens und leg die Musik auf, die das Kind in dir zum Tanzen bringt. Auf diese Weise wird dann auch das Dopaminsystem im Kopf aktiviert – unser Spielsystem. Wenn du Kinder hast, weißt du, was das ist. Kinder spielen nicht nach Dienstplan, sondern solange es geht, und am liebsten ohne Pausen.

Als mein Sohn drei Jahre alt war, war seine Lieblingsbeschäftigung Puzzeln. Er puzzelte wie ein Weltmeister. Er nahm die Teile, und da passte mal das nicht (Mist), und das passte hier nicht (mit Gewalt vielleicht?), aber das hier, das passte (yeah)! Mein Sohn tüftelte, bis das Puzzle fertig war. Er sah ganz kurz stolz zu Mama und Papa – dann schmiss er das Puzzle vom Tisch und fing wieder von vorne an. Wer das kleine Kind in sich nicht Kind sein lässt, wertet das sicher rational als dumm, aber die Kinder schauen uns mit funkelnden Augen an und zeigen, wie Leben geht, Kinder lieben das Puzzeln, das Spielen. Spielerisch erkennen sie, ob etwas klappt oder es eben nicht klappt. So etwas über das Leben zu lernen und über das Ausprobieren von Wegen macht unglaublich Spaß.

Häufig fragen Eltern mich um Rat in Sachen Erziehung. Ich

glaube, sie erwarten oft Hinweise zu den Themen Disziplin und Strenge und Zimmeraufräumen – und sind dann erstaunt über meine Antwort: Erziehung bedeutet nicht, zu kritisieren oder zurechtzuweisen. Erziehung bedeutet, Lust zu wecken! Kinder hören nicht immer auf das, was ihre Eltern ihnen sagen. Warum? Weil sie am meisten durch das Verhalten ihrer Eltern lernen und nicht durch deren Worte. Das ist übrigens eine goldene Regel im Leben allgemein; Leute werden sich nie genau daran erinnern, was du ihnen gesagt hast, aber sie werden nie vergessen, wie sie sich dabei gefühlt haben! Deine Kinder werden immer dem Beispiel folgen, das du ihnen vorlebst, und nur selten deinem Rat.

Ein Kind braucht keine Ermahnungen und Vorwürfe, sondern Geborgenheit, Respekt und Liebe, und zwar bedingungslos. Ich sage jedem meiner Kinder täglich, wie toll und einzigartig sie sind und ganz und gar unerlässlich in Gottes wundervollem Plan für die Menschheit! Auch wenn sie schon groß sind, sie es schon wissen oder es dir so vorkommt, als könnten sie es nicht mehr hören: Sag ihnen immer weiter, wie sehr du sie liebst! Sag deinen Kindern täglich: »Ganz egal was passiert, vergiss nie, wie sehr ich dich liebe!«

Wenn deine Kids schlafen gehen, setz dich ein wenig zu ihnen ans Bett. Schau ihnen tief in die Augen und hör zu, was sie so alles zu sagen haben – sie haben so viel zu sagen. Investiere dafür täglich Zeit, und zwar so viel, wie erforderlich ist. Dein gesamtes Leben wird sich dadurch verändern. Aber vor allem: Lass deine Kinder immer wieder wissen, dass sie die wundervollsten Engel auf Erden sind, schön und klug und einfach unersetzlich. Denn was sie über sich selbst glauben, prägt, was sie später werden.

Die letzten fünf Bewusstseinsminuten unseres Tages bestimmen maßgeblich, was wir in der Nacht träumen werden. Unsere Nacht bestimmt zu einem großen Teil unseren nächsten Tag. Um vor bösen Mächten geschützt zu sein, die in der

Nacht am Werk sein könnten, ist es für jeden Juden eine Mizwa, vor dem Schlafengehen die Kriat Schema scheAl haMita zu beten. Ich habe dieses Gebet übrigens in der Rehaklinik für mich entdeckt (ihr erinnert euch: »in the middle of nowhere«), seitdem schlafe ich viel besser!

Noch ein Satz an die Adresse der Kinder: Eines der aufregendsten Dinge auf der Welt muss es sein, zu sehen, dass deine Eltern glücklich sind. Wenn du wüsstest, was der Grund für dieses Glück ist! Das bist nämlich du.

Und was den Zusammenhalt betrifft: Als Familie leben wir füreinander. Ein Vater, der seinen Kindern etwas Gutes tun will, muss lediglich die Mutter seiner Kinder lieben! So einfach ist das. Umgekehrt gilt übrigens dasselbe. Und wenn dabei so ein Dialog wie der folgende herauskommt – was soll's?

Ein Junge zu seinem Vater: »Du, Papa, was bedeutet es eigentlich, ein Mann zu sein? Was ist ein Mann?«

Der Vater antwortet: »Ein wahrer Mann liebt seine Familie bedingungslos! Er tut alles für sie und beschützt sie mit all seiner Kraft.«

Der Junge: »Wow, super. Wenn ich mal groß bin, will ich auch ein Mann werden. So einer wie Mama.«

Freundschaft

Das Leben ist wie eine Zugfahrt: Viele Menschen steigen unterwegs ein und wieder aus, doch nur wenige begleiten uns bis ans Ziel. Außer unserem Partner und unseren Kindern sind das vor allem unsere Freunde. Was zeichnet sie aus? Und worauf kommt es an, wenn man Freunde gewinnen und behalten will? Ein Beispiel: Jemand sucht einen Freund, der niemals einen Fehler macht. Und genau das ist der Grund, weshalb er keine Freunde hat. Denn Freunde machen schon mal Fehler, aber nur die echten machen sie wieder gut.

Apropos echte Freunde: Ich hatte das Glück, schon Freunde zu haben, da gab es noch gar kein Facebook. Wahre Freunde – das sind die, die es gut mit mir meinen und mir immer ein Lächeln ins Gesicht zaubern, wenn ich an sie denke. Meine Freunde mögen mich so, wie ich bin, weil ich so bin. Ein Freund ist, wer dein Lächeln sieht und dennoch spürt, dass dein Herz weint. Freunde sind die, die immer zu mir halten und mir bei allem die Daumen drücken. Es heißt schließlich Freundschaft, weil man mit Freunden alles schafft. Mit Freunden, die auch dann zu dir stehen, wenn alle anderen gegen dich sind.

Es geht nicht darum, mit allen befreundet zu sein, sondern mit den richtigen eine Gemeinschaft zu bilden In meinen Vorträgen veranschauliche ich das gern mithilfe von Streichhölzern. In reiche einem Mann im Publikum ein Streichholz und bitte ihn, es zu zerbrechen, ohne die andere Hand zu Hilfe zu nehmen. Das schafft natürlich jeder. Danach bitte ich ihn, dasselbe mit zwei Streichhölzern zu tun, und auch das fällt ihm leicht, Applaus aus dem Publikum. Schließlich gebe ich ihm die ganze Schachtel Streichhölzer und bitte ihn, diese mit einer Hand zu zerbrechen. Das funktioniert jetzt natürlich nicht mehr. Und genau so ist es im Leben. Solange wir allein sind, kann man uns leicht knicken und zerbrechen. Aber im Bund einer harmonischen Gruppe widerstehen wir allen Versuchen, uns Gewalt anzutun.

Man kann im Leben nur gewinnen. Jeder Mensch, den ich kennenlerne, ist ein Gewinn für mich – auch wenn er blöd ist oder autoritär oder hochnäsig. Denn entweder erhalte ich einen Freund – oder eine Lektion. Das Leben lehrt dich das Sowohl-als-Auch. Und wenn du feststellst, dass du es mit einem durch und durch negativen Menschen zu tun hast – befreie dich von seinem Urteil.

Wenn ich einen Vortrag halte, beginne ich gern so:

»Es ist mir eine Ehre, zu euch sprechen zu dürfen. Ihr seid alle große Menschen. Und das werde ich euch beweisen. Ich teile die Menschen in drei Gruppen ein. Die großen Menschen sprechen über Träume, Visionen und so weiter. Die mittleren Menschen reden über materielle Dinge: das Auto, Smartphones, die neue Küche … Die Kleingeister schließlich reden am liebsten über andere: die blöde Nachbarin, den unfähigen Chef, den arroganten Kollegen …«

Dann frage ich nacheinander einige Zuhörer: »Was für einen Freund wünschst du dir? Einen großen, der mit dir über Träume spricht? Oder einen, der dauernd von seinem neuen Smartphone redet? Oder einen, der ständig über andere lästert und, sobald du weg bist, ganz sicher auch über dich?«

Alle Arme gehen natürlich beim »großen Freund« hoch. Und dann sage ich: »Ihr kennt ja die Regel: Zeige mir deine Freunde, und ich sage dir, wer du bist. Womit wir eben bewiesen haben, dass ihr alle große Menschen seid.« Nach diesem Einstieg sind sie ganz sicher meine Freunde, und genau das will ich, eine Welt aus Freunden!

Jeder von uns kann wachsen, indem er seinen Charakter entwickelt. Und im Wort »Freundschaft« steckt viel Wachstumspotenzial. Denn ein guter Freund zu werden kostet mindestens so viel Zeit und Mühe, wie jeden Tag intensiv Sport zu treiben. Wir wachen nicht einfach mal so auf und sind über Nacht zum perfekten Freund geworden. Zwar tragen wir alle die Sehnsucht nach Gemeinschaft in uns, aber wir kommen nicht mit dem Wissen auf die Welt, wie man anderen ein guter Kamerad ist. Das lernen wir nur, indem wir geben und nehmen, mit anderen reden und beten, ihnen vergeben und uns in andere Menschen hineinversetzen.

Hier passt ein Satz von Rabbi Nachman gut: »Eines der Hauptprinzipien, Gott zu dienen, ist, dass ein Mensch jeden Tag wirklich einen Neuanfang machen muss.« Stell dir jemanden vor, der dir nahesteht, mit dem du dich aber bei der letzten Begegnung gestritten hast. Du willst das aus der Welt schaffen, weil dir viel an eurer Freundschaft liegt. Wie kann das gelingen? Wenn du ihn das nächste Mal triffst, dann stell dir vor, es sei eure allererste Begegnung. Mach einen Neuanfang. Beschließe einfach, dass zwischen euch keine Spannungen stehen, keine Wut und kein Beleidigtsein. Dann kannst du ihn in einem völlig neuen Licht sehen.

Nächstenliebe

Wir alle wissen aus Erfahrung, wie es manchmal zu sein scheint: Bei der richtigen Person kannst du nichts falsch machen. Und bei der falschen Person kannst du nichts richtig machen. Es gibt Sympathie und Antipathie auf den ersten Blick. Zu laut, zu unverschämt oder zu eingebildet und arrogant: Jeder kann hier noch etliche Gründe hinzufügen, die erklären, warum Menschen unsympathisch auf uns wirken können. Aber mit spontaner Abneigung kann und soll man sich nicht einfach abfinden. Weil der Mensch nun mal ein soziales Wesen ist und zum eigenen Lebenskreis gehört – bei der Arbeit, als Freund oder gar als neuer Partner eines Familienmitglieds. Bring also den Willen auf, deine Abneigung zu überwinden.

Rabbi Nachman sagt: »Wisse, dass du die Pflicht hast, jeden Menschen gut zu beurteilen, sodass, selbst wenn es um das Böse geht, du in ihm ein kleines Gutes suchen und finden musst.« Was dabei immer hilft: freundlich bleiben – auch und gerade, wenn das Gegenüber diese Freundlichkeit nicht erwidert (wie der nette Antisemit oben in der Flugzeuggeschichte). Das ist oft von entwaffnender Wirkung. Wer aggressiv ist und auf fortgesetzte Zugewandtheit stößt, wird verunsichert und überprüft vielleicht seine eigene Position. Zugegeben: Es fordert viel von einem selbst, auf Unfreundlichkeit mit Freundlichkeit zu reagieren. Man muss seinen Stolz beiseitelassen und Geduld haben, vor allem bei schwierigen Typen, die offensichtlich ein kompliziertes Päckchen zu tragen haben. Aber auf Dauer kann sich niemand einer positiven Ausstrahlung entziehen.

Außerdem hilft es, sich ganz gezielt ein paar positive Eigenschaften des schwierig erscheinenden Menschen bewusst zu machen. So verändert man seine eigene Wahrnehmung und ist nicht mehr Beute der eigenen negativen Impulse. Dazu noch einmal Rabbi Nachman: »Man muss den Frieden suchen, damit Frieden unter den Menschen Israels ist. Und den Nächsten lieben. Man sollte versuchen, das Gute zu finden, das in ihm liegt.«

Siehst du das Gute in den Menschen, die dich umgeben? Eine kleine Übung: Wähle drei Menschen aus – einen Arbeitskollegen, einen persönlichen Freund und ein Familienmitglied. Sage jedem Danke für etwas, das sie dir gegeben haben, oder für eine Qualität, über die sie verfügen.

Eine wichtige Rolle spielt auch Empathie – die besonders schwer aufzubringen ist, wenn sie von »unten« nach »oben« gerichtet sein soll. Aber gerade arrogante und überhebliche Menschen sind in Wahrheit oft sehr arm; sie leiden und suchen eigentlich menschliche Nähe und Zuwendung. Rabbi Nachman sagt: »Es ist leicht, andere zu kritisieren. Jeder kann das. Anstrengung und Geschick aber sind vonnöten, wenn du deinem Nächsten hilfst, wieder zu Kräften zu kommen und glücklich zu sein!«

Empfinden wir Antipathie gegenüber einem Menschen, der sehr viel Verantwortung zu tragen hat, eine Geschäftsführerin, ein geistliches Oberhaupt oder dergleichen, dann ist zu beherzigen, dass eine solche Führungsperson ständig unter Strom steht, dass sie hohen Leistungsdruck und andauernde Konfrontation mit dem Leidensdruck anderer (neben dem eigenen) erlebt. Vielleicht hat dieser Mensch schon sehr lange nicht mehr gut geschlafen wegen eines außerordentlichen Problems, das er mit Hingabe zu lösen versucht, für das es aber keine Lösung zu geben scheint. Oder er hat Rückenschmerzen oder Liebeskummer oder ein anderes Leiden – und niemand weiß davon. Es muss nicht unbedingt Abneigung oder ein schlechter Charakter sein, die Menschen unfreundlich wirken lassen.

Ich muss an eine Geschichte denken, die der New Yorker Autor Stephen R. Covey erzählt hat. Eines Tages saß er in der U-Bahn. Wegen eines komplizierten Problems war er an diesem Tag äußerst angespannt und nervös. Deshalb nervte es ihn mehr als sonst, dass in seinem Wagen drei kleine Kinder völlig außer Rand und Band herumtobten, schrien, plötzlich hysterisch weinten, dann wieder verbissen miteinander kämpften. Und ihr Vater stand völlig abwesend daneben und starrte einfach nur vor sich hin. Nach ein paar Minuten riss Coveys Geduldsfaden: »Entschuldigen Sie bitte, sind das Ihre Kinder?«, fragte er den Vater streng.

Der Vater sah ihn erschrocken und etwas verwirrt an und meinte dann: »Ja, das sind meine Kinder.«

Darauf Covey tadelnd: »Ja stört es Sie denn gar nicht, wie sich Ihre Kinder hier aufführen? Finden Sie es nicht ungehörig, dass sie alle anderen Fahrgäste mit ihrem Verhalten verrückt machen? Was für ein Vater sind Sie, wenn Sie so ein Verhalten nicht unterbinden?«

Der Vater kämpfte mit den Tränen: »Es tut mir sehr leid. Wissen Sie, meine Gedanken sind gerade ganz woanders. Wir waren eben im Krankenhaus. Ihre Mutter, meine Frau, ist vor ein paar Stunden an Krebs gestorben. Meine Kinder haben das Ganze nicht wirklich realisiert, oder vielleicht doch, ich weiß es nicht. Offenbar verstehen sie nicht richtig mit der Situation umzugehen.«

Covey erblasste. Er sprach dem Vater sein Beileid aus, murmelte einige Worte der Entschuldigung und kehrte beschämt zu seinem Platz zurück. Die Lektion, die er aus dieser Situation für sein ganzes Leben mitnahm, lautet: Jeder Mensch, dem wir begegnen, kämpft gerade seinen ganz persönlichen Kampf, von dem wir nichts wissen. Wir sollten nett sein.

Manchmal ist ein konstruktives Gespräch trotz aller Empathie nicht möglich. Dann braucht es einen Vermittler. Und Bereitschaft zur Vergebung. Jemandem einen Fehler zu verzeihen ist nicht leicht, aber immer einen Versuch wert. Viele denken, damit tue man vor allem dem einen Gefallen, der einem geschadet hat. Vergebung heißt aber nicht, dass man etwas Erlittenes einfach so hinnimmt. Man vergibt, damit man abschließen kann, um zum inneren Frieden zu gelangen. Vergebung ist demzufolge etwas, was vor allem uns selbst zugutekommt. Es bedeutet, dass wir die Macht und Verantwortung über unsere Gefühle wieder selbst in die Hand nehmen.

Wenn man von jemandem enttäuscht wurde, lohnt es sich im Übrigen immer, genau hinzusehen und sich zu fragen: Waren meine Erwartungen vielleicht falsch und überzogen? Und ein Satz hat ohnehin universelle Geltung: Wann immer du mit dem Finger auf jemanden deutest, zeigen drei Finger auf dich selbst.

Rabbi Nachman sagt: »Wenn du daran glaubst, dass man etwas kaputt machen kann, dann musst du erst recht daran glauben, dass man es wieder reparieren kann.« Hast du jemandem in Wort oder Tat geschadet? Dann versuche ehrlich und ohne übertriebene Selbstvorwürfe zu verstehen, was dich dazu veranlasst hat. Gestehe dir diesen Fehler ein, verzeihe ihn dir und überzeuge dich davon, dass es in deiner Macht steht, den Schaden zu beheben. Wenn möglich, geh auf den Menschen zu, dem du geschadet hast, und bitte ihn um Vergebung.

Fehler einzusehen und sich dafür zu entschuldigen ist niemals einfach. Der Satz »Es tut mir leid, ich habe mich geirrt« kommt den meisten von uns nur schwer über die Lippen. Dabei ist er, wenn er von Herzen kommt, eines der schnellsten und wirkungsvollsten Mittel, um Eis zum Schmelzen zu bringen. Und danach kann die tätige Reue beginnen – das Reparieren.

Die Thora sagt: »Liebe deinen Nächsten wie dich selbst!« Buchstabieren wir die Tugend der Nächstenliebe einmal durch:

Was dir gefällt und guttut, das teile mit anderen.

Was dir imponiert, das erzähle anderen.

Was dich positiv anspricht, das verbreite unter anderen.

Was du gerne bekommst, das schenke anderen.

Was du hasst, das tue keinem anderen an.

Was dich verletzt, das füge anderen nicht zu.

Für die Thora bedeutet Liebe, dem anderen das Maximum an Gutem zuteilwerden zu lassen. Denn du sollst nicht nur Gott lieben mit all deiner Kraft, sondern eben auch deinen Nächsten – und dich selbst. Es ist ein Dreiklang: Gottesliebe, Nächstenliebe, Selbstliebe. Nur wenn alle drei in Harmonie sind, kommt man gut klar. Ich darf weder mich selbst vernachlässigen noch die Menschen in meiner Umgebung – und Hashem erst recht nicht.

Zur Nächstenliebe gehören auch die entsprechenden Werke – ja, sie sind eine religiöse Pflicht (Mizwa) und so bedeutend wie alle anderen Mizwot zusammen. Wir leben in einer Welt der Verantwortung füreinander. Richte deinen Blick auf Menschen, die Aufmerksamkeit, Liebe und Hilfe nötig haben. Gib einer bedürftigen Person etwas ab, schon eine kleine Geste kann helfen. Rebbe Nachman sagt, dass die Werke der Nächstenliebe viele Sünden bereinigen. Sie sind auch eine Art Wiedergutmachung für einen verletzten Bund, für finanzielles Fehlverhalten (ohne den Betreffenden von der Pflicht zur

Rückerstattung des unrechtmäßig Angeeigneten zu befreien) und für Sünde im Allgemeinen. Werke der Nächstenliebe erlauben es dem Menschen zudem, sich über seine triebhaften Neigungen zu erheben. Sie erst heben ihn auf die Ebene »Mensch« und ermöglichen ihm, auf die Ebene der Heiligkeit des Landes Israel zu gelangen. Werke der Nächstenliebe helfen, die göttliche Freundlichkeit zu offenbaren, und sind segensreich für die Erziehung der eigenen Kinder.

Dabei geht es nicht nur um Materielles. Nicht das zählt im Leben, was wir schenken, sondern das, was wir von uns selbst geben: Liebe, Zeit, Höflichkeit und Mitgefühl. Geschenke können wir mit Geld kaufen, aber was wir von Herzen geben, ist freiwillig und unbezahlbar. Aufrichtige Liebe ist kreativ, sie schafft sich neue Kanäle und fließt dorthin, wo sie gebraucht wird. So bringst du Freude und Glück in diese Welt.

DEIN WEG ZU DIR –
UND ZUM GLÜCK

Jetzt wird's persönlich. Und göttlich. Im Grunde gilt das ja für das ganze Buch – aber dieser Abschnitt wird vermutlich jenen Leserinnen und Lesern mehr bringen, die selbst glauben. Vielleicht wird der eine oder die andere Nichtgläubige immerhin ein bisschen neidisch …

Für mich jedenfalls sind die Emuna, die Kraft des Glaubens, die Thora und das Judentum an sich eine unverzichtbare seelische Ressource. Wem ein Leben mit Gott fremd ist, dem mag es sinnlos, töricht und sogar aufdringlich erscheinen, wenn ich über Gott und die Thora spreche und schreibe. Aber wer für Hashem wirbt, tut damit schon aus psychologischer Sicht sicher etwas absolut Richtiges.

Manchmal berichtet ein Klient mir, dass ein Psychologe oder ein Therapeut versucht hat, ihm seinen Glauben an Gott auszureden und die Emuna, also das Vertrauen in Gott, ins Lächerliche zu ziehen. Das ist nicht nur höchst unprofessionell, weil man ja seinen Patienten dadurch verurteilt, sondern noch viel schlimmer: Es bewirkt, dass der Mensch keine Hilfe erfahren wird.

Aber wenn du beginnst, an Gott zu glauben, und damit an dich und deine Fähigkeiten, dann ist es wie beim Betreten eines herrlichen Palastes: Du wandelst von Raum zu Raum und bist ein König in deinem Leben – weil du weißt, dass du nicht allein bist. Da ist jemand, dem du wichtig bist, der dich liebt, der will, dass du erfolgreich bist, auf den du vertrauen kannst. Und dieses Vertrauen schenkt dir Glück und Freude.

Neulich fragte mich ein Mann: »Sind Sie eigentlich stolz darauf, dass wir Juden sind?«

Ich antwortete ihm: »Ja, ziemlich stolz sogar.«

Er: »Aha. Und warum eigentlich genau?«

Ich: »Warum?! Na, ganz einfach: Weil ein Jude einen höheren moralischen Maßstab hat. Als Juden legen wir Wert auf Menschlichkeit, auf Toleranz, Respekt und Gerechtigkeit.«

Er: »Das klingt sehr selbstbewusst. Wo haben Sie das her?«

Ich: »Wer ist unser Rabbi?«

Mein persönlicher Rabbi ist bekanntlich Rabbi Nachman. Aber alle Juden haben einen gemeinsamen Rabbi, und das ist Moses. In der Thora lernen wir Moses in interessanten Situationen kennen. Einmal beobachtet er, dass ein Ägypter einen Juden schlägt. Später mischt er sich bei einem Streit zweier Juden ein. Und er hat seinen Auftritt, als eine nichtjüdische Gruppe eine andere nichtjüdische Gruppe fertigmacht. All das lesen wir im zweiten Kapitel des zweiten Buchs Moses. In allen Fällen mischt Moses sich ein. Unser Rabbi lehrt uns hier Gerechtigkeit, weil er immer den ungerecht behandelten Menschen zur Seite steht.

Und was ist mit Gott? Was lehrt Er uns? Nun, Gott ist kein Rabbi und erst recht kein Polizist oder Sozialarbeiter, schließlich hat Er keinen Körper und unterliegt keinen Begriffen der Leiblichkeit. Ihn also auf eine Rolle als Oberspielleiter aller kleinen menschlichen Kämpfe zu reduzieren, würde Ihn kleinmachen. Gott ist undurchdringlich. Der Kotzker Rebbe hat ein kluges Wort gesprochen: »An einen Gott zu glauben, den ich verstehen kann, an so einen Gott würde ich nie glauben wollen.« Wir können Gott nicht immer verstehen. Dieser »Anspruch« wäre falsch.

Eins aber wissen wir: Was immer der Schöpfer tut, das tut Er aus Liebe. Er hat die ganze Welt erschaffen, um uns seine Barmherzigkeit zu zeigen. Er liebt mich absolut bedingungslos und mehr, als ich mich selbst liebe, und Er kümmert sich mehr um mich, als ich es tue. Aber wir verstehen den Sinn seines Lenkens nicht immer. Wir fragen uns: »Wofür ist das jetzt der

Lohn oder die Strafe?« – zum Beispiel meine Gelenkschmerzen. Aber so tickt Er nicht.

Rabbi Nachman erzählt uns eine Geschichte aus der Ukraine: Ein gutherziger Vermieter überließ einem bettelarmen, kinderlos gebliebenen Paar eine Wohnung, obwohl es die verlangte Miete nie voll bezahlen konnte. Eines Tages kam ein – ebenfalls ungewollt kinderloser – Reicher und wollte genau diese Wohnung haben. Er bot das Zehnfache der regulären Miete – der Vermieter, der selbst Familie hatte, konnte da nicht Nein sagen. Aber er wies ihn auf die Folgen hin: Es gab im Ort keinen anderen mitfühlenden Vermieter, und das arme Ehepaar würde mitten im eisigen Winter obdachlos. Der Reiche machte es sich trotzdem in der Wohnung gemütlich, während das arme Ehepaar aus dem Ort verschwand und der Kälte der Wildnis ausgesetzt war. Was mag aus ihnen geworden sein? Der Reiche hingegen wurde bald nach seinem Einzug mit Kindern gesegnet.

Ein Schüler fragte Rabbi Nachman, warum der herzlose Reiche so beschenkt wurde von Gott. Rabbi Nachmans Antwort lautete: »Und trotz alledem ist der Schöpfer die Wahrheit.«

Ein jeder Mensch sollte sich darüber im Klaren sein: Meine Seele ist ein Teil von Hashem. Er lenkt und steuert alles. Alles dient immer zum Besten.

Gott sagt nie Nein

Alles was passiert, passiert nicht dir, sondern für dich. Erkennst du den Unterschied? Eine chassidische Geschichte erzählt von einem Thoraschüler, der betet und betet und betet; er schaut in den Himmel und will von seinem Schöpfer eine Antwort. Trotz allen Betens erhält er keine Antwort, oder, besser gesagt, er hat das Gefühl, dass Gott ihm sagt: Nichts da! Was du dir gerade wünschst, wirst du von mir nicht bekommen. Nun geht der Schüler zu seinem Rabbi und sagt: »Du lehrst uns, dass wir immer beten, immer mit Gott reden sollen. Und dass Gott uns hört und auch gibt, was wir erbitten. Aber ich habe das Gefühl, dass ich bete und bete – und dass mir keiner zuhört, oder nein: dass mir doch jemand zuhört, aber zu allem Nein sagt. Das ist frustrierend.« Da erwidert der weise chassidische Lehrer: »Pass auf: Im Judentum gibt es eine Regel, und die besagt, dass Gott nie Nein sagt. Egal was du dir wünschst, Gott sagt nie Nein. Nie. Merk dir das! Gott spricht mit uns und liefert eine von drei Antworten. Die erste Antwort ist: Ja; du wünschst dir etwas, und Gott sagt Ja, und schon hast du's. Die zweite Antwort ist: Später, zu einem anderen Zeitpunkt, nicht jetzt; also nicht nein, sondern später. Und die dritte Antwort ist: Ich habe etwas Besseres für dich.«

Kann man Gott sehen?

Eines Morgens fragte mich meine Tochter, sie war vier Jahre alt: »Aba, Gott sieht aus wie wir, stimmt's?«

Ich: »Wie meinst du das, meine Liebe?«

Sie: »Genau so sieht er aus.« Und dabei zeigte sie auf unsere Gesichter. »Stimmt's, Aba? Er hat unser Gesicht!«

Ich: »Weißt du, Schatz, Gott hat keinen Körper. Er hat also nicht so ein schönes Gesicht wie du, auch nicht deine wundervollen Augen. Gott ist wie eine Art Wind, eine wohltuende sommerliche Brise. Man kann Ihn nicht so anschauen, wie du gerade mein Gesicht anschaust.«

Sie: »Aba, was redest du?! Ich will Gott sehen. Jetzt! Zeigst du Ihn mir?«

Ich: »Wir können Gott nicht sehen.«

Sie: »Aber ich will Ihn sehen! Warum zeigst du Ihn mir nicht?«

Ich: »Okay, mein Engel, ich zeig Ihn dir.«

Wir gingen in ihr Zimmer, in das die Sonne morgens herrlich hineinscheint. Wir legten uns gemeinsam auf ihr Bett, sodass die Sonne uns ins Gesicht leuchtete.

Ich: »Spürst du die Sonne auf deinem Gesicht?«

Sie: »Ja.«

Ich: »Super! Jetzt versuch mal, tief in die Sonne zu schauen.«

Meine süße Kleine hat es versucht, aber natürlich blendete die Sonne sie zu stark. Sie wurde etwas sauer auf mich, worauf ich meinte: »Siehst du, mein Schatz, so ist es mit Gott. Wir können Ihn mit unseren Augen nicht sehen – so wie wir nicht in die Sonne sehen können. Aber wir können Ihn spüren. Schließe mal deine Augen. Spürst du noch die Sonne in deinem Gesicht? Es fühlt sich warm und angenehm an, nicht wahr?«

Sie lachte und sagte: »Ja.«

Ich: »Das ist Gott, meine Liebe! Immer wenn du Ihn sehen willst, musst du einfach nur deine Augen schließen. Weißt du, es gibt vieles im Leben, das wir erst sehen, wenn wir unsere Augen schließen. Gott gehört dazu.«

Auch mir wurde etwas klar an diesem Morgen: Wenn unsere Seele in besonderer Weise berührt wird, schließen wir oft unsere Augen. Beim Weinen. Wenn wir träumen. Bei einem atemberaubenden Kuss. Beim Hören der Lieblingsstelle in einem geliebten Musikstück. Im Gebet. Warum tun wir das? Weil wir wissen, dass man die schönsten Dinge der Welt nicht sehen kann, sondern mit dem Herzen fühlen muss.

Was meinen die Leute, wenn sie sagen, dass sie eine ganz besondere Beziehung zu Gott haben? Was meinen sie, wenn sie sich für »besonders gesegnet« halten? Manche beschreiben es mit einem tiefen Glücksgefühl oder mit einer überschwänglichen Freude, oder sie sagen, sie würden Hashem spüren. Jeder Mensch muss für sich selbst den Schöpfer entdecken und Ihn wissen – wissen, dass Er unbeschreiblich groß ist. Jeder Mensch ist demnach mit der Frage konfrontiert: Wie lässt sich erfassen, was unbeschreiblich ist?

Dazu heißt es im Sohar: »Der Allmächtige ist in unserem Empfinden so groß, wie ein Mensch Ihn in seinem Herzen zeichnet.« Also sei ein Künstler! Zeichne deine echte, lebendige Beziehung mit deinem Schöpfer und unterstreiche sie durch Handlungen, die diese Beziehung festigen.

Dabei hast du jederzeit die Möglichkeit der Umkehr. Gleich was du auch angestellt hast in deinem bisherigen Leben: Immer kannst du dich Gott zuwenden. Ein jüdisches Gebet sagt: »Gelobt bist Du, unser Gott, König der Welt, der unsere Umkehr will.« Denn Gott will die Beziehung mit uns. Er will unser Herz. Sobald wir uns Ihm zuwenden, ist Er besonders gut mit uns.

Das Gebet ist das Geheimnis, das wir Gläubigen den Nichtgläubigen voraushaben. Aber Gott lässt sich nicht auf einer menschlichen Dialogebene finden. Er spricht mit uns in einer anderen Dimension. Wir spüren Ihn im Herzen. In unseren Gedanken können wir Seine Nähe wahrnehmen.

Rabbi Nachman lehrt uns, dass das Gebet das Tor zu Hashem ist. Psalm 116,10 sagt: »Ich glaube, weil ich spreche.« (Auf Hebräisch: »HeEmanti ki Adaber.«) Und in Psalm 89,2 heißt es: »Ich offenbare Deinen Glauben mit meinem Mund.« (Auf Hebräisch: »Odia Emunatcha Befi.«)

Der Glaube an Gott hängt also von unserer Kommunikation mit Ihm ab. Wer mit dem Allmächtigen täglich ein persönliches Treffen hat, wird Ihn dadurch in seinem Herzen als unbeschreiblich groß zeichnen und Ihn dann auch emotional sehr intensiv empfinden. Mit dieser Basis findet das Studium der Thora auf einem ganz anderen Level statt.

Schreibe dir täglich einen Termin in deinen Kalender für ein privates Meeting mit deinem Schöpfer. Wähle einen angenehmen Ort, wo du allein sein kannst. Gehe dafür am besten hinaus in die Natur. Finde einen ruhigen Ort, geh dort spazieren oder setz dich ruhig hin. Atme mehrmals bewusst tief durch. Spüre dieses Erlebnis und beschreibe das Empfundene – die Gerüche, die Geräusche, die Landschaft und deine Gefühle – möglichst genau und detailreich. Nun, da du dich so mit der Natur verbunden hast, höre einen Moment lang in dich hinein und nimm dir ein paar Minuten Zeit, um mit dem Schöpfer des Lebens über jedes Thema zu sprechen, das dich in letzter Zeit beschäftigt hat. Rede mit Ihm wie mit deinem besten Freund.

Auch für Rabbi Nachman empfiehlt sich das persönliche Treffen mit Gott draußen in der Natur. Denn so wie jeder Hirte seine eigene spezielle Melodie hat, so hat auch jede Pflanze und jeder Grashalm sein eigenes spezielles Lied. Und wenn das prächtige Blütenmeer in allen erdenklichen Farbnuancen zu singen beginnt, verwandeln sich die Gesänge der Pflanzen in das Lied des Hirten. Der Hirte, von dem Rabbi Nachman spricht, ist ein jeder Beter. Die Natur singt dem Schöpfer ihr Lied, und in ihr verbindet sich die Pflanzenwelt mit unserem Gebet, das dadurch viel intensiver wird. Die Gesänge der Pflanzen erfüllen das Herz, es empfindet tiefe Sehnsucht. Und wenn das Herz von der Sehnsucht und dem Verlangen nach Erez Israel, dem Land Israel, erfasst wird, entfaltet und erstreckt sich ein großes Licht aus der Heiligkeit von Erez Israel über den Betenden und das prächtige Blütenmeer, die Gesänge der Pflanzen. – Das Judentum ist voller Poesie, nicht wahr?

Die Welt braucht dich

Wie ist es aber nun mit dem Bösen und dem Guten – und Gott? Gott tut nichts Böses, aber Er hat auch das Böse erschaffen – und uns die Verantwortung dafür auferlegt, dem Bösen zu widerstehen. Er hat uns den freien Willen gegeben – und damit eine Aufgabe, nämlich uns für das Gute und gegen das Böse zu entscheiden. Eine gute Richtschnur, um zu wissen, ob eine Entscheidung richtig ist, ist übrigens der »Kindertest«: Würde ich wollen, dass meine Kinder in einer solchen Situation dasselbe tun, was ich im Begriff bin zu tun, ja oder nein?

Elie Wiesel, der berühmte Schriftsteller, der die deutschen Konzentrationslager überlebte, soll einmal den Lubawitscher Rebbe gefragt haben, ob man nach Auschwitz noch an Gott glauben könne. Die Antwort war schlagend: »Woran denn sonst? An den Menschen vielleicht?« Rational betrachtet war es dumm, im Dritten Reich Juden zu verstecken, um sie zu retten. Man gefährdete sich und seine Familie aufs Höchste. Aber es war das moralisch Richtige. Woher nahmen die (wenigen) Gerechten die Kraft, sich trotz widrigster Umstände für das Gute zu entscheiden? Sie waren verbunden mit etwas, das über ihnen stand. Ich nenne es Gott.

Du bist unterwegs auf der Straße und siehst einen Unfall. Du siehst ein Attentat. Du siehst Hunger, Not, Leid. Du siehst unheilbar kranke Kinder, versehrte Menschen. Das tut im Herzen weh, und aus dem Herzen schaust du in den Himmel und fragst deinen lieben Gott: »Allmächtiger König, wo steckst Du jetzt? Wieso lässt Du das zu? Warum unternimmst Du nichts?« Wenn du jetzt ganz genau hinhörst mit deinem Herzen, müsstest du hören, was Gott dir zur Antwort gibt: »Ich unternehme nichts? Ich habe doch dich geschickt.«

Hast du verstanden? Der Schöpfer hat dich geschickt. Dinge, die du siehst, Not, von der du hörst, Leid, das du erlebst, das passiert nicht einfach so, und du gibst jemandem die Schuld dafür. Alles was du siehst, erlebst und hörst – Gott hat dich dahin geschickt, damit du den Unterschied machst. Und jetzt sag nicht: Was kann ich schon verändern? Sehr viel kannst du verändern. Du kannst den Unterschied machen – vielleicht nicht im Großen, aber das muss gar nicht sein, im Kleinen kann sehr viel geschehen. Du musst nur den Glauben daran haben, dass die Welt dich braucht.

Manche Leute haben damit kein Problem, sie empfinden vielleicht sogar viel zu stark, wie sehr die Welt sie braucht, das sind die mit ausgeprägtem Sendungsbewusstsein. Aber um die geht es nicht, sondern um die, die sich kleinmachen oder Angst davor haben, genau in dem Moment, wo sie gebraucht werden, zu versagen. Die denken: Ich werd's vergeigen, lass da mal lieber andere ran, die das besser können. Falscher Ansatz! Die Welt braucht genau dich, so wie du bist. Verschließe die Augen nicht vor ihr. Lass vielmehr auf dich wirken, was du in der Welt erlebst, und gib ihr etwas zurück. Du meidest ja auch nicht den Umgang mit geliebten Menschen – deinem Partner, deinen Kindern und Eltern –, wenn sie leiden oder anderswie Sorge bereiten.

Und so ist es auch mit der Welt. Wenn du etwas Schlechtes siehst, brauchst du nicht in den Himmel zu schauen und sagen: »Hey, wieso unternimmst du nichts?« Gott hat es gesehen und will, dass du selbst etwas unternimmst. Überleg: Was kann ich tun für meine Welt? Beten hilft schon mal immer. Und wenn du aktiv etwas tun kannst – tu es! Worauf wartest du? Dass jemand anderes den Job für dich erledigt? Nein, it's up to you. Mach dir bewusst, dass du wirklich gebraucht wirst und wertvoll bist. Sei anders, sei irgendwie besser!

Richtig oder falsch?

Jeder Mensch hat Vorbilder. Das Idol meiner Kindheit war der Fußballer David Beckham. Ich hatte ein Trikot mit seinem Namen, ich hatte »seine« Schuhe und sogar seine Frisur. Ich besaß alle Beckham-Fanartikel, die man für (viel) Geld kaufen konnte – aber letztendlich hatte ich nichts. Ich hatte einen Star in meinem Leben, aber mein Leben war leer.

Heute, da ich Gott entdeckt habe, habe ich wieder ein Vorbild: Rabbi Nachman. Denn seine Art, Gott zu dienen, hat mich unglaublich begeistert. Unsere Welt ist mir oft wie ein langer, vielleicht endloser Tunnel erschienen, aber tief im Innern wusste ich dank der guten Erziehung durch meine Eltern, dass am Ende des Tunnels Gott mit offenen Armen auf mich wartet. »Ja, dann renn doch einfach in Seine Arme«, könnte man nun meinen, doch so einfach ist das nicht im dunklen Tunnel der Welt. Aber gerade, da ich im Dunkel umhertappte, entdeckte ich Rabbi Nachman, und er hatte eine Wegbeschreibung (Thora) und eine intensiv leuchtende Taschenlampe (Mizwot) dabei. Durch seine Anleitung fand ich sehr schnell den Weg in die Arme meines Schöpfers.

Rabbi Nachman, der Mann mit der Karte und der Taschenlampe – ich habe kein Bild von ihm, habe nicht sein Trikot, trage nicht seine Schuhe (nur seine Frisur habe ich wahrscheinlich schon). Aber ich habe sein Herz in mich aufgenommen. So entdeckte ich meinen Gott, und das erfüllt mich mit Licht und Freude. Wenn ich sage, ich habe sein Herz in mich aufgenommen, meine ich, dass ich über seine Weisheiten verfüge, seine Glaubenssätze, seine Lehren. Er offenbart mir, wie ich die Thora so auslegen kann, dass sie untrennbar verbunden ist mit mir und allem, was mir Freude bringt. All das gibt meinem Leben einen erleuchtenden Sinn. Noch so ein großes

Vorbild für mich sind Rabbiner Mordechai Eliyahu und alle Weisen Israels.

Wir alle sind ständig auf der Suche. Wir alle suchen nach Sicherheit, nach Nähe, nach Wertschätzung. Und nach Sinn. Die zwei wichtigsten Tage im Leben sind erstens der Tag, an dem du geboren wurdest – und zweitens der Tag, an dem du verstehst, warum.

Wie jeden Freitagabend war die ganze Familie einmal wieder um den Schabbattisch versammelt, ich war gerade im Begriff, den Kiddusch zu beten, ein zentrales Schabbatritual. Dieser Segen wird vor den traditionellen Schabbatmahlzeiten über einem Becher Wein gesprochen. Mit ihm wird das biblische Gebot erfüllt, »des Schabbattages zu gedenken und ihn heilig zu halten«. Kiddusch bedeutet »ein Akt der Heiligung«. Ihr merkt, das ist ein echtes Highlight im jüdischen Leben. Und mein Sohn? Verschüttete aus Versehen den randvoll mit Wein gefüllten Kiddusch-Becher und warf beim Versuch, den Wein zu retten, mit dem Ellbogen noch ein Glas und einen Teller zu Boden. Nicht wirklich ideale Voraussetzungen für einen Kiddusch. Mein Sohn war wie versteinert und wartete auf das gleich über ihn losbrechende Donnerwetter. Ich aber sagte nur lachend »Scherben bringen Glück« und »»Masel tov««.

Darauf meine Tochter ungläubig: »Aba, ›Masel tov‹?«

Ja, »Masel tov«, denn wie wir von Rabbi Baruch von Medschybisch lernten, rief er immer, wenn etwas bei ihm zu Hause kaputtging, sofort »Masel tov«. Und wieso? Deshalb: Es hätte auch etwas anderes in der Familie kaputtgehen können, aber der Schöpfer beließ es in Seiner großen Barmherzigkeit bei ein paar Scherben. Der verschüttete Wein ist ebenfalls ein talmudisches Zeichen für Segen, denn der Talmud sagt, dass im Haus eines Menschen erst dann Segen beiwohnt, wenn Wein wie Wasser verschüttet wird. Meine Kinder waren schockiert, im positiven Sinn.

Meine Frau und ich erklärten ihnen, dass uns die Weinlache und die Scherben nichts ausmachten, aber nun müssten sie Verantwortung übernehmen und das Chaos wieder beseitigen. Unsere Kinder waren ganz stolz, dass wir so »erwachsen« mit ihnen redeten – sie begriffen den Gedanken von Verantwortung und machten sich ans Aufräumen. Und damit verstanden sie zugleich, dass es bei der Suche nach dem Sinn des eigenen Lebens auf sie selbst ankommt, auf ihre Fähigkeit zur Einsicht, auch in schwierigen Situationen. Den Sinn bekommt man nicht frei Haus geliefert vom lieben Gott oder dem Rabbi. Jeder Mensch muss ihn sich selbst erarbeiten und dazu die Möglichkeiten nutzen, über die er verfügt.

Von Rabbi Nachman habe ich gelernt, wie sehr Vertrauen und Verantwortung zusammengehören. Du kannst darauf vertrauen, dass Gott dich liebt und hält – aber für deinen Weg bist du selbst verantwortlich. Oder, wie ein bekannter Spruch auf Hebräisch besagt: »Das Leben vergeht wie im Flug – aber du bist der Pilot.« Und wer sein Leben führt, als säße er im Schaukelstuhl, der hat es zwar bequem, kommt aber nicht voran. Ganz sicher haben es die einen leichter und die anderen schwerer im Leben. Und manchmal küsst uns das Glück, aber in anderen Phasen beutelt uns das Schicksal. Um es wieder mit einem Spruch zu sagen: Im Leben geht es nicht darum, gute Karten zu haben, sondern darum, auch mit einem schlechten Blatt spielen zu können.

Eine oft und heftig diskutierte Frage ist, wie stark das Elternhaus und die Lebensumstände allgemein das Verhalten und die Entwicklung eines Menschen prägen. Es ist die Preisfrage aller Soziologen, Psychologen und so weiter: Bestimmt die Herkunft, was aus jemandem wird? Ich kann diese Frage hier ganz klar beantworten: Ja und nein.

Zu dieser tollen Antwort bringen mich unter anderem die Ergebnisse einer Zwillingsstudie, die die beiden Söhne absoluter Katastropheneltern über Jahrzehnte hinweg beobachtete.

Die Eltern waren drogenabhängig und kriminell – eine echte Herausforderung für die beiden Jungs. Der eine trat in die Fußstapfen seiner Eltern und geriet ebenfalls auf die schiefe Bahn. Der andere hingegen wurde ein zielstrebiger, gut organisierter, gesetzestreuer Bürger. Und auf die Frage der Forscher, warum sie sich so entwickelt hätten, wie sie es taten, antworteten beide: »Wegen meiner Eltern.« Das bedeutet: Ja, die Herkunft hatte Einfluss auf ihre Entwicklung. Und zugleich: Nein, die Herkunft hat nicht endgültig festgelegt, wie sie sich entwickeln würden. Es gab Spielräume. Ob und wie diese Spielräume genutzt werden, liegt in der Verantwortung jedes Einzelnen. Denn wir haben fast jeden Tag die »Qual der Wahl«.

Es gibt selten das absolut Richtige und das absolut Falsche. Meist muss man Möglichkeiten abwägen. Dabei tappen wir leicht in eine Denkfalle: Sich für Veränderung zu entscheiden bedeutet zunächst immer eine Anstrengung. Das spricht aber nicht gegen die Veränderung selbst. Und die Überzeugung, dass sich jedes Detail in meinem Leben jederzeit zum Guten verändern kann, ist eine zentrale Botschaft von Rabbi Nachman. Er fordert uns auf, wendig zu sein und das Steuer unseres Lebens selbst zu ergreifen: »Du bist überall dort, wo deine Gedanken sind. Sorge dafür, dass deine Gedanken überall dort sind, wo du gerne sein möchtest.«

Wenn mich Menschen fragen, wie sie ein gutes Leben führen können, antworte ich oft mit einem Spruch: »Tu, was dich stärkt, und lass immer mehr von dem weg, was dich schwächt.« Klingt einfach und ist es eigentlich auch. Aber natürlich erfordert es Selbstdisziplin, Dinge zu unterlassen, die einen schwächen, die aber Spaß machen und bequem sind. Und es ist ein Teufelskreis: Je länger ich mich schwäche, desto weniger Kraft habe ich, um das, was mich schwächt, zu unterlassen. Umso besser, wenn man nicht zu lange abwartet.

Wir Menschen sind immer darauf aus, etwas zu bekommen. Schon als Kleinkinder äußern wir in ersten Rumpfsätzen: »Meins! Haben will!« Das gute Leben besteht aber nicht darin, stets etwas zu bekommen, sondern vielmehr darin, etwas zu geben und von sich zu spenden. Wir alle müssen lernen, zu geben! Rabbi Jehuda HaNassi sagt: »Welches ist der gerade Lebensweg, den ein Mensch für sich wählen soll? Es ist der Weg, der zur gänzlichen Harmonie mit sich selbst und mit den Mitmenschen führt.«

Positives Denken und Lebensfreude

Zwei Schuhmacher gelangen auf der Suche nach einer neuen Existenz auf eine Südseeinsel. Rasch stellen sie fest, dass dort alle barfuß laufen. Der eine Schuster sagt: »Oh, wie schade. Niemand trägt hier Schuhe. Hier gibt es keinen Markt.« Und reist mit dem nächsten Schiff wieder ab. Der andere hingegen sagt: »Oh, hier trägt niemand Schuhe. Was für ein riesiger Markt! Hier bleibe ich!«

Psychologisch geschulte Menschen setzen »positives Denken« oft gleich mit »Verdrängung«. Es sei ein unrealistisches und falsches Konzept, so zu tun, als gäbe es keine Probleme. Aber darum geht es nicht. Positives Denken soll nicht ignorieren, dass es Probleme und Krisen gibt, sondern es fordert uns zu der Anstrengung auf, trotz der Schwierigkeiten positiv und fröhlich zu sein. Das ist keine geringe Herausforderung in manchen Situationen – aber es ist ein Baustein zum Glück. In den letzten Jahren ist die Fähigkeit, den Kopf oben zu behalten und selbst nach schweren Rückschlägen sein seelisches Gleichgewicht wiederzufinden, als »Resilienz« zu neuen Ehren gekommen. Manchmal hängt die Bewertung von etwas offenbar nur davon ab, wie es bezeichnet wird. Das ist doch ein schöner Grund, mal gemeinsam zu lachen.

Wie schon weiter oben gezeigt, hat Rabbi Nachman viel über die Pflicht zur Fröhlichkeit gesprochen: »Es ist eine große Mizwa, immer fröhlich zu sein. Bestärke dich darin, alle Bedrücktheit und Traurigkeit beiseitezuschieben. Jeder hat eine Menge Probleme, und die Natur des Menschen neigt dazu, sich von der Traurigkeit anziehen zu lassen. Um dem zu entgehen, bringe ständig Freude in dein Leben – selbst dann, wenn du dabei in der Albernheit Zuflucht suchen musst. Wahre Freude ist das Schwierigste von allem. Du musst dich dazu zwingen, ständig fröhlich zu sein, auch wenn dir gerade nicht danach ist.«

Jemand fragte Rabbi Nathan einmal, wie er denn fröhlich sein könne, wo er doch so viele Probleme habe, und wie man es ihm nachtun könne. Rabbi Nathan antwortete: »Borge dir die Fröhlichkeit!« Wenn es um Geld geht, zögern wir schließlich selten damit, es uns im Hinblick auf zukünftigen Gewinn zu borgen. Wer niedergeschlagen ist, spürt, dass ihm etwas fehlt. Dann sollte er an irgendetwas denken, das ihn glücklich macht, sich den Frohsinn also von dort borgen. Zumal die Zinsen dich nicht weiter drücken sollten: Musst du Geld zurückzahlen, schmerzt dich das immer ein wenig. Anders ist es mit der Fröhlichkeit: Wenn du sie »zurückzahlst«, freuen wir uns alle noch einmal.

Manchmal höre ich Leute sagen, ich sei verrückt, weil ich immer wieder betone, dass mich Geld nicht glücklich macht, und einfach das Leben genieße und gern lache. Andere hingegen sagen, ich sei verrückt, weil ich trotz Neid, Hass und Ungerechtigkeit an die Menschen glaube und Leuten, die mir Böses tun, verzeihe und sie mit Liebe gehen lasse. Und fast alle halten mich für verrückt, weil ich die Sterne anlächle und manchmal einfach so »Halleluja!« singe.

Ich antworte dann mit meinem breitesten Lächeln: Ihr seid verrückt. Weil ihr das Leben verpasst in jeder Sekunde, die ihr euch grämt, empört und die Menschen anders haben wollt, als sie sind.

Wenn ich in meinen Vorträgen so humorvoll über das Thema Lebensfreude spreche, soll ich oft ein paar Tipps zum Selbermachen geben. Eine von Freude erfüllte Lebenseinstellung beginnt in unserem Inneren. Wer versteht, dass Gott unser Herz jede Sekunde schlagen lässt und uns jeden Atemzug schenkt, der versteht auch, dass einfach alles hier auf dem von Gott errichteten und immer weiter entwickelten Fundament beruht. Gott ist die Quelle und der Geber aller Freude. Dieses Fundament gibt uns Sicherheit und schafft Gelassenheit. Ohne diesen inneren Frieden würde uns das Lachen oft vergehen. Für Sigmund Freud war Humor eine »seelische Grundhaltung, die in den Missständen des Lebens menschliche Unzulänglichkeiten erkennt und lachend verzeiht«. Humor ist die Kunst, sich selbst und seine Probleme nicht so wichtig zu nehmen.

Glaube ist die richtige Mischung von Realismus und Optimismus, also die Fähigkeit, den blauen Himmel hinter den Wolken zu erahnen. Denn es ist ja so: Positiv denkende Menschen erleben genauso viele Niederlagen wie Pessimisten. Doch statt sich davon entmutigen zu lassen, fangen sie mit neuem Mut wieder neu an. Verrückt? Vielleicht. Aber lieber verrückt und fröhlich als normal und mutlos.

Ich habe eben geschrieben, dass manche so verrückt sind, ihr Leben zu verpassen. Stell dir vor, du hättest ein Bankkonto, auf das dir jeden Tag 86 400 Cent überwiesen werden, als Geschenk. Allerdings gibt es eine Bedingung: Du musst diese Summe binnen 24 Stunden ausgeben. Alles, was du nicht genommen und genutzt hast, ist am nächsten Morgen weg. Wenn dem so wäre, was würdest du also tun? Du würdest das Geld natürlich bis zum letzten Cent abheben und damit so viel Schönes erleben und Gutes tun, wie du nur kannst.

Der Witz daran ist, dass jeder von uns so ein Konto besitzt!

Der Name des spendablen Instituts lautet »Zeitbank«. Jeden Morgen erhalten wir 86 400 Sekunden. Und jede Sekunde, die bis zur Nacht nicht gut investiert wurde, geht verloren. Aber jeder neue Tag ist wie ein neues Leben – und eine neue Chance. »Wer heute kein perfektes Leben führt, dem gelingt es vielleicht morgen«, wie Rabbi Nachman schon einmal zitiert wurde. Wenn das keine gute Laune macht …

Wir haben nichts als diesen Tag, diesen Moment, das Jetzt – nicht mehr und nicht weniger.

Wenn ich später alt bin, will ich mich an die wunderschönen Bilder meines Lebens erinnern. Aber nicht jetzt! Jetzt ist die Zeit, diese Bilder und Erinnerungen zu erschaffen – wie es die Maus Frederick in dem Bilderbuch tut, das schon so viele Kinder berührt hat. Und wenn ich dann 80 Jahre alt bin, blicke ich zufrieden auf mein erfülltes Leben zurück.

Rabbi Nachman hat das alles längst gewusst: »Die ganze Welt ist voll des Streites, jedes Land und jede Stadt und jedes Haus. Aber wer in sein Herz die Wahrheit aufnimmt, dass der Mensch an jedem Tag stirbt – denn er muss jeden Tag ein Stück vom Rest seines Lebens abgeben –, wie soll er noch seine Tage mit Streit verbringen können?«

Wie lange du lebst, liegt nicht in deiner Macht – ob du aber, solange du lebst, wirklich lebst, das hängt ganz von dir selbst ab.

Ich nehme das Leben dankbar an wie ein Kind, das morgens als Erstes in den Himmel schaut und sich freut, egal ob die Sonne scheint, es regnet oder schneit. Weil es erfüllt ist von diesem unbändigen Tatendrang, den nur Lebensfreude hervorbringen kann.

Ein junger Mann von neunzehn Jahren, er heißt Orel, fragte mich einmal, wieso ich Menschen selbstlos helfe. Ich erschien ihm wie ein Trottel, der sich ausnutzen lässt. »Was hast du davon?«, wollte er von mir wissen. »Schließlich bekommst du nichts zurück!«

Ich antwortete: »Du hast das Leben noch nicht verstanden, mein Lieber. Ich bekomme Emotionen zurück – herzliche, kraftspendende Empfindungen. Und die sind das Leben. Sie geben mir Zuversicht und Kraft. Weil sie mich optimistisch machen und meinen Blick auf das Schöne und Gute lenken.«

Dann fragte ich ihn, ob er Schnee möge.

Er zuckte die Achseln: »Geht so.«

Ich fragte ihn ganz begeistert: »Erinnerst du dich, wie Jerusalem vor ein paar Jahren im Schnee versunken ist? Wie herrlich das war?«

Er verzog das Gesicht: »Das war doch schrecklich! Hier hat Schnee nun wirklich nichts zu suchen. Die ganze Stadt war wie ein Gefängnis – man kam weder rein noch raus und blieb am besten ganz zu Hause.«

Ich sagte: »Komm, wir machen ein Gedankenexperiment. Stell dir vor, wir hätten damals zusammen auf einem Balkon gestanden und auf die verschneite Stadt geschaut. Ich hätte geschwärmt: ›Orel, wow! Schau dir das an! Die goldene Stadt verzaubert in Weiß. Das ist so unfassbar schön – die Luft, die Aussicht, der Schnee, alles! Ich bin begeistert!‹ Und du hättest mich angeschaut und dir an den Kopf gefasst: ›Sag mal, David, spinnst du? Ich sehe, dass Menschen an jeder verdammten Ecke hinfallen und sich die Knochen brechen, dass man nicht mal Brot kaufen kann und es in manchen Vierteln keinen Strom gibt. Du bist begeistert, und ich will einfach nur weg hier. Egal wohin, Hauptsache raus aus diesem Chaos.‹ Wie kann das sein, Orel? Wir haben auf dasselbe Jerusalem geblickt. Wieso hatte ich so ein Wow-Gefühl und du den Holt-mich-hier-raus-Horror?«

Eine Antwort auf meine fiktive Frage an Orel liefert uns Rabbi Nachman. Er sagt nämlich: »Worauf ich mich konzentriere, das füllt mich aus.« Und ich konzentriere mich nun mal lieber auf das Gute, Schöne und Herrliche. Was ich davon habe? Emotionen! Mir geht es gut, ich empfinde das Leben intensiv als herrlich. Orel hingegen sieht in unserem Gedankenspiel nur, dass Menschen Knochenbrüche erleiden, das Leben stillsteht und so weiter. Was hat er davon? Dasselbe wie ich: Emotionen. Aber negative. Er fühlt sich unwohl, will weg – aber er rührt sich nicht vom Fleck, weil das Negative ihn fesselt und lähmt. Und wie viele Gipsbeine werden durch seinen negativen Blick verhindert? Kein einziges.

Unser Job als Menschen ist es, den Fokus auf das Gute zu legen. Wir sind keine Trottel, was bedeutet: Wir sehen auch das Schlechte. Aber wir lassen uns davon nicht ausfüllen. Wir sind wie Eimer, die nur das Gute aufnehmen – und deshalb können wir versuchen, das Schlechte mit dem Guten zu heilen. Wer sein Gefäß aber mit dem Schlechten und Negativen füllt, kann nichts Gutes weitergeben. Der ist selbst im Eimer.

»Jeder Mensch ist ein Wunder!« Glaubst du an diesen Satz? In dem Moment, wo du ihn ganz annehmen kannst, verwandelt sich dein Leben in ein positives Wunder. Allem wohnt etwas Wunderbares inne. Erzähle von einem Wunder, das dir passiert ist. Schreibe jeden Tag in dein Notizbuch alle noch so kleinen und alle großen Wunder, die dir widerfahren sind.

Apropos Notizbuch: Bekanntlich ist das ganze Leben wie ein Buch. Du findest superspannende Momente darin, fröhliche und glücklich machende Passagen – aber es enthält auch Kapitel, in denen die Hauptfigur ständig Pech hat, die von Krankheit, Liebeskummer oder Existenzangst handeln. Das Wichtigste beim Durchschreiten deines eigenen »Lebensbuchs« ist, immer dranzubleiben, konstant weiterzublättern. Auch wenn es gerade mies oder langweilig ist – im nächsten Kapitel erwartet dich sicher eine überraschende Wendung. Wenn etwas gar nicht rundläuft oder du regelrecht scheiterst, dann spricht Hashem zu dir: Hey, keine Sorge, schau mal, da vorn! Mit anderen Worten: Wenn es dir da, wo du gerade stehst, nicht behagt, dann bewege dich. Du bist schließlich kein Baum.

Zum Abschluss ein Beispiel für positives Denken, über das mancher buchstäblich die Nase rümpfen dürfte:

Als ich einmal in Wien war, sprach mich ein junger Bursche sehr direkt an: »Rabbi, mal ehrlich: Ich höre Ihnen wirklich gerne zu, aber ich kann einfach nicht glauben, dass wegen Emuna, dieser Kraft des Glaubens, immer nur Sonnenschein, Friede, Freude und Eierkuchen angesagt sind! Das Leben ist doch – sorry – manchmal einfach nur richtig scheiße ...«

Ich lachte und zeigte ihm eine Witzzeichnung, die ich immer bei mir trage. Eins der Männchen schimpft lauthals: »Scheiße!«

Sein Gegenüber ermahnt ihn fröhlich: »Du musst positiv denken!«

Darauf das wütende Männchen: »Schöne Scheiße!«

Und sein Gegenüber zufrieden: »Geht doch.«

Ein Tief zieht durch

Einmal sagte meine Tochter zu mir: »Aba, manchmal bin ich traurig. Woher kommt das?«

Ich: »Lass uns einen kleinen Ausflug machen.«

In Jerusalem gibt es einen Aussichtspunkt, von dem aus man die ganze herrliche Stadt sehen kann. Für Kinder sind das Beste dort aber nicht die Ausblicke, sondern die Schaukeln. Ich setzte meine Tochter auf eine und sagte: »Weißt du noch, was du mich gefragt hast? Warum du manchmal traurig bist? Jetzt hol ordentlich Schwung auf der Schaukel des Lebens. Und wenn die Schaukel gerade unten ist, dann denk dran: Sie ist auf dem Weg nach oben – dorthin, wo die Aussicht am schönsten ist und das Kribbeln im Bauch am stärksten.«

Nach dem Schaukeln erinnerte ich sie an das Langzeit-EKG, das meine Mutter einmal machen lassen musste, als wir sie zu Hause besuchten. Die Oma hatte einen kleinen Monitor bei sich getragen, auf dem die Pulsschläge als Linie zu sehen waren. Meine Tochter hatte darüber gestaunt, dass das Herz diese Linie zeichnen konnte. Jetzt sagte ich: »Weißt du, Schatz, auch von unserem Pulsschlag lernen wir etwas. Er zeigt uns: Wer im Alltag kein Auf und Ab erlebt – also keine Höhen und Tiefen wie du auf der Schaukel –, der sollte schnell überprüfen, ob er wirklich lebt. Wir haben Ups und Downs, Gott sei Dank. Mal sind wir fröhlich und mal nicht. Mal scheint die Sonne und mal nicht. Daran erkennen wir, dass wir leben.«

Gedanken, die einen hinabziehen, beginnen oft mit »Was wäre, wenn …?«. Solange wir uns damit eine oder zwei Minuten lang beschäftigen, ist das normal und harmlos. Aber wenn wir uns weiter intensiv auf sie einlassen, also jede Überlegung mehrfach drehen und wenden, dann werden aus dem Gedanken schnell handfeste Sorgen. Völlig ohne äußeren Grund geraten wir in einen Abwärtsstrudel, und die Sorgen drehen sich im Kreis und verlassen uns nicht mehr. Plötzlich sind wir erfüllt von Angst, (Selbst-)Hass, Bitterkeit, und nichts macht uns mehr Freude. Aus einem anfänglich harmlosen Gedanken kann also sehr schnell etwas sehr Störendes und sehr Anstrengendes für unsere Seele werden – genauso, wie aus dem leichten Glas Wasser, das mein Student in seiner Hand hielt, mit der Zeit ein unerträglich schweres Gewicht wurde.

Wenn dich ein negativer Gedanke über Stunden und Tage nicht loslässt, hat Rabbi Nachman einen guten Rat für dich: »Es ist prinzipiell ganz unmöglich, dass zwei Gedanken gleichzeitig in unserem Gehirn existieren. Daher können schlechte Gedanken leicht und einfach verbannt werden. Wir müssen lediglich damit aufhören, noch länger diesen einen Gedanken, der uns bedrückt, weiterzudenken. Das geht, indem wir einen anderen, positiven Gedanken imaginieren, zum Beispiel aus der Thora, von der Arbeit oder auch gern aus dem Bereich des Zwischenmenschlichen.«

Bekanntlich kann das gesamte Wasser eines Ozeans ein Schiff nicht zum Sinken bringen – es sei denn, Wasser dringt in das Innere ein. Dann wird das Schiff rasend schnell untergehen. Genauso verhält es sich mit dem Menschen: Alle negativen Dinge dieser Welt können ihm nichts anhaben – es sei denn, er erlaubt ihnen, in seine Gedanken und somit in sein Herz einzudringen. Dann wird der Mensch seelisch zermürbt untergehen.

Du kannst schlecht drauf sein, weil du Ablehnung erfahren hast, dich tagelang bedrückt fühlen, weil dich ein schlechtes Gewissen plagt, oder seelisch aus dem Gleichgewicht sein, weil du eingeschränkt leben musst – vielleicht wegen einer lauten Baustelle vor deiner Tür oder weil du Stress hast mit deinem Partner. So ein Blues kann sich eine ganze Weile hinziehen wie einer dieser ausufernden Songs von Bob Dylan, aber irgendwann sollte die letzte Strophe gesungen sein.

Dann gibt es, wie auch bei körperlichen Beschwerden, so ein Zwischenreich, in dem man sich fragt, ob das nicht übertrieben ist, deswegen zum Arzt oder Therapeuten zu gehen. Dazu sage ich nur: Wir können alle ein bisschen Therapie gebrauchen! Es gibt keine Schwelle, die man erst erreichen muss, damit eine Therapie sinnvoll ist, und jeder muss da der eigenen Empfindung folgen. Wenn du also nach dem Tod eines geliebten Menschen einfach nicht aus deinem Kummer herausfindest und selbst schon über eine Trauerbegleitung nachgedacht hast, warum versuchst du es nicht einfach?

Etwas ganz anderes ist es wiederum, wenn du unter einer ausgewachsenen Depression leidest. Die Depression ist der ärgste Feind unserer Seele. Rebbe Nachman vergleicht sie mit dem Biss einer Schlange. Genauso unerwartet, wie eine Schlange zubeißt, packt den Erkrankten die Depression. Es gibt viele Gründe, in eine Depression hinabzugleiten: wenn du dich im Beruf zu lange verausgabt und überfordert hast, oder ein geliebter Mensch gestorben ist, oder einfach infolge von Veränderungen der chemischen Prozesse im Gehirn, für die sich oft kein äußerer Grund erkennen lässt.

Dann kannst du an den Punkt gelangen, an dem der Spaziergang in freier Natur und jeder noch so schöne Trick der Selbstmotivation ohne Wirkung bleibt. Dann findest du einfach keinen Ausgang mehr aus dem tiefen schwarzen Loch, in dem du steckst, oder hast das Gefühl, dich im freien Fall zu befinden. Bei einer klinischen Depression kannst und solltest du unbedingt ärztliche Hilfe in Anspruch nehmen. Und zögere nicht zu lange mit diesem Schritt. Gut, wenn du Menschen um dich weißt, die dich lieben und – in diesem Moment wohl besser als du selbst – erkennen, was du in diesem Moment brauchst.

Verlust und Trauer

Im ersten Teil meines Buchs hatte ich von dem schrecklichen Anschlag auf den Bus erzählt, bei dem auch meine Tante ums Leben gekommen war. Und dass mich schwer beeindruckte, wie alle gemeinsam mit der Trauer umgingen. Mich faszinierte, wie die Rabbiner über den Umgang mit starken Emotionen sprachen. Dass man sich von ihnen nicht überwältigen lassen, sie aber auch nicht wegdrücken dürfe. Wer Trauer und Verzweiflung ignoriert, wird seine Emotionen nicht in den Griff bekommen. Uneingestandene emotionale Wunden werden mit der Zeit sogar eher noch schlimmer, zumal viele Menschen ihren Kummer mit Alkohol oder ungesundem Essen zu bewältigen versuchen.

Es ist also wichtig, dass wir unsere Gefühle anerkennen,

aber wir sollen auch zu der Einsicht gelangen, dass sie uns nicht ganz in ihrer Gewalt haben müssen. Wie das funktioniert, erklärten uns die Rabbiner ebenfalls. Sie sprachen von der Emuna; der Glaube an den einen und einzigen Gott ist in unseren dunkelsten Momenten die rettende Kraft. Eine gesunde Beziehung zu dem Ewigen hilft uns, Hindernisse leichter zu überwinden. Denn wenn wir an die höhere Kraft Gottes glauben, glauben wir auch an die Macht des göttlichen Eingreifens; wir begreifen, warum etwas geschieht, und so vertrauen wir dann stets darauf, dass Hashem uns aus jeder unguten Lage sicher retten wird.

Was immer in unserem Leben geschieht, sei es gut oder schlecht, dient einem höheren Zweck. Weisheit bedeutet, in der Lage zu sein, über den Moment hinauszublicken und die größere Bedeutung jeder gegebenen Situation zu erkennen. Am Anfang wirst du es vielleicht nicht verstehen, aber mit der Zeit erkennst du das größere Bild, das sich in eine perfekte Ordnung fügt. Vertraue selbst in emotional besonders aufwühlenden Momenten darauf, dass es einen ultimativen Zweck gibt, der sich dir bald erschließen wird.

Während der Schiva, der Trauerwoche, hörte ich immer wieder den Satz: »Ich will loslassen, versuche es so sehr, aber schaffe es nicht, ich muss einfach ständig weinen.« Worauf ein Rabbiner sagte: »Musst du wirklich loslassen?«

Ja, genau: Trennt der Tod eines geliebten Menschen mich von ihm? Die Thora sagt Nein! Okay, körperlich gesehen ja, aber der Mensch ist ja kein Körper mit einer Seele, sondern eine Seele mit einem Körper. Daher leitet der physische Tod in Wahrheit ein anderes Leben ein, meine Tante lebt also noch. Nicht hier, nicht wie gewohnt, aber sie lebt. Wo? Im Himmel, in einer Welt, wo alles gut ist, wo einen höchstens traurig macht, uns hier unten traurig zu sehen ...

Nach dem Tod meiner Tante sagte mein Onkel: »Wir haben unsere Sonne verloren.« Wir konnten unsere besondere Sonne nicht mehr sehen, aber als wir damit aufhörten, sie sehen zu wollen, und uns vielmehr vornahmen, sie dennoch weiter in uns leuchten zu lassen und damit zu spüren, wurde alles anders! Damit folgten wir dem Rat des Rabbiners. Du kannst dich jederzeit mit deiner Sonne verbinden, mit ihr sprechen, für sie eine Kerze entzünden und sie so bei dir zu Hause weiterleben lassen. Statt loszulassen, musst du dich nur neu verbinden. Das ist ein bisschen so wie mit dem Wifi: Du warst verbunden, die Verbindung wurde unterbrochen, und du musst dich einfach neu einwählen.

Ich fahre mit meinen Kindern gelegentlich an den Ort, wo meine Tante durch den bestialischen Anschlag des Palästinensers ihr teures Leben verlor, gegenüber dem Liberty Bell Park in Jerusalem. Dort steht heute eine Erinnerungstafel mit den Namen der ermordeten Juden. Auch Jaffa Ben-Shimol steht dort, der Name meiner Tante.

Fühl dich umarmt

Einmal fasste ein Klient von mir seinen Kummer in einen ganz simplen Satz: »Ich habe gerade einfach keine Kraft mehr fürs Leben, weil es niemanden gibt, der mich umarmt.« Wenn du gerade keinen lieben Menschen in der Nähe hast, bei dem du eine Umarmung kriegst, ist das natürlich bitter. Aber du, liebe Leserin, lieber Leser, kennst mich inzwischen, ich weiß aus tiefstem Herzen, dass so ein Zustand nie ewig anhalten wird. Also wenn du niemanden hast, der dich umarmt – ich mach das gern, melde dich einfach bei mir, mein Hug gebührt dir.

Aber sieh dich vor, meine Umarmung ist in Wirklichkeit ein Schubser, denn ich schubse dich zu dem, der dich wirklich umarmt. Ich bin ja auch nur ein Mensch und absolut begrenzt, ich kann dich gar nicht ständig umarmen, selbst wenn ich wollte. Es gibt da allerdings jemanden, der kann dich immer umarmen – überall, in jeder Situation, egal was du machst und wo du gerade steckst. Dieser Jemand, das ist unser Schöpfer. Und das ist meine Umarmung, dass ich dich in die offenen Arme unseres Schöpfers schubse. Der wartet wirklich nur darauf, dich immer im Arm zu halten. Deswegen: Komm, lass dich schubsen von mir. In den Armen des Schöpfers wirst du etwas Wundervolles verstehen.

Mein Klient scheute vor meiner ganz konkreten Umarmung etwas zurück und sagte eilig: »Okay, ich hab's verstanden, Rabbi! Wir leben nur einmal, und jetzt leb ich mein Leben!« Da erwiderte ich: »Falsch! Wir leben eben nicht nur einmal. Wir sterben nur einmal. Aber leben tun wir in jedem Augenblick, in jeder Sekunde leben wir. Du kannst jeden Augenblick neu für dich gestalten, jeder Sekunde kannst du einen anderen Dreh geben. Dafür braucht es nicht einmal viel, nur eins: eine Entscheidung. Die kann dein ganzes Leben auf den Kopf stellen. Klingt verrückt? Bestimmt, nein: Hoffentlich hast du das schon einmal erlebt, dass eine verrückte Sache dein Leben auf den Kopf gestellt hat, und mit einem Mal fühlt sich alles gut und genau richtig an. Lass dich also von mir schubsen – ich schubse dich – wohin? In die Arme unseres Schöpfers. Let's go!

Geh deinen Weg

Im Leben muss nicht immer alles zielorientiert sein. Das Glück trifft man oft auf einem Weg, den man eigentlich gar nicht gehen wollte und der nicht zu einem bestimmten, zuvor ins Auge gefassten Ziel führt. Kleine Kinder haben niemals als Ziel formuliert, sie wollten endlich laufen können. Aber alle haben es gelernt.

Manche Menschen sind auch als Erwachsene solche Lebenskünstler. Sie visieren nicht ein Ziel an, sondern tun einfach, was ihnen Freude bereitet – in der Hoffnung, dass das Ziel schon von allein auf sie zukommt. Beziehungsweise das Glück, das mit dem Zufall herantreibt. Wobei mein »Zufall« auf den Namen Hashem hört.

Du hast es selbst schon erlebt: Ohne große Absicht gehst du irgendwohin, triffst dort jemanden, den du nicht kanntest oder mit dem du gar nicht gerechnet hast – und daraus entwickelt sich ein tolles gemeinsames Projekt. Oder du bist unverhofft dem Menschen über den Weg gelaufen, mit dem du heute glücklich verheiratet bist. Auch wenn du jemand bist, der das Leben gerne plant: Lass Raum für das Glück des Ungeplanten. Glück ist der Weg zum Leben. Oft bist du innerlich vorbereitet, aber du weißt noch nicht, wo das Glück auf dich wartet.

In seinen Geschichten möchte Rabbi Nachman uns die Augen dafür öffnen, dass nicht das Ziel der Weg zum Glück ist, sondern der Weg an sich bereits das Glück darstellt. Und der Rebbe erzählt von einem Berg; auf dem steht ein Stein, und aus dem entspringt ein Springbrunnen. Das Herz steht diesem Berg mit dem Springbrunnen gegenüber. Und jetzt heißt es:

»Immerzu sehnt und bangt sich das Herz danach, zum Springbrunnen zu gelangen. Das Sehnen und Verlangen des Herzens nach dem Springbrunnen ist überaus groß. Es schreit stets danach, zum Springbrunnen zu kommen. Auch den Springbrunnen verlangt es nach dem Herzen.«

Der Rebbe stellt nun die entscheidende Frage: »Wenn es sich doch so sehr nach dem Springbrunnen sehnt – warum geht es dann nicht zum Springbrunnen?«

Die Antwort fährt einem geradezu in die Glieder: »Sobald das Herz sich dem Berg nähern will, darauf der Springbrunnen ist, so sieht es schon seinen Gipfel nicht mehr und kann es den Springbrunnen nicht sehen. Schaut es aber nicht auf den

Springbrunnen, muss es vergehen, denn alle Lebendigkeit des Herzens kommt allein vom Springbrunnen her. Und wenn das Herz, behüte, verginge – die ganze Welt würde zerstört, denn das Herz ist die Lebendigkeit aller Dinge. Und wie könnte die Welt ohne Herz bestehen! Darum kann das Herz nicht zum Springbrunnen gehen. Immer steht es dem Springbrunnen gegenüber, sehnt sich und schreit danach, zum Springbrunnen zu gelangen.«

Wer diese Geschichte auch nur mit einem Hauch von Empathie liest, beginnt hier zu weinen. Was ist das für eine unglaublich deprimierende Situation, eine Sehnsucht, die nie ein Happy End finden wird? Aber Rabbi Nachman in seiner Genialität will uns sagen: Vergiss das Ziel, geh deinen Weg, voller Sehnsüchte und starker Lust, so wirst du am Ende gewinnen!

Wie das gehen soll, erzählt uns der Rebbe in der Erzählung von der verschollenen Prinzessin. Ein Helfer des Königs, der sich vor Sehnsucht nach der Prinzessin verzehrt, ist bereit, alles zu tun und aufzugeben, um die verschollene Prinzessin zu finden. Er durchquert Wüsten, Berge, Täler und Meere, versucht mit allen Mitteln, das Unmögliche wahr werden zu lassen, selbst alle Tiere und Winde der Welt bittet er dazu um Hilfe. Nichts erschüttert seinen Wunsch, die Prinzessin zu finden, seine Fehler und sein Versagen können ihn nicht davon abhalten, seinen Weg zu gehen. Und am Ende? Ja, am Ende, sagt Rabbi Nachman, nach all der rekordverdächtigen Sehnsucht und unglaublichen Selbstüberwindung, hat der tapfere Helfer sie aus den Händen der Bösen befreit.

Aber wie er das geschafft hat, das erzählt uns der Rabbi nicht. Ganz schön schwach für einen Geschichtenerzähler, mag man denken, dafür ist die Message umso stärker: Vergiss das Ziel, der Weg ist das Ziel, und am Ende wirst du dein Ding gemacht haben. Wie? Das kann man nicht erzählen, das musst du selbst erleben, es ist ganz individuell. Aber klar ist, dass du es schaffen wirst, wenn du dich nur erst auf den Weg machst!

Einmal sagte ich zu meiner Frau: »Als ich begann, mich selbst zu suchen, habe ich dich gefunden.« Denn erst durch sie wurde mir vieles mit einem Mal klar. Wenn du den Mut hast, dich selbst zu suchen, wirst du die richtigen Menschen und auch alles andere finden, was du wirklich zum Leben brauchst. Bon voyage! Gute Reise!

DAS WUNDER VON UMAN

Oben habe ich erzählt, dass ich mich anfangs sehr schwertat mit dem Studium der hebräischen Sprache – und dann ein Wunder erlebte. Im Jahr 2006 war ich wieder an einem Wendepunkt angekommen. Als Schüler von Rabbiner Mordechai Eliyahu, der ich war (und immer noch bin), fand ich mehr und mehr zu meinem Glauben. Und da geschah etwas Spannendes. Mein Privatlehrer Rabbi Avner Jossef schlug mir nach Absprache mit meiner Frau vor, mit ihm nach Uman zu fliegen, zum Grab von Rabbi Nachman, um dort das jüdische Neujahrsfest Rosch Haschana zu begehen. Zwar dachte der David von damals insgeheim: »Ach du meine Güte! Was will ich denn in der Ukraine? Interessiert mich null, was da los ist«, aber schließlich bin ich mitgeflogen.

Ich sagte eben »spannend«, weil es in Rabbiner Eliyahus Kreisen unüblich ist, an Rosch Haschana nach Uman zu reisen. Er sagte: »Wieso nach Uman fliegen? Fahr nach Meron in Galiläa zu Rabbi Shimon.« Womit er Rabbi Shimon bar Jochai meinte, den Vater der mystischen Thora und Verfasser des Sohar, des grundlegenden Kabbala-Buchs. Aber der Schöpfer ließ mich einen Ort ansteuern, an den Menschen wie ich normalerweise niemals gelangen. Meine Frau unterstützte das: »Es ist genau, was du brauchst und du dir wünschst«, sagte sie mit ihrer warmen Stimme. Und hatte wieder mal recht, denn sie hatte bereits etwas in mir erkannt, wovon ich selbst noch keine Begriffe hatte. Also allesamt ab nach Uman!

Uman ist für viele Juden eine Stadt der Sehnsucht. Zunächst muss man wissen, dass jede Grabstelle eines Weisen Israels die Heiligkeit des Landes Israel in sich trägt und ausstrahlt. Wer also im Ausland ein wenig israelische Luft schnappen will, der muss einfach nur das Lichtzelt eines Zaddik aufsuchen.

Rabbi Nachman vermochte ein Zusammengehörigkeitsgefühl auszustrahlen und die Liebe zu Hashem jedem zugänglich zu machen. In Uman und Umgebung gehen wir auf den Wegen, die einst unsere Väter und Begründer des Chassidismus beschritten, das löst Sehnsüchte aus. Uman ist ein Platz jüdischer Identität und Stärke, ein Symbol für Freiheit, Hoffnung und Gerechtigkeit.

Dort, wo Rabbi Nachman ruht, liegen mit ihm über 30 000 Juden begraben. Die aufständischen Hajdamaken haben im Jahr 1768 alle Juden der Stadt massakriert. Tausende wurden in der Synagoge lebendig begraben, in den Straßen verstümmelt, niedergeritten, aufgespießt, vergewaltigt. 1941 marschierte die deutsche Wehrmacht nach einer Kesselschlacht in Uman ein. Am Rande der Stadt hielt man Zehntausende Rotarmisten in einem Hungerlager, während ein Einsatzkommando der SS sich daranmachte, die Juden zu ermorden. »Bald ist Uman judenfrei«, sagten die Nazis.

Seit dem Zerfall der Sowjetunion pilgern Juden wieder dorthin. Sie kommen vereint und stark aus aller Welt, vor allem aus Israel. Jedes Jahr sind es Zehntausende, die meisten kommen in den Tagen um Rosch Haschana. Ja, wir Juden leben – und sind glücklich! Yaakov, den ich 2004 vor dem Haus meiner Eltern in Regensburg traf und zur Tankstelle lotste, war damals einer von ihnen. Und nur zwei Jahre später war auch ich dort.

Rabbi Nachman hat vor seinem Tod zwei Zeugen zu sich gerufen und verkündet, er werde jedem, der an sein Grab kommt und die zehn auserlesenen Psalmen liest, dabei helfen, aus der Hölle zu entkommen – oder der Hölle des Lebens hier auf der Erde zu entkommen. Ich konnte gerade mal das hebräische Abc – aber ich habe trotzdem diese zehn Psalmen am Grab gelesen. Geschlagene dreieinhalb Stunden habe ich dafür gebraucht.

Nach der Rückkehr nach Israel griff ich mir ein Buch, das

ich einmal gekauft, aber nie aufgeschlagen hatte: Geschichten der Thora für Kinder. Kinderbücher sind wegen ihrer einfachen Sprache gut geeignet zum Erlernen einer Fremdsprache, deshalb hatte ich es mir besorgt. Nun schlug ich es auf und begann zu lesen. Und stellte verblüfft fest, dass ich die hebräischen Sätze viel zügiger lesen konnte als vor meiner Reise. Es kam mir vor, als habe die eine Woche Uman mehr bewirkt als sechs Monate Unterricht.

Was war hier passiert? Ich war bei Rabbi Nachman gewesen! Ich war beim großen Zaddik, dort flehte ich Hashem an: »Bitte, mein Gott, vergib mir meine Sünden!« Es blieb aber nicht bei einer Bitte, ich erzählte Gott mein ganzes Leben: »Heute liebe ich Dich und bin Dir sehr dankbar für Deine Liebe! Ich will diese großartige Gelegenheit nutzen und Dir frei vom Herzen erzählen, was ich falsch gemacht habe in meinem Leben. Und ich will mich bei Dir für alles entschuldigen, was ich hätte besser machen sollen.« So bekam Gott all meine Fehler und Vergehen zu hören, die vom Kind und Teenager, dem jungen Erwachsenen, bis in die Gegenwart!

Was ich da tat, nennen wir Juden Vidui, ein Bekenntnis; dann legen wir vor Hashem alles offen. Schon der Prophet Hosea sagte: »Nimm Worte mit dir und kehre zu Gott zurück.« Rabbi Nachman betrachtete den Akt des Vidui als einen höchsten Wert. Der Vidui ist eine Rettungsinsel – wer sie in Gedanken betritt, darf sich an jedem Ort und in jeder Situation an Gott wenden. Vidui ist ein Privileg; danach ist garantiert, dass Gott diesen Menschen niemals verlassen wird, so wie eine Mutter ihr Kind niemals verlässt.

Rabbi Nachman lehrt, dass Vidui der Weg ist, wie ein Mensch seine Verbindung zu Gott erneuert, gleich wo er sich befindet, und auch sein Entferntsein von Gott in eine Verbindung verwandelt. Genauso eine Wandlung wollte ich in Uman vollziehen. Dort hatte ich die starke Empfindung, dass jegliche Distanz zwischen mir und Gott überwunden war. Während meiner Beichte sah ich mich in einem anderen Licht, ich sah, was wirklich von Bedeutung ist im Leben, und flehte Hashem an, mich ein Leben in diesem Licht führen zu lassen. Vor allem betonte ich meine Sehnsucht, Seine Worte lesen und verstehen zu können, um endlich so zu leben, wie Er es sich von mir wünscht. Ich bat auch Rabbi Nachman, für mich zu beten, dass Hashem ein besonderes Auge auf mich werfe und mir die Gabe schenke, Hebräisch zu lesen.

Und genau das trat ein. Ein Wunder! Dieses Wunder hat mir dazu verholfen, das zu sein, was ich heute bin.

Warum übrigens in die Ferne schweifen? Auch im hessischen Michelstadt gibt es einen Wunderrabbi. Rabbi Itzchak Arje (auch Seckel Löb Wormser) ist als der große Baal Schem von Michelstadt bekannt. Viele Menschen haben Rat von ihm erbeten, in spirituellen wie materiellen Fragen. Man hielt ihn allgemein für einen Wundermacher und suchte ihn in Zeiten der Not auf. Auch Nichtjuden wandten sich an ihn, und er schickte niemand mit leeren Händen weg. In Michelstadt heißt es, dass alle Juden und Nichtjuden, die während des Ersten Weltkriegs vor ihrer Einberufung zur Armee am Grab des Baal Schem gebetet haben, heil aus dem Krieg zurückgekommen sind.

Und so habe ich den Baal Schem kennengelernt: Ein Rabbiner, dem ich nahe bin, erkrankte vor einigen Jahren schwer, er musste ins Krankenhaus. Eines Nachts erreichte ihn im Traum eine Botschaft von seinem Rabbi, Rebbe Yehuda Zev Leibowitz. In dem Traum sagte der Zaddik dem Rabbi, er werde seine Gesundheit beim Baal Schem in Michelstadt finden. In der Frühe rief mich der Rabbi an und fragte, ob ich diesen Baal Schem kennen würde. Ich verneinte, versprach aber, mich zu informieren. Und was ich dann alles über diesen großen Zaddik in Erfahrung brachte, war unglaublich. Seitdem pilgere ich regelmäßig auch nach Michelstadt, um am Grab des Rabbi zu beten und Wunder mitzunehmen – für ein Leben vollbepackt mit tollen Sachen, die es eben schöner machen.

EPILOG

Ich hatte einen sehr lustigen Onkel, Moshe. Einmal – ich war vielleicht fünf oder sechs Jahre alt – war er bei uns zu Besuch, und wir gingen im Park spazieren. Ich wollte mich austoben, rannte ein Stück vor und dann wieder zurück zu ihm. Und kurz vor ihm stolperte ich und knallte voll auf den Kiesweg.

Meine Mutter hätte jetzt aufgeschrien, mir hochgeholfen und mich getröstet – und ich hätte das Erwartete getan, nämlich gebrüllt wie am Spieß. Mein Onkel aber fragte ganz trocken: »Und? Haste was gefunden?« Ich hatte gerade mit Heulen anfangen wollen – aber ich konnte nicht. Weil ich so lachen musste über seinen Spruch. Genial.

An diese Szene erinnere ich mich oft, wenn ich an das Ereignis denke, das mein Leben entscheidend beeinflusst hat: an den Angriff. Heute weiß ich: Ich bin dort nicht so blöd gefallen, weil ich's verdient hatte. Sondern weil Gott wollte, dass ich etwas finde. Nämlich meine größten Schätze: meinen Glauben, meine Frau Miriyam und meine Kinder!

Das Glück geht manchmal verschlungene Wege.

DANK

Mit dem Wichtigsten soll man beginnen und enden. Danke, Hashem, einfach nur für alles! Für Deine Liebe, Deinen Schutz und vor allem die Geschenke, die Du mir gemacht hast!

Mein Dank geht an die allergrößten Geschenke, die Er mir gemacht hat und ohne die es dieses Buch gar nicht gäbe: meine Frau Miriyam und unsere vier wundervollen Kinder. Ihr seid meine besten Freunde im Leben, durch euch ist mein Dasein ein Paradies, reich und lebenswert, allein durch euch habe ich alles, was man sich auf der Welt nur wünschen kann! Viele Menschen schöpfen Kraft, Mut und Inspiration aus eurem Handeln und euren Worten – ich weiß das, denn ich bin einer von ihnen. Es ist ein Segen für diese Welt, dass es euch gibt. Möge dieser Segen, diese Kraft und diese wunderbare Herzlichkeit immer aus euch strahlen!

Zwei Menschen, die mich wie Engel beschützen und sich um mich sorgen, sind meine Eltern. Ohne sie wäre ich gar nicht in dieses Paradies gelangt, sie haben mir mein Leben geschenkt und schenken mir mit jedem Augenblick ihre elterliche Liebe. Papa und Ima, ich liebe euch – danke für alles, was ihr für mich getan habt, für die Nächte, die ihr in Sorge um mich wach gelegen seid, und all die Dinge, die ihr ermöglicht habt, obwohl ihr dabei auf so vieles für euch selbst verzichten musstet. Ich wünsche jedem Kind auf der Welt Eltern wie euch! Ich wünsche euch Gesundheit und Glück. Möge Hashem weiter mit euch sein und ihr mit Ihm.

Besonderer Dank gebührt all meinen Rabbinern und Lehrern.

Und jetzt will ich mich bei den Menschen bedanken, mit deren Hilfe dieses Buch zustande kam.

Zuerst danke ich all den Menschen, die mir ihr Vertrauen geschenkt haben, ihre Fragen und Feedbacks haben mich mit reichhaltiger Weisheit beschenkt. Danke für alles, Oliver Brauer von der Agentur Brauer. Wer einen Rabbi oder sonst wen sucht, der ein Buch schreiben soll – er soll sich sofort an Oliver Brauer wenden. Der ist wirklich ein super Typ! Mit ihm verkuppelt hat mich übrigens mein Freund Moses Pelham, dem ich meinen herzlichen Dank dafür und auch noch für so viel mehr zum Ausdruck bringen will. Danke auch an das gesamte Team der Agentur Brauer.

Für ihr Vertrauen und ihren Einsatz möchte ich herzlichst dem gesamten Team vom Verlag Droemer Knaur danken, vor allem Margit Ketterle, Ilka Heinemann und Anja Volkmer.

Großer Dank an Dr. Oliver Domzalski vom Redaktionsbüro Domzalski für seine Mühe und Liebe. Dank ihm fand ich mich im Dschungel der Buchstaben besser zurecht, die Zusammenarbeit mit ihm war ein echter Spaß! Danke auch an Jan Strümpel für seine große Mühe beim Lektorieren.

Mann, wenn ich so darüber nachdenke, würde ich jetzt noch so vielen weiteren Menschen danken wollen, aber das würde länger werden als dieses Buch …

Es gibt da einen Menschen, dem ich hier jetzt danke, er mag es nicht, wenn man seinen Namen nennt, aber er ist etwas ganz Besonderes!

Vor allem möchte ich dir, liebe Leserin und lieber Leser, noch einmal danken! Für die Zeit, was bedeutet: dein Leben, das du mir durch das Blättern in meinem Buch geschenkt hast. Meine Gebete gehören nun auch dir, denn ich wünsche mir von Hashem, dass das Lesen in meinem Buch dich dazu bringt, genau so zu sein, wie du bist, nämlich super! Merci, dass es dich gibt.